图书在版编目（CIP）数据

东西文化及其哲学 / 梁漱溟著．—上海：上海科学技术文献出版社，2015.4

（民国首版学术经典丛书．第2辑）

ISBN 978-7-5439-6545-4

Ⅰ．①东…　Ⅱ．①梁…　Ⅲ．①比较哲学—世界　Ⅳ．① B1-03

中国版本图书馆CIP数据核字（2015）第027407号

责任编辑：张　树　王卓娅
封面设计：周　婧

东西文化及其哲学
梁漱溟　著
出版发行：上海科学技术文献出版社
地　　址：上海市长乐路746号
邮政编码：200040
经　　销：全国新华书店
印　　刷：上海中华商务联合印刷有限公司
开　　本：850×1168　1/32
印　　张：9.625
版　　次：2015年4月第1版　2015年4月第1次印刷
书　　号：ISBN 978-7-5439-6545-4
定　　价：58.00元
http://www.sstlp.com

出版说明

民国时期虽只有短短三十几年，却在中国历史上拥有极其重要的地位。随着地理封闭格局的打破，社会制度的转型，思想束缚的解放，社会的文化和学术也开始了古今中西新旧融合与创新的历史过程，迎来一个百家争胜、异彩纷呈的局面，直接表现便是名家辈出、佳作迭现，且其视野之开阔、学识之渊博、影响之深远，为前代所不及，亦为后人所难达。

民国文学史堪称一部文学思潮、文学流派、文学运动、文学论争、文学社团的流变史，它们之间存在着相互交叉、相互生成的复杂关系，而要想从这些复杂的关系中理清头绪、找到脉络，关键还是要着手到具体的作家与作品上。由于受到各种因素的影响，有时即使是同一部文学作品，在不同的版本中也会呈现出大相径庭的风貌。我们尽量选取民国文学经典作品中最初的版本，保留了原书的内封和版权页、书后广告，将文学经典作品的原貌呈现出来。有些文学作品，由于作者早逝等因素，虽然在文学史上具有一定的价值，但人们对其知之甚少。为此，我们也挑选了一些并非广为流传，但是具有自己的风格、在当时的文学思潮中占据过一定地位的文学作品，为当代文学史的研究提供更多的资源。

从1911年辛亥革命结束清王朝统治到1949年中华人民共和国成立，在这一段特殊时期成长起来的中国学人涌现出了许多大家，并产生了在中国学术史占有重要地位的著作，尽管今人对民国学术的评价是仁者见仁，智者见智，但不可否认的是不论是这些大家的人格魅力，还是那些著作所折射出来的思想的光辉影响了几代学人。

有鉴于此，我们以“民国首版经典”之名影印了民国文学、学术经典。内容可谓包罗万象，诗歌、小说、散文、纪实文学，以及史学、理学、文学研究等方方面面，所选皆出自名家、大家之手，或为各学科奠基之作，或为集大成之作，或为震动当时、影响深远的传诵之作，其中不乏流传很少、极难觅寻的孤本，我们苦心孤诣，找寻到这些经典著作的初版本，影印出版，精装制作，以飨读者。

编　者

梁漱溟先生講演

東西文化及其哲學

上海商務印書館發行

梁漱溟講演
陳政編錄
羅常培

東西文化及其哲學

商務印書館發行

東西文化及其哲學三版自序

我很感謝我這本講演錄發表後，得承許多位師友和未及識面的朋友給我以批評誨示。但惜我很少——自然不是絕沒有——能從這許多批評誨示裏，領取什麼益處或什麼啓發。我對大家的批評誨示自始至終一概沒有作答；這一半是爲大家的批評誨示好像沒有能引起我作答的興味。不過我將來會當作一次總答的。

我雖沒能從諸師友處得着啓發，但我自己則既有許多悔悟。在這許多悔悟中，此時只能提出兩箇重要地方；在這兩箇地方也只能消極的表明知悔的意思，不能積極的提出新見解。現在我分敘如後。

頭一箇重要的悔悟是在本書第四章講孔家哲學所說『中庸』是走雙的路之一段。這一段的大意是補訂上文單明孔家走一任直覺隨感而應的路還未是，而實於此一路外更有一理智揀擇的路；如所謂『極高明而道中庸』便是要從過與不及裏揀擇着走。這樣便是我所謂雙的路；原文表示此雙的路云：

(一)似可說是由乎內的，一任直覺的，直對前境的，自然流行而求中的，只是一往的；

(二)似可說是兼顧外的，兼用理智的，離開前境的，有所揀擇而求中的，一往一返的。

我從這箇見解所以隨後批評宋學明學，就說：

『宋學雖未參取佛老，却亦不甚得孔家之旨；據我所見，其失似在忽於照看外邊而專從事於內裏生活；而其從事內裏生活又取途窮理於外，於是乃更失矣。……及明代而陽明先生興，始祛窮理於外之弊而歸本直覺——他叫良知；然猶忽於照看外邊，所謂格物者實屬於照看外邊一面，如陽明所說雖救朱子之失，自己亦未爲得。』

所有前後這許多話我現在都願意取消。但我尚不能知這些話果有是處，抑全無是處。當初我說這些話時原自猶疑未有決斷，到現在我還是猶疑未有決斷；不過當初疑其或是，現在疑其或非罷了。從前疑其或是，現在疑其或非，這自有所悟有所悔；而我玆所痛切悔悟的實在當時不應該以未能自信的話來發表；或者發表，也要作疑詞，不應該作決定語以決定語來發表未能自信的見解，這全出於强撐門面之意，欺弄不學的人。孔學是箇『懇切爲己』之學；懷强撐門面之意發揮懇切爲己之學，這是我現在最痛自悔悟的。所以我頭一椿先聲明取消這一段話或取消這一段話之決定語氣。

又附此聲明的，所謂雙的路一層意思我暫不能定其是非，但在本書敘釋雙的路後，所說：『像墨家的兼愛，佛家的慈悲，殆皆任情所至，不知自反，都是所謂賢者過之；而不肖者的縱欲不返，也都是一任直覺的。所以必不可只走前一路，致因性之所偏而益偏，而要以「格物」「愼獨」「毋自欺」爲之先爲之本，卽是走第二路；中庸上說過愼獨才說到中和者此也。……』今則知其全是錯的。墨家的兼愛，不肖者的縱欲都不是一任直覺。我當時所懷抱『格物』的解釋，也同許多前人一樣，以自己預有的一點意思裝入『格物』一名詞之下，不是解釋格物。『愼獨』是怎麼一回事，當時並未曉得，所說自無是處；現在可以略曉得，今年在山東講演『孔家旨趣』曾經講到。至於格物則至今不能得其的解；我寧闕疑，不願隨便講。

第二箇重要的悔悟是在本書第四章末尾說：『西洋生活是直覺運用理智，中國生活是理智運用直覺，印度生活是理智運用現量』之一段。這一段的意思我雖至今沒有改動，但這一段的話不曾說妥當則我在當時已一再聲明：『這話乍看似很不通……但我爲表我的意思不得不說這種拙笨不通的話；……』『讀者幸善會其意，而無以詞害意。』不料我一再聲明的仍未得大家的留意，而由這一段不妥當的說話竟致許多人也跟着把『直覺』『理智』一些名詞濫用誤用，貽誤非淺；這是我書出版後，自己最歉疚難安的事。現在更鄭重聲明，所有這一段話我今願意一概取消，請大家不要引用他或討論他。

再本書第一次印於山東，第二次印於北京，第三次第四次均印於上海商務印書館；今爲第五次印，而稱爲三版者，蓋單就商務印書館之版而說。十一年十月漱溟記

東西文化及其哲學自序

這是我今年八月在山東濟南省教育會會場的講演，經羅君莘田替我紀錄出來，又參酌去年在北京大學講時陳君仲瑜的紀錄而編成的。現在拿他出版，我特說幾句話在後面。

在別人總以爲我是好談學問，總以爲我是在這裏著書立說，其實在我並不好談學問，並沒在這裏著書立說，我只是說我想要說的話。我這個人本來很笨很呆，對於事情總愛靠實總好認眞，就從這樣沾滯的脾氣而有這篇東西出來。我自從會用心思的年齡起，就愛尋求一條準道理，最怕聽「無可無不可」這句話，所以對於事事都自己有一點主見，而自己的生活行事都牢牢的把定着一條線去走。因爲這樣，我雖不講學問，卻是眼睛看到的，耳朵聽到的，都被我收來，加過一番心思，成了自己的思想。自己愈認眞，從外面收來的東西就愈多，思想就一步一步的變，愈收愈多，愈來愈變，不能自休，就成功今日這樣子。我自始不曉得什麼叫哲學而要去講他，是待我這樣做過後，旁人告訴我說，你講的這是哲學，然後我才曉得。我的思想的變遷，我很願意說出來給大家聽，不過此次來不及，打算到明年三十歲作一篇「三十自述」再去說。此刻先把變遷到現在的一步發表出來，就是這本書。我要做我自己的生活，我自己的性情不許我沒有爲我生活作主的思想；有了思想，就喜歡對人家講；尋得一個生活，就願意也把他貢獻給別人！這便是我不要談學問而結果談到學問，我不是著書立說而是說我想要說的話的緣故。大家如果拿學問家的著述來看我，那就錯了，因我實不配談學問；大家如果肯虛心領取我的誠意，就請撇開一切，單就自己所要做的生活下一番酌量。

還有，此刻我自己的態度要就此宣布一下。我從二十歲以後，思想折入佛家一路，一直走下去，萬牛莫挽，但現在則已變。這個變是今年三四月間的事，我從那時決定擱置向來要做佛家生活的念頭，而來做孔家的生活。何以有此變？也要待「三十自述」裏才說得淸。此刻先說明所以致變之一端。現在這書裏反對大家作佛家生活，主張大家作孔家生活的結論，原是三四年來早經決定，卻是我自己生活的改變，只是今年的事，所以我自己不認做思想改變，因爲實在是前後一樣的，只不過掉換過一個生活。我以前雖反對大家作佛家生活，卻是自己還要作佛家生活，因爲我反對佛家生活，是我研究東西文化問題替中國人設想應有的結論，而我始終認只有佛家生活是對的，只有佛家生活是我心裏願意做的，我不願意捨掉他而屈從大家去做旁的生活。到現在我決然捨掉從來的心願了。我不容我看着周圍種種情形而不顧—周圍種種情形都是叫我不要作佛家生活的一出房門，看見街上的情形，會到朋友，聽見各處的情形，在在觸動了我研究文化問題的結論，讓我不能不憤然的反對佛家生活的流行，而聯想到我自己又總沒有遇到一個人同意於我的見解，即或有，也沒有如我這樣的眞知灼見，所以反對佛教推行這件事，只有我自己來做，這是迫得我捨掉自己要做的佛家生活的緣故。我又看着西洋人可憐，他們當此物質的疲敝，要想得精神的恢復，而他們所謂精神又不過是希伯來那點東西，左衝右突，不出此圈，眞是所謂未聞大道，我不應當導他們於孔子這一條路來嗎！我又看見中國人蹈襲西方的淺薄，或亂七八糟，弄那不對的佛學，粗惡的同善社，以及到處流行種種怪祕的東西，東覓西求，都可見其人生的無着落，我不應當導他們於至好至美的孔子路上來嗎！無論西洋人從來生活的猥瑣狹劣，東方人的荒謬糊塗，都一言以蔽之，可以說他們都未曾嘗過人生的真味，我不應當把我看到的孔子人生貢獻給他們嗎！然而西洋人無從尋得孔子，是不必論的；乃至今天的中國，西學有人提倡，佛學有人提倡，只有談到孔子羞澀不能出口，也是一樣無從爲人曉得孔子之真。若非我出頭倡導，可有那個出頭？這是迫得我自己來做孔家生活的緣故。

我在這書裏因爲要說出我自己的意思，不得不批評旁人的話，雖於師友，無所避忌。我雖批評旁人的話，却是除康南海外，其餘的人我都極尊重，并且希望指摘我的錯誤，如我指摘別人那樣，因爲我自己曉得沒有學問，無論那樣都沒有深的研究，而要想說話，不能不談到兩句，所以最好是替我指摘出來，免得輾轉訛誤。我沒出國門一步，西文又不好，我只能從我所僅有的求學機會而竭盡了我的能力，對於這個大問題，我所可貢獻於世者止此，此外則將希望於大家了。

又我在這書裏，關於佛教所說的話，自知偏於一邊而有一邊沒有說。又我好說唯識，而於唯識實未深澈，並且自出意見，改動舊說。所以在我未十分信得過自己的時候，我請大家若求真佛教，真唯識，不必以我的話為準據，最好去問南京的歐陽竟無先生。我只承認歐陽先生的佛教是佛教，歐陽先生的佛學是佛學，別的人我都不承認，還有歐陽先生的弟子呂秋逸先生，歐陽先生的朋友梅擷芸先生也都比我可靠。我並不全信他們的話，但我覺得大家此刻則寧信他們莫信我，這是我要聲明的。

古人作書都把序放在書後，我並不要仿照古人，但我因為這些話要在看過全書後才看得明白，所以也把序放在書後。

中華民國十年十月二十二日漱冥口說陳政記

東西文化及其哲學目錄

東西文化及其哲學

梁漱溟先生講演

陳政 羅常培 編錄

第一章 緒論

漱溟承教育廳之約至此地講演，是很榮幸的。本來去年教育廳約過我一次，我已從上海首途，適值直皖戰爭，火車到徐州就不通行，所以我又折回去沒有得來。今年復承此約，終究得來，似乎我們今日之會並非偶然！今日在大雨的時候承大家來聽，在我對於大家的意思應當聲謝！

一般人對這問題的意思

此次預備講演的題目是：『東西文化及其哲學』。這個題目看起來似乎很浮誇，堂皇好看，而我實在很不願意如此引導大家喜歡說浮誇門面，大而無當的話。或者等我講完之後，大家可以曉得我不是喜歡說大的堂皇的門面話。大概社會上喜歡說好聽的門面話的很多，這實在是我們所不願意的。去年將放暑假的時候，北京大學的蔡孑民先生還有幾位教授都要到歐美去，教職員開歡送會。那時候我記得有幾位演說，他們所說的話大半都帶一點希望這幾位先生將中國的文化帶到歐美而將西洋文化帶回來的意思。我當時聽到他們幾位都有此種言論，於是我就問大家：『你們方纔對於蔡先生同別位先生的希望是大家所同的，但是我很想知道大家所謂將中國文化帶到西方去是帶什麼東西呢？西方文化我姑且不問——而所謂中國文化究竟何所指呢？」當時的人却都沒有話回答，及至散會後，陶孟和先生同胡適之先生笑著對我說：「你所提出的問題很好，但是天氣很熱，大家不好用思想。」我舉此例就是證明大家喜歡說好聽門面虛僞的話。如果不曉得中國文化是什麼，又何必說他呢！如將『中國文化』當作單單是空空洞洞的名詞而羌無意義，那麼，他們所說的完全是虛僞，完全是應酬！非常無味，非常要不得！

大約兩三年來，因爲所謂文化運動的原故，我們時常可以在口頭上聽到，或在筆墨上看到『東西文化』這類名詞。但是雖然人人說的很濫，而大家究竟有沒有實在的觀念呢？據我們看來，大家實在不曉得東西文化是何物，僅僅順口去說罷了。大約自從杜威來到北京，常說東西文化應當調和，他對於北京大學勉勵的話也是如此。後來羅素從歐洲來，本來他自己對於西方文化很有反感，所以難免說中國文化如何的好。因此常有東西文化的口頭說法在社會上流行。但是對於東西文化這個名詞雖說的很濫，而實際上全不留意所謂東方化所謂西方化究竟是何物？此兩種文化是否像大家所想像的有一樣的價值，將來會成爲一種調和呢？後來梁任公從歐洲回來，也很聽到西洋人對於西洋文化反感的結果，對於中國文化有不知其所以然的一種羨慕。所以梁任公在他所作的『歐遊心影錄』裏面也說到東西文化融合的話。於是大家都傳染了一個意思，覺得東西文化一定會要調和的，而所期望的未來文化就是東西文化調和的產物。但是這種事業很大，總須俟諸將來，此刻我們是無從研究起的！

我當初研究這個問題是在民國六七年的時候。那時我很苦於沒有人將東西文化並提著說，也沒有人著

以爲這問題還遠的不對

眼到此地，以爲如果有人說，就可以引起人研究，但是現在看來，雖然有人說而仍舊並沒有人研究，在我研究的時候，很有朋友勸我，說這個問題範圍太廣，無從著手，如張崧年先生屠孝實先生都有此意。然而在我覺得上面所述的三個意思都是不對的。第一個意思，沒有說出東西文化所以調和之道而斷定其結果爲調和，是全然不對的。第二個意思，覺得此問題很大，可以俟諸將來，也非常不對；因爲這個問題並非很遠的事情，雖然我們也曉得這件事的成功要在未來，而問題却是目前很急迫問題！我們從此開始作起，或者纔有解決——他們所說的調和我們現在姑且說作解決——之一日。所以這種事業雖遠，而這個問題却不遠的。第三個意思，以爲問題範圍太大，如哲學，政治制度，社會習慣，學術，文藝，以及起居，物質生活，凡是一民族生活的種種方面都在研究的範圍之內，恐怕無從著手；這個意思也不對，實在並非沒有方法研究。我們上來所述僅僅指出這三個意思的不對，以下再說這三個意思爲什麼不對。

第一，我們先說這個問題是很急迫的問題，並非是很遠的問題，可以俟諸將來再解決的。我們現在放開眼去看，所謂東西文化的問題，現在是怎樣情形呢？我們所看見的幾乎世界上完全是西方化的世界！歐美等國完全是西方化的領域，固然不須說了。就是東方各國，凡能領受接納西方化而又能運用的，方能使他的民族，國家站得住；凡來不及領受接納西方化的卽被西方化的強力所佔領。前一種的國家，例如日本，因爲領受接納西方化，故能維持其國家之存在，並且能很強勝的立在世界上；後一種的國家，例如印度，朝鮮，安南，緬甸，都是沒有來得及去采用西方化，結果遂爲西方化的強力所佔領。而唯一東方化發源地的中國也爲西方化所壓迫，差不多西方化撞進門來已竟好幾十年，使秉受東方化很久的中國人，也不能不改變生活，採用西方化！幾乎我們現在的生活無論精神方面社會方面和物質方面，都充滿了西方化，這是無法否認的。所以這個問題的現狀，並非東方化與西方化對壘的戰爭，完全是西方化對於東方化絕對的勝利，絕對的壓服！這個問題此刻要問：東方化究竟能否存在？

再其次，我們來看秉受東方化最久浸潤於東方化最深的中國國民對於西方化的壓迫歷來是用怎樣的方法去對付呢？西方化對於這塊土地發展的步驟是怎樣呢？據我們所觀察，中國自從明朝徐光啓翻譯幾何原本，李之藻翻譯談天，西方化才輸到中國來。這類學問本來完全是理智方面的東西，而中國人對於理智方面很少刱造，所以對於這類學問的輸入並不發生衝突。直到清康熙時西方的天文，數學輸入亦還是如此。後來到咸同年間，因西方化的輸入，大家看見西洋火礮，鐵甲，聲光，化，電的奇妙，因爲此種是中國所不會的，我們不可不採取他的長處，將此種學來。此時對於西方化的態度亦僅此而已。所以那時曾文正李文忠等創辦上海製造局，在製造局內譯書，在北洋練海軍，馬尾辦船政。這種態度差不多有幾十年之久，直到光緒二十幾年仍是如此。所以這時代名臣的奏議，通人的著作，書院的文課，考試的闈墨以及所謂時務書一類，都想將西洋這種東西搬到中國來，這時候全然沒有留意西洋這些東西並非憑空來的，却有他們的來源。他們的來源，就是西方的根本文化。有西方的根本文化，纔產生西洋火礮，鐵甲，聲光，化，電這些東西；這些東西對於東方從來的文化是不相容的。他們全然沒有留意此點，以爲西洋這些東西好像一個瓜，我們僅將瓜蔓截斷，就可以搬過來！如此的輕輕一改變不單這些東西搬不過來並且使中國舊有文化的步驟也全亂了——我方纔說這些東西與東方從來的文化是不相容的他們本來沒有[illegible]到文化的問題，僅祇看見外面的結果，以爲將此種結果調換改動中國就可以富強而不知道全不成功的！及[illegible]甲午之役，海軍全體覆沒，於是大家始曉得火礮，鐵甲，聲，光，化，電，不是如此可以拿過來的，這些東西後面還有根本的東西。乃提倡廢科舉，與學校，建鐵路，辦實業。此種思想盛行於當時，於是有戊戌之變法不成而繼之以庚子的事變，於是變法的聲更盛。這種運動的結果，科舉廢，學校興，大家又逐漸著意到政治制度上面，以爲西方化之所以爲西方化，不單在辦實業興學校，而在西洋的立憲制度代議制度，於是大家又羣趨於政治制度一方面，所以有立憲論與革命論兩派。在主張立憲論的以爲假使我們的主張可以實現，則對於西洋文化的規模就完全有了，而可以同日本一樣，變成很強盛的國家。——革命論的意思也是如此。這時的態度既著目在政治制度一點，所以革命論家奔走革命，立憲論家請求開國會，設諮議局，預備立憲。後來的結果，立憲論的主張逐漸實現；而革命論的主張也在辛亥年成功。此種政治的改革雖然不能說將西方的政治制度當眞採用，而確是一個改變；此時所用的政體決非中國固有的政治制度。但是這種改革的結果，西洋的政治制度實際上仍不能在中國實現，雖然革命有十年之久，而因爲中國人不會運用，所以這種政治制度始終沒有安設在中國。於是大家乃有更進一步的覺悟，以爲政治的改革仍是枝葉，還有更根本的問題在後頭。假使不從更根本的地方作起，則所有種種作法都是不中用的，乃至所有西洋文化都不能領受接納的。此種覺悟的時期很難顯明的劃分出來，而稍微顯著的一點，不能不算新青年陳獨秀他們幾位先生他們的意思要想將種種枝葉拋開，直截了當去求最後的根本所謂根本就是整個的西方文化—是整個文化不相同的問題如果單採用此種政治制度是不成功的，須根本的通盤換過才可。而最根本的就是倫理思想—人生哲學—所以陳先生在他所作的『吾人之最後覺悟』文中以爲種種改革通用不著，現在覺得最根本的在倫理思想。對此種根本所在不能改革，則所有改革皆無效用到了這時才發現了西方化的根本的所在，中國不單火礮，鐵甲，聲光，化，電，政治制度不及西方，乃至道德都不對的！這是兩問題接觸最後不能不問到的一點，我們也不能不歎服陳先生頭腦的明利！因爲大家對於兩種文化的不同都容易麻糊，而陳先生很能認淸其不同，並且見到西方化是整個的東西不能枝枝節節零碎來看！這時候因爲有此種覺悟，大家提倡此時最應做的莫過於思想之改革—文化運動。經他們幾位提倡了四五年，將風氣開闢，於是大家都以爲現在最要緊的是思想之改革—文化運動—不是政治的問題。我們看見當時最注重政治問題的如梁任公一輩人到此刻大家都棄掉了政治的生涯而趨重學術思想的改革方面。如梁任公林宗孟等所組織的新學會的宣言書，實在是我們很好的參證的材料，足以證明大家對於西方文化態度的改變！

到了此時，已然問到兩文化最後的根本了。現在對於東西文化的問題，差不多是要問：西方化對於東方化，是否要連根拔掉？中國人對於西方化的輸入，態度逐漸變遷，東方化對於西方化步步的退讓，西方化對於東方化節節的斬伐！到了最後的問題是已將枝葉去掉要向咽喉處去著刀！而將中國化根本打倒！我們很歡迎此種問題，因為從前枝枝節節的做去，實在徒勞無功此時問到根本，正是要下解決的時候，非有此種解決，中國民族不會打出一條活路來！所以此種問題並非遠大事業，是明明對於中國人逼著討一個解決！中國人是否要將中國化連根的拋棄？本來秉受東方化的民族不祇一個，却是日本人很早就採用西方化，所以此刻對此問題並不成問題；而印度，安南，朝鮮，緬甸，皆為西方化之強力所佔領，對於此問題也不十分急迫，因為他們國家的生活是由別人指揮着去做。現在中國，無論如何還算是在很困難的境遇裏自己可以自謀—對於自己的生活要自己作主。因為要自謀的原故，所以對於政治採用某種，文化採用某種還要自決。所以別的民族不感受東西文化問題的急迫，而單單對中國人逼討一個解決！可見這個問題在中國不是遠的問題而是很急迫的問題了。

照以上所說，東方化與西方化之接觸，逐漸問到最後的根本；對付的態度起先是枝枝節節的，而此刻曉得要從根本上下解決。此種從根本上下解決的意思，從前很少有人談及。前三四年祇看見我的朋友李守常先生作了一篇『東西文明之根本異點』的文章。他在這篇文章裏面，大要以為東方文明之根本精神在靜，西方文明之根本精神在動。——而他說：

『茍不將靜止的精神根本的掃蕩，或將物質的生活一切屏絕，長此沈延在此矛盾現象中以為生活，其結果必蹈於自殺，蓋以半死不活之人駕行飛艇，使發昏帶醉之人御摩托車，人固死於艇車之下，車亦毀於其人之手。以英雄政治賢人政治之理想施行民主政治，以肅靜無譁唯諾一致之心理希望代議政治，以萬世一系一成不變之觀念運用自由憲法，其國之政治固以阢隉不寧，此種政治之妙用亦必毀於若而國中。總之守靜的態度持靜的觀念，以臨動的生活，必至人身與器物國家與制度都歸於粉碎，世間最可怖之事莫過於斯矣。」

李先生的話說的很痛快！他很覺得東西文化根本之不同，如果做中國式的生活就須完全做中國式的生活；如果做西方式的生活就須完全做西方式的生活；矛盾的現象是不能行，並且非常可怕的。所以這個問題並不是很遠而可以俟諸未來的問題，確是很急迫而單單對於中國人逼討一個解決的問題。我們處在此種形勢之下逼迫得很緊，實在無從閃避，應當從速謀應付的方法。應付的方法大約不外三條路：

（一）倘然東方化與西方化果眞不並立而又無可通，到今日要絕其根株，那麼，我們須要自覺的如何澈底的改革，趕快應付上去，不要與東方化同歸於盡；

（二）倘然東方化受西方化的壓迫不足慮，東方化確要翻身的，那麼，與今日之局面如何求其通，亦須有眞實的解決積極的做去，不要作夢發呆卒致傾覆；

（三）倘然東方化與西方化果有調和融通之道，那也一定不是現在這種「參用西法」可以算數的，須要趕快有個清楚、明白的解決，好打開一條活路，決不能有疲緩的態度。

這三條路究竟那一條路對，我們不得而知，而無論開闢出那條路來，我們非有根本的解決不成，決非麻糊含混可以過去的。李君的話我們看去實在很對，我們歷年所以不能使所採用的西方化的政治制度實際的

隨便持調和論的不對

安設在我們國家社會的原故，全然不是某一個人的罪過，全然不是零碎的問題；雖然前清皇室宣布立憲之無眞意，袁項城帝制自爲之野心，以及近年來『軍閥』之搗亂，不能不算一種梗阻而却不能算正面的原因。其正面的原因，在於中國一般國民始終不能克服這梗阻，而所以不能克服梗阻的原故，因爲中國人民在此種西方化政治制度之下仍舊保持在東方化的政治制度底下所抱的態度。東方化的態度，根本上與西方化刺謬；此種態度不改，西方化的政治制度絕對不會安設上去！甚或不到將西方化創造此種政治制度的意思全然消沒不止！我們這幾年的痛苦全在於此，並非零碎的一端，是很大的根本問題。此刻我們非從根本上下解決不可。是怎樣可以使根本態度上有採用西方化的精神，能通盤受用西方化？李君所說雖然很急迫，而其文章之歸結還是希望調和融通，而怎樣調和融通他也沒有說出來，仍就俟諸未來，此點差不多是李君自己的矛盾。我以爲這種事業雖然要在未來成就，而問題却不在未來，實在是目前很急迫的問題啊！

第二，我們所要說的，就是我們從如此的情形看出這個問題的眞際究竟在什麼地方？換言之，就是東方化還是要連根的拔去，還是可以翻身呢？此處所謂翻身，不僅說中國人仍舊使用東方化而已，大約假使東方化可以翻身亦是同西方化一樣，成一種世界的文化——現在西方化所謂科學(science)和『德謨克拉西』之二物，是無論世界上那一地方人皆不能自外的，所以此刻問題直截了當的就是東方化可否翻身成爲一種世界文化？如果不能成爲世界文化則根本不能存在；若仍可以存在，當然不能僅祇使用於中國而須成爲世界文化。但是從大概情形來看，僅能看出東方將絕根株的狀況，而看不出翻身之道。照我們以前所說東方化的現狀，一般頭腦明利的人都覺得東方化不能存留；假如採用西方化，非根本排斥東方化不可。近三四年來如陳仲甫等幾位先生全持此種論調，從前的人雖然想採用西方化，而對於自己根本的文化沒有下澈底的攻擊。陳先生他們幾位的見解實在見的很到，我們可以說是對的；譬如陳先生在他所作的『吾人最後之覺悟』一文裏面主張我們現在應將一切問題撇開，直接的改革倫理思想因此他將中國倫理思想最根本的孔子教化，痛下攻擊！他在另外一篇文章裏說道：

『倘吾人以中國之法，孔子之道，足以組織吾之國家支配吾之社會，使適於今日世界之生存，則凡十餘年來之變法維新流血革命設國會改法律及一切新政治新教育無一非多事，應悉廢罷，萬一欲建設新國家新社會，則對於此新國家新社會不可相容之孔教，不可不有澈底之覺悟，勇猛之決心，否則不塞不流，不止不行。』

陳君這段話也可以說是痛快之至，在當時祇有他看的如此之淸楚！

東方文化的兩大支，是中國化和印度化。以上所說是對於中國化。對於印度化，如李守常先生說印度『厭世的人生觀不合於宇宙進化之理』，則又是將印度化一筆勾銷了！李先生是主張將『靜的精神』根本掃蕩的，而他所以詮釋東方文化者卽此四字，就是根本不要東方化了！這種主張從根本上不要東方化是很對的；而不能說出所以然，就胡亂主張將來兩文化必能融通，實在不對。

現在我們進一層替他們兩位發揮未盡的意思：據我們看，所謂一家文化不過是一個民族生活的種種方

面。總括起來，不外三方面

(一)精神生活方面，如宗教，哲學，科學，藝術等是。宗教，文藝是偏於情感的；哲學，科學，是偏於理智的。

(二)社會生活方面，我們對於周圍的人—家族，朋友，社會，國家，世界—之間的生活方法都屬於社會生活一方面，如社會組織倫理習慣政治制度及經濟關係是。

(三)物質生活方面，如飲食，起居種種享用，人類對於自然界求生存的各種是。

我們人類的生活大致不外此三方面，所謂文化亦可從此三方面來下觀察。如果就此三方面觀察東西文化，我們所得到的結果：第一，精神生活方面，東方人的宗教—雖然中國與印度不同—是很盛的，而西方人的宗教則大受批評打擊；東方的哲學還是古代的形而上學，而西洋人對於形而上學差不多棄去不講；即不然，而前途却是很危險的。此種現象，的確是西洋人比我們多進了一步的結果。西洋人對於宗教和形而上學的批評，我們實在不能否認，中國人比較起來，明明還在未進狀態的。第二，社會生活方面，西洋比中國進步更爲顯然。東方所有的政治制度也是西方古代所有的制度，而西方却早已改變了；至於家庭，社會，中國也的確是古代文化未進的樣子，比西洋少走了一步！第三，物質生活方面，東方之不及西方尤不待言。我們只會點極黑暗的油燈，而西洋用電燈；我們的交通上只有很笨的騾車，而西洋人用火車飛艇。可見物質方面的不濟更爲顯著了！由此看來，所謂文化祇有此三方面，而此三方面中東方化都不及西方化，那麼東方化明明是未進的文化，而西方化是既進的文化。所謂未進的文化大可以不必提起，單採用既進的文化好了！我記得有一位常乃德先生說西方化與東方化不能相提並論，東方化之與西方化是一古一今的；一是前一後的；一是未進的，一是既進的。照我們從生活三方面觀察所得的結果看來，常君這種論調是不錯的。我們看東方文化和哲學，都是一成不變的，歷久如一的，所有幾千年後的文化和哲學，還是幾千年前的文化，幾千年前的哲學。一切今人所有，都是古人之遺；一切後人所作，都是古人之餘；然則東方化卽古化。西方化便不然；思想逐日的翻新，文化隨時闢創，一切都是後來居上，非復舊有，然則西方化就是新化。一古一今不能平等而觀，是很對的。假使說東方化能翻身，卽是說古化能大行於今後未來之世界；這話誰敢信呢？一般人或以爲東方在政治制度，社會的風俗習慣，以及物質的享用，雖不及西方人，而精神方面比西方人要有長處的。這種說法不單舊派人如此，幾乎有些新派的人亦有此種意思。但是我要反問一句：現在對於東西文化的問題既然問到最後的根本，不是已然看出中國人的精神生活方面，宗教，哲學，道德，藝術，根本上不對麼？不是要做思想的改革，哲學的更新麼？怎樣又可以說精神方面中國人有長處呢？所以一般人的意思，全然不對。而胡適之先生作中國哲學史大綱，亦持很客套的態度，在中國哲學史大綱的導言上說：

「世界上的哲學，大概可分爲東西兩支。東支又分印度，中國兩系。西支也分希臘，猶太兩系。初起的時候，這四系都可算獨立發生的。到漢以後猶太系加入希臘系，成了歐洲的中古哲學。印度系加入中國系，成了中國的中古哲學。到了近代印度系的勢力漸衰，儒家復起，遂產生了中國近世的哲學，歷宋，元，明，清，直到如今。歐洲思想漸漸脫離猶太系的勢力，遂產生了歐洲的近古哲學。到了今日這兩大支的哲學互相接觸，互相影響，五十年後一百年後或竟能發生一種世界的哲學也未可知。』

胡先生這樣將東方與西洋兩派哲學相提並論，同樣尊重的說話，實在太客套了！我們試看中國的哲學，是否已經經過西洋哲學的那樣批評呢？照胡先生所講的中國古代哲學，在今日哲學界可有什麼價值呢？恐怕僅祇作古董看著好玩而已！雖然中國哲學史大綱的後半部還沒有作出來，而胡先生的論調却是略聞一二的。像這種堂皇冠冕的話恐怕還是故相揶揄呢！所以大家一般人所說精神方面比較西方有長處的說法，實在是很含混不清極糊塗，無辨別的觀念，沒有存在的餘地！

論到此處可以看出，大家意思要將東西文化調和融通，另開一種局面作為世界的新文化，祇能算是迷離含混的希望，而非明白確切的論斷。像這樣糊塗疲緩不真切的態度全然不對。既然沒有曉得東方文化是什麼價值，如何能希望兩文化調和融通呢？如要調和融通總須說出可以調和融通之道，若說不出道理來，那麼何所據而知道可以調和融通呢？大概大家的毛病，因為西洋經大戰的影響對於他們本有的文化發生反感，所以對於東方文化有不知其所以然的羨慕。譬如杜威羅素兩先生很不看輕中國的文化，而總覺得東西文化將來會調和融通的。大家聽了於是就自以東方化是有價值了。但假使問他們如何調和融通，他們兩先生其實也說不出道理來。又梁任公先生到歐洲也受這種影響，在歐遊心影錄上面說西洋人對他說『西方化已經破產，正要等到中國的文化來救我們，你何必又到我們歐洲來找藥方呢！』他偶然對他們談到中國古代的話，例如孔子的『不患寡而患不均』『四海之內皆兄弟也』以及墨子的『兼愛』，西洋人都歎服欽佩以為中國文化可寶貴。梁先生又說柏格森倭鏗等人的哲學都爲一種翻轉的現象，是要走禪宗的路而尚未走通的。如此種種扢揚中國文明。其實任公所說，沒有一句話是對的！他所說的中國古話，西洋人也會說，假使中國的東西僅祇同西方化一樣便算可貴，則仍是不及人家，毫無可貴！中國化如有可貴，必在其特別之點，必須有特別之點才能見長！他們總覺得旁人對我稱贊的，我們與人家相同的，就是可寶貴的；這樣的對於中國人文化的推尊，適見中國文明的不濟，完全是糊塗的，不通的！我們斷然不能這樣糊糊塗塗的就算了事，非要眞下一個比較解決不可！

所以照我們看這個問題，西洋人立在西方化上面看未來的文化是順轉，因爲他們雖然覺得自己的文化很有毛病，但是沒有到路絕走不通的地步，所以慢慢的拐灣就會走上另一文化的路去；至於東方化現在已經撞在牆上無路可走，如果要開闢新局面必須翻轉纔行。所謂翻轉自非努力奮鬬不可，不是靜等可以成功的。如果對於這問題沒有根本的解決打開一條活路，是沒有辦法的！因此我們對於第二種意思——調和融通的論調——不知其何所見而云然？

以爲無從研究的不對

第三個意思以爲這問題太大，範圍太寬，無從研究起，也是不對的。但是如何研究法，要到後文再說，此處僅祇先說這種意思是不對的，現在且略說我爲什麼注意此問題，和我研究的經過，同時亦即所以對答第三個意思。他們所說的無法研究，還是由於大家的疲緩，劣鈍；如果對於此問題覺得是迫切的，當眞要求解決，自然自己會要尋出一條路來！

我研究這問題的經過

我對於此問題特別有要求，不肯放鬆，因為我的生性對於我的生活，行事，非常不肯隨便，不肯作一種不十分妥當的生活，未定十分準對的行事。如果作了，就是對的，就沒問題的；假使有一個人對於我所作的生活不以為然，我即不能放鬆，一定要參考對面人的意見，如果他的見解對，我就自己改變；如果他的見解是錯誤，我才可以放下。因為我對於生活如此認眞，所以我的生活與思想見解是成一整個的，思想見解到那裏就做到那裏。例如我在當初見得佛家生活是對的，我即刻不食肉不娶妻要作他那樣生活，八九年來如一日。而今所見不同，生活亦改。因此別的很隨便度他生活的人可以沒有思想見解；而我若是沒有確實心安的主見，就不能生活的！所以旁人對於這個問題自己沒有主見並不要緊，而我對於此問題假使沒有解決，我就不曉得我作何種的生活才好！

我研究這個問題的經過，是從民國六年蔡孑民先生約我到大學去講印度哲學。但是我的意思，不到大學則已，如果要到大學作學術一方面的事情，就不能隨便作個教員便了，一定要對於釋迦孔子兩家的學術至少負一個講明的責任。所以我第一日到大學，就問蔡先生他們對於孔子持什麼態度？蔡先生沈吟的答道：我們也不反對孔子。我說：我不僅是不反對而已，我此來除去替釋迦孔子去發揮外更不作旁的事！而我這種發揮是經過斟酌解決的，非盲目的；後來晤陳仲甫先生時，我也是如此說。但是自任大學講席之後因編講義之故，對於此意，亦未得十分發揮。到民國七年我曾在北京大學日刊登了一個廣告，徵求研究東方學的人，在廣告上說：據我的看法，東方化和西方化都是世界的文化，中國為東方文化之發源地；北京大學復為中國最高之學府；故對於東方文化不能不有點貢獻，如北京大學不能有貢獻，誰則負貢獻之責者？但是這種徵求的結果，並沒有好多的人；雖有幾個人，也非常不中用。我僅祇在哲學研究所開了一個『孔子哲學研究會』將我的意見略微講了一個梗概。後來丁父艱遂中途擱置。到民國八年有一位江蘇的何墨君同朋友來訪問我對於東西文化問題的意見。當時曾向何君略述；何君都用筆記錄，但並未發表。後來我作一篇希望大家對於此問題應加以注意的文章，即發表於唯識述義前面的。民國九年即去年夏季經這裏教育廳長袁先生約我來魯講演，我即預備講演此問題，而因直皖戰事沒有得來。九年秋季卻在大學開始講演此問題，已有紀錄草稿一本。今年復到此地與大家研究，算是我對於此問題的第二次講演。我自己對於東西文化問題研究之經歷大概如此。

第二章　如何是東方化？如何是西方化？（上）

我們所要求的答案

我們現在平靜的對於東西文化下一種觀察，究竟什麼是東方化，什麼是西方化呢？純以好知的心理去研究他們各自的樣子。這其間第一先來考究西方化：如何是西方化？但是我們假如拿此問題問人，大家倉卒之間一定答不出來；或者答的時候列舉許多西方的政治制度，社會風尚，學術思想等等。無論此種列舉很難周備，即使周備，而所舉的愈多，愈沒有一個明瞭正確的『西方化』觀念。因為我們所問的，要求把許多說不盡的西方文化歸縮到一句兩句話，可以表的出他來，使那許多東西成了一個很有意思的一個東西，躍然於我們的心目中，纔算是將我們的問題答對了。像這一種的答對固然很難，但是不如此答對即不能算數。凡是能照這樣答對的，我們都可以拿來看看此種答案求其合格很難，但是無論什麼人的心目中，總都有他自己的意思。我記得王壬秋先生在中國學報的序裏批評西方化說：『工商之爲耳』我們姑且不論他的話對不對，而在他是用一句話表出以爲西方化不過如此。同光之間曾文正李文忠等對於西方化所看到的，他們雖然沒說出口來，而他們心目中的西方化觀念，即在堅甲利兵之一點。光宣間的一般人心目中專認得政治制度一點，以爲是即西方化。他們這些觀察無論眼光對不對，而都算是對於我們問題的答案。大體說來自然不周洽不明白確切，而各人的意思都有一點對，可以供我們參考；無論如何不對，都是我們最合格，最對的西方化觀念的一個影子。我們不要笑他們的不對，我們試翻過來看的時候，究竟有那一個人說的對呢？我實在沒有看見那一個人說的對！照我看來，東西的學者，教授，對於西方化的觀察，實在也不見得怎麼樣高明，也同王壬秋先生差不到那裏去！我現在將我所看見他們對於西方化的答案一一加以批評；因爲我們指明別人的不對，才能看見我們的答案之所以對！

前兩年中國在日本的留學生所組織的丙辰學會，請早稻田哲學教授金子馬治來講演。他講演的題目就是『東西文明之比較』，我們且看他對於此問題的意思是怎樣呢？他有扼要的一句答案：『西洋文明是勢能(power) 之文明。』這話怎麼講呢？原文說：

『余在十年前有歐洲之行，其時亦得有興味之經驗。歐遊以前，予足跡未嘗出國門一步，至是登程西航，漸離祖國。途中小泊香港，登陸遊覽，乃大驚駭。蓋所見之物，幾無不與在祖國所習者異也。據在座之貴國某君言，香港本一磽确之小島，貴國人以廢物視之，及入英人之手，辛苦經營，遂成良港，予至香港時，所見者已非濯濯之石山，而爲人工所成之良港。予之所驚駭不置者，蓋在於是。日本諸港大都因天然之形勢略施人工所成，香港則異是，觀其全體幾於絕出人工，非復自然之原物。此余所不得不歎服者。試觀某市街所謂石山者，已草木叢生，欣欣向榮，皆英人所種也。初雖歷次失敗，然英人以不屈不撓之精神，利用科學之方法，竭力經營，卒成今日青青之觀。予在國內時所馴習之自然，此處杳不可見，所接於目者，獨有人力之跡：知所謂歐人征服自然，而東洋人放任自然之說，果不妄也。』

他次段又尋這西方文明的來源說：『若謂今日歐洲之文明爲征服自然之文明，而征服自然所用之武器爲自然科學者，當知此自然科學淵源實在於希臘：蓋希臘國小山多，土地磽瘠，食物不豐，故多行商小亞細亞以勤勞求生活。歐式文明之源實肇於此。』此外還有許多話，無非專明征服自然之一義，又把征服自然的原因歸到地理的關係上去，發明出各科學『以爲利用厚生之資』，所以叫他作勢能（power）之文明。金子君這個說法，錯是不錯。征服自然誠然是西方化的特色。還有北聆吉教授的議論，差不多也是這個意思。我留心看去大家說這樣話的很多很多，恐怕早是衆人公認的了。英國的歷史家巴克爾（Buckle）所作著名的英國文明史（History of Civilization in England）上說『歐洲地理的形勢是適宜於人的控制天然，這是歐洲文明發展的主因』。就是金子君自己也說這是歐洲人原有的話，他實地看去，相信他果然不妄。可見這原有定論的，在歐美是一種很普遍的見解。民國八年杜威先生到北京，北京大學哲學研究會有一天晚間爲杜

西方化問題的答案二

威先生開歡迎會杜威先生的演說也祇說西方人是征服自然，東方人是與自然融洽，此即兩方文化不同之所在。當金子馬治持這種見解的時候，曾去請教他的先輩米久博士，米久博士對於他的見解也很同意。所以我們對於這些話不能否認，因爲明明是不可掩的事實。祇是他們說的太簡單了！對於西方化實在有很大的忽略，不配作我們所要求的答案。我們且舉最容易看見的那西方社會上特異的彩色，如所謂『自由』『平等』——『德謨克拉西』的傾向——也是征服自然可以包括了的麽？如果單去看他那物質上的燦爛，而蔑視社會生活的方面，又與同光間『堅甲利兵』的見解有何高下呢？況且我們要去表明西方化須要表出他那特別精神來，這『征服自然』一件事原是一切文化的通性，把野草亂長的荒地開墾了去種五穀；把樹林砍了蓋房屋，做桌椅；山沒有路走便開山，河不能過去便造船；但有這一點文化已經就是征服自然。何況東方文化又何止此呢？然則東西兩方面的征服自然不過是程度之差，這『征服自然』四字那裏就能表出西方化特別的精神呢？如此種種說來，顯見得金子教授的說法不值得採用。我們還須別覓周全正確的答案。至於他議論中錯誤之點亦尚多，隨後再去批評。

北聆吉氏『東西文化之融合』的說法也是說西方化「征服自然」，似乎不必再費一番評論。但他實與金子有大不相同的地方不能不說：金子君說『日本諸港略施人工』『香港全體幾於絕出人工』顯然說這征服自然是程度有等差罷了。北聆吉氏却能說明他們是兩異的精神。他的原文錄在書後，讀者可以去參看。他那文共分五段，段段都表示兩異對待的說法。如：

第一段『西洋文化——征服自然——不能融和其自我於自然之中以與自然共相遊樂。』

第二段『凡東洋諸民族皆有一共同與西洋民族不同之點，即不欲制御自然征服自然而欲與自然融合與自然遊樂是也。』

第三段『東西文化之差別可云一爲積極的，一爲消極的。』

第四段『自然之制服，境遇之改造，爲西洋人努力所向之方。與自然融合，對於所與之境遇之滿足，爲東洋人優游之境地。此二者皆爲人間文化意志所向之標的。』

第五段『吾人一面努力於境遇之制服與改造，一面亦須：於自己精神之修養。單向前者以爲努力，則人類將成一勞動機關，僅以後者爲能事，則亦不能自立於生存競爭之場中。』

他這話裏雖然也有錯誤之點，如把東洋民族統歸到『與自然融合與遊樂』而不留意最重要的印度民族並不如此。然却把兩異的精神總算表白的很明了。金子君只說『以言東洋文明欲求其與勢能對待之特質則亦曰順自然愛和平而已』這『順自然』三字那裏表得出『對待之特質』況且與文化的本義不符，那裏有所謂順自然的文化呢？北聆吉的眼光很留意到兩方思想的不同，談一談哲學主義倫理觀念，不專去看那物質方面，所以這征服自然說到他手裏，果然是西方化的特異處了。只是仍舊有那很大的忽略，還是不周全正確。

我民國七年（一九一八）夏間在北京大學提倡研究東方化，就先存了西方化的觀察而後纔發的。因爲不

三題的答案

曉得自己的意思對不對，約我的朋友張崧年君一天晚上在茶樓談談。張君看西洋書看的很多，故此每事請教他。我當時敍說我的意見，就是我觀察西方化有兩樣特長，所有西方化的特長都盡於此。我對這兩樣東西完全承許，所以我的提倡東方化與舊頭腦的拒絕西方化不同。所謂兩樣東西是什麼呢？一個便是科學的方法，一個便是人的個性申展，社會性發達。前一個是西方學術上特別的精神，後一個是西方社會上特別的精神。張君聽著似乎不甚注意，但我自信很堅，並且反覺得是獨有的見解了。過些日子李君守常借一本東洋文明論與我看，是日本人若宮卯之助譯的美國人闞克斯(George William Knox)的書，原名"The Spirit of the Orient"這書雖說是論東方文明的，却尋不著一句中肯的話。所謂東方的精神(spirit)全然沒有。但最末一章題目是『東西文明之融合』也是主張融合論的。他那裏邊有一大段却大談論西洋的精神，一個是科學，一個是自由。他先說近世文明發達到今天這樣，他們歐美人的進步，實在是因為這兩樣東西。後又說日本人的勝利——指戰勝俄國說——也都是因為這兩樣東西。乃知道我的觀察原也是早有人說過的。到民國九年看見新青年六卷一號陳獨秀君的『本誌罪案之答辯書』說他們雜誌同人所有的罪案不過是擁護德塞兩位先生——Democracy, Science——罷了。西洋能從黑暗到光明世界的，就是這兩位先生，他們認定可以救治中國政治，道德，學術，思想，一切黑暗的也只有這兩位先生。我常說中國講維新講西學幾十年乃至於革命共和，其實都是些不中不西的人，說許多不中不西的話，作許多不中不西的事。他們祇有枝枝節節的西方化，零零碎碎的西方東西，並沒把這些東西看通竅，領會到那一貫的精神。只有近年新青年一班人總算主張西方化主張到家。現在陳君這個話就是把他們看通了的竅指示把大家了。記得過幾天的時事新報某君，對陳君這話有段批評，彷彿是說以德塞兩先生括舉西方潮流，所見很對，但是近年的勢力還有一位斐先生——斐絡索斐 Philosophy 云云。某君這個話不很對，因爲這裏所說的塞先生是指科學思想，亦可說是科學主義的哲學，正指哲學耳。然則我們如果問如何是西方化？就答作『西方化即是塞恩斯德謨克拉西兩精神的文化』對不對呢？這個答法很對，很好，比那『征服自然』說精采得多，把征服自然說所忽略的都切實表明出來，毫無遺憾了。但只仍有兩個很重要的不稱心的地方：

第一個是我們前頭證明西方化與東方化對看，『征服自然』實在是他一個特異處，而現在我們這答法沒有能表示出來。雖然說到科學，但所表的是科學方法的精神，現於學術思想上的，不是表他那征服自然的特采見諸物質生活的，所以很是一個缺點。

第二個是我們現在答作『塞恩斯』『德謨克拉西』兩精神的文化，這兩種精神有彼此相屬的關係沒有呢？把他算作一種精神成不成呢？我們想了許久講不出那相屬的關係，不能算作一種精神。但我們說話時候，非雙舉兩種不可，很像沒考究到家的樣子，究竟這兩種東西有他那共同一本的源泉可得沒有呢？必要得著他那共同的源泉作一個更深澈更明醒的答案，方始滿意。

如此說來我們還得再去尋求圓滿的說法。

我們試看李守常君的說法如何呢？他的說法沒有這雙舉兩精神的毛病，却是括舉一個精神的。他文內通

以西洋文明爲動的文明與東洋靜的文明對稱，這動的文明就是他的答法了。所以他原文開口頭一句就說

東西文明有根本不同之點，卽東洋文明主靜西洋文明主動是也。

李君這個話眞可謂『一語破的』了。我們細想去東西文明果然是這個樣子。『動的文明』四字當眞有籠罩一切的手段。那麼就採用這個答案好麼？雖然好，但只看上去未免太渾括了。所以李君於根本異點之外又列舉了許多異點去補明：

一爲自然的，一爲人爲的；一爲安息的，一爲戰爭的；一爲消極的，一爲積極的；一爲依賴的，一爲獨立的；一爲苟安的，一爲突進的；一爲因襲的，一爲創造的；一爲保守的，一爲進步的；一爲直覺的，一爲理智的；一爲空想的，一爲體驗的；一爲藝術的，一爲科學的；一爲精神的，一爲物質的；一爲靈的，一爲肉的；一爲向天的，一爲立地的；一爲自然支配人間的，一爲人間征服自然的。

李君又於此外枚舉許多飲食嗜好之不同，起居什物之不同又去觀於思想，觀於宗教，觀於倫理，觀於政治，一樣一樣都數到。我們統觀他的說法，是一種平列的開示，不是一種因果相屬的講明。有顯豁的指點，沒有深刻的探討。這個可以證出『動的文明』的說法，不克當我們所求西方種種精神的共同源泉之任。李君列舉那些異點前七樣可以說是出於『動』的精神，若如直覺與理智，空想與體驗，藝術與科學，精神與物質，靈與肉，向天與立地，似很難以『動』『靜』兩個字作分判，彼此間像沒甚聯屬關係。我們所求貫串統率的共同源泉，一個更深澈更明醒的說法，李君還沒能給我們。

我求答案的方法

這時候不必再批評別人了。不批評看不出長短，多批評也浪費筆墨。我以為我們去求一家文化的根本或泉源有個方法。你且看文化是什麼東西呢？不過是那一民族生活的樣法罷了。生活又是什麼呢？生活就是沒盡的意欲（will）——此所謂『意欲』與叔本華所謂『意欲』略相近，——和那不斷的滿足與不滿足罷了。通是個民族通是個生活，何以他那表現出來的生活樣法成了兩異的采色？不過是他那為生活樣法最初本因的意欲分出兩異的方向，所以發揮出來的便兩樣罷了。然則你要去求一家文化的根本或源泉，你只要去看文化的根原的意欲，這家的方向如何與他們家的不同。你要去尋這方向怎樣不同，你只要他已知的特異采色推他那原出發點，不難一目瞭然。

我西方化問題的答案

以上的話自須加上說明，並辨白我這觀察文化的方法為何與人不同，然後再適用到實際上去答我們的問題，才得明白。但現在為行文的方便，且留到次章解說東方化的時候一堆比較著去說。此處只單舉一個對於西方化的答案專講講西方化。

如何是西方化？西方化是以意欲向前要求為其根本精神的。

或說：西方化是由意欲向前要求的精神產生『塞恩斯』與『德謨克拉西』兩大異采的文化。

一家民族的文化原是有趨往的活東西，不是擺在那裏的死東西。所以我的說法是要表出他那種活形勢來，而李君那個『動的』『靜的』字樣却是把沒來由沒趨向一副呆板的面目加到那種文化上去——靜固是呆面目而動也是，譬如時辰表便是呆面目的動。一家民族的文化不是孤立絕緣的，是處於一個總關係中的。譬如一幅畫裏面的一山一石，是在全畫上佔一個位置的，不是四無關係的。從已往到未來，人類全體的文化是一個整東西，現在一家民族的文化，便是這全文化中佔一個位置的。所以我的說法在一句很簡單的答案中已經把一家文化在文化中的地位，關係，前途希望統通表定了。而李君那一動一靜的說法，只表出東西兩家是各別的東西，却沒有替他們於總關係中求個位置所在，這些話請看完我的全書自明。

現在且去講明我的答案。我們可以用四步的講法。先從西方各種文物抽出他那共同的特異采色，是爲一步；復從這些特異的采色尋出他那一本的源泉。這便是二步；然後以這一本的精神攬總去看西方化的來歷是不是如此，是爲三步；復分別按之各種事物是不是如此，這便是四步。前兩步是一往，後兩步是一反。

答案講明的第一步

西方化的科學采色

我們爲什麼要舉出那『精神』『異采』來作答呢？因爲我們所要知道某家文化是如何的，就是要知道他那異於別家的地方。必要知道他那異處，方是知道某家文化。倘若認不出他那特異處，那何所謂某家文化呢？某家的異點，他自己或不覺，對面人却很容易覺得。所以我們東方人看西方東西，那異點便刺目而來，原是容易知道的。譬如最初惹人注目的槍礮，鐵甲艦，望遠鏡，顯微鏡，輪船，火車，電報，電話，電燈，同後來的無線電，飛行機以及洋貨輸入後的日常起居服御的東西，與我們本土的走內河還要翻的民船，一天走上數十里的騾車，以及油燈，蠟燭等等一切舊日東西比較，眞是異樣的很！使我們眼光撩亂不知所云。然沈下心去一看，雖然形形色色種種不同，却有個同的所在。就是樣樣東西都帶著征服自然的威風，爲我們所不及。舉凡一切物質方面的事物，無不如此。然則這征服自然便是他們的共同異采了。再去看他這些東西是怎樣製作的，與我們向來製作東西的法子比比看。我們雖然也會打鐵，煉鋼，做火藥，做木活，做石活，建築房屋，橋梁，以及種種的製作工程，但是我們的製作工程都專靠那工匠心心傳受的『手藝』。西方卻一切要根據科學——用一種方法把許多零碎的經驗，不全的知識，經營成學問，往前探討，與『手藝』全然分開，而應付一切，解決一切的都憑科學，不在『手藝』。工業如此，農業也如此，不但講究種地有許多分門別類的學問，不是單靠老農老圃的心傳；甚至養雞牧羊，我們看著極容易作的小事，也要入科學的範圍，絕不僅憑個人的智慧去作。總而言之，兩方比較，處處是科學與手藝對待。即如講到醫藥，中國說是有醫學，其實還是手藝。西醫處方，一定的病有一定的藥，無大出入；而中醫的高手，他那運才施巧的地方都在開單用藥上了。十個醫生有十樣不同的藥方，並且可以十分懸殊。因為所治的病同能治的藥，都是沒有客觀的憑準的。究竟病是什麼？『病竈』在那裏？並不定要考定，只憑主觀的病情觀測罷了！(在中國醫學書裏始終沒有講到「病」這樣東西。)某藥是如何成分？起如何作用？並不追問。只拿溫涼等字樣去品定，究竟為溫為涼，意見也參差的很。他那看病用藥，那能不十人十樣呢？這種一定要求一個客觀共認的確實知識的，便是科學的精神；這種全然蔑視客觀準程規矩，而專要崇尚天才的，便是藝術的精神。大約在西方便是藝術也是科學化；而在東方便是科學也是藝術化。大家試去體驗，自不難見。蓋彼此各走一條路，極其所至必致如此。

科學求公例原則，要大家共認證實的；所以前人所有的今人都有得，其所貴便在新發明，而一步一步腳踏實地，逐步前進，當然今勝於古。藝術在乎天才祕巧，是個人獨得的，前人的造詣，後人每覺趕不上，其所貴便在祖傳祕訣，而自然要歎今不如古。既由師弟心傳，結果必分立門戶，學術上總不得建個共認的準則。第一步既沒踏實，第二步何從前進，況且卽這點師弟心傳的東西有時還要失傳，今不如古也是必至的實情了。明白這科學藝術的分途，西方人之所以喜新，而事事日新月異；東方人之所以好古，而事事幾千年不見進步，自無足怪。我們前章中說西方的文物須要看他最新的而說爲今化，東方的文物要求之往古而說爲古化，也就是因爲西方的文明是成就於科學之上；而東方則爲藝術式的成就也。

西方人走上了科學的道，便事事都成了科學的。起首只是自然界的東西，其後種種的人事，上自國家大政，下至社會上瑣碎問題，都有許多許多專門的學問，爲先事的研究。因爲他總要去求客觀公認的知識，因果必至的道理，多分可靠的規矩，而絕不聽憑個人的聰明小慧到臨時去瞎撞。所以拿著一副科學方法，一樣一樣地都去組織成了學問。那一門一門學問的名目，中國人從來都不曾聽見說過。而在中國是無論大事小事，沒有專講他的科學，凡是讀過四書五經的人、便什麼理財司法都可作得，但憑你個人的心思手腕去對付就是了。雖然書史上邊有許多關於某項事情——例如經濟——的思想道理，但都是不成片段，沒有組織的。而且這些思想道理多是爲著應用而發，不談應用的純粹知識，簡直沒有。這句句都帶應用意味的道理，只是術，算不得是學。凡是中國的學問大半是術非學，或說學術不分，離開園藝沒有植物學，離開治病的方書沒有病理學，更沒有什麼生理學解剖學。與西方把學獨立於術之外而有學有術的，全然兩個樣子。雖直接說中國全然沒有學問，這樣東西亦無不可。因爲唯有有方法的乃可爲學，雖然不限定必是科學方法而後可爲學問的方法，但是說到方法，就是科學之流風而非藝術的味趣。西方旣秉科學的精神，當然產生無數無邊的學問，中國旣秉藝術的精神當然產不出一門一樣的學問來。而這個結果學固然是不會有，術也同著不得發達。因爲術都是從學產生出來的。生理學病理學固非直接去治病的方書，而內科書外科書裏治病的法子都根據於他而來。單講治病的法子不講根本的學理，何從講出法子來呢？就是臨床經驗積纍些個訣竅道理，無學爲本，也是完全不中用的。中國一切的學術都是這樣單講法子的，其結果恰可借用古語是『不學無術』。旣無學術可以準據，所以遇到問題只好取決自己那一時現於心上的見解罷了。從尋常小事到很大的事，都是如此。中國政治的尙人治西方政治的尙法治，雖尙有別的來路，也就可以說是從這裏流演出來的。申言之還是藝術化與科學化。

我們試再就知識本身去看，西方人的知識是與我們何等的不同。同一個病，在中醫說是中風，西醫說是腦出血。中醫說是傷寒，西醫說是腸窒扶斯。爲什麼這樣相左？因爲他們兩家的話來歷不同，或說他們同去觀察一樁事而所操的方法不同。西醫是解剖開腦袋腸子得到病竈所在而後說的，他的方法，他的來歷，就在檢察實驗。中醫中風傷寒的話，窺其意，大約就是爲風所中爲寒所傷之謂。但他操何方法由何來歷而知其是爲風所中爲寒所傷呢？因從外表望着像是如此。這種方法加以惡謚就是『猜想』，美其名亦可叫『直觀』。這種要去檢察實驗的，便是科學的方法。這種只是猜想直觀的，且就叫他作玄學的方法。（從古來講玄學的總多是這樣，玄學是不是應當用這種方法另一問題）這其間很多不同，而頭一樁可注意的：玄學總是不變現狀的看法，囫圇着看，整個着看，就拿那個東西當那個東西看；科學總是變更現狀的看法，試換個樣子來看，解析了看，不拿那個東西當那個東西看，却拿別的東西來作他看。譬如那個病人，中國只就着那個現狀看，西方以爲就着那個樣看看不出什麼來的，要變更現狀打開來看看，這就是怎樣？這就是不拿他當整個人，不可分的人看，却看他是由別的東西——血肉筋骨所成的種種器官——合起來的。所以中醫不要去求病竈，因他是認這整個的人病了。西醫定要去求病竈，因他是認合成這人的某器官某部分病了。這兩家不同的態度是無論什麼時候總是秉持一貫的。且看中國藥品總是自然界的原物，人參，白朮，當歸，紅花……那一樣藥的性質怎樣作用怎樣？都很難辨認，很難剖說，像是奧祕不測爲用無盡的樣子。因爲他看他是整個的囫圇的一個東西，那性質效用都在那整個的藥上。不認他是什麼化學成分成功的東西，而去分析有效成分來用。所以性質就難分明，作用就不簡單了。西藥便多是把天然物分析檢定來用，與此恰相反。因爲這態度不同的原故，中國人雖然於醫藥上很用過一番心，講醫藥的書比講別的書——如農工政法——都多。而其間可認爲確實知識的依舊很少很少。用心用差了路，即是方法不對。由玄學的方法去求知識而說出來的話，與由科學的方法去求知識而說出來的話，全然不能作同等看待。科學的方法所得的是知識，玄學的方法天然的不能得到知識，頂多算他是主觀的意見而已。

我們再去看中國人無論講什麼總喜歡拿陰陽消長五行生尅去說。醫家對於病理藥性的說明，尤其是這樣。這種說法又是玄學的味道。他拿金木水火土來與五臟相配屬，心屬火，肝屬木，脾屬土，肺屬金，腎屬水。據靈樞素問還有東西南北中五方，青黃赤白黑五色，酸甘苦辣鹹五味，宮商角徵羽五音，以及什麼五聲，五穀，五數，五畜等等相配合。雖看著是談資文料，實際似乎用不著，而不料也竟自拿來用。譬如這個人面色白潤就說他肺經沒病，因爲肺屬金，金應當是白色，現在肺現他的本色就無病，又薑若炮黑了用，就說可以入腎，因爲腎屬水其色黑。諸如此類，很多很多。這種奇絕的推理，異樣的邏輯，西方絕對不能容，中國偏行之千多年！西方人講學說理全都要步步踏實，於論理一毫不敢苟。中國人講學說理必要講到神乎其神，詭祕不可以理論，纔算能事。若與西方比看，固是論理的缺乏，而實在不只是論理的缺乏，竟是『非論理的精神』太發達了。非論理的精神是玄學的精神，而論理者便是科學所由成就。從論理來的是確實的知識，是科學的知識；從非論理來的全不是知識，且尊稱他是玄學的玄談。但是他們的根本差異，且莫單看在東拉西扯聯想比附與論理乖違。要曉得他所說話裏的名辭(term)思想中的觀念概念本來同西方是全然兩個樣子的。西醫說血就是循環的血罷了。說氣就是呼吸的氣罷了，說痰就是氣管枝裏分泌的痰罷了。老老實實的指那一件東西，不疑不惑。而中醫說的血不是血，說的氣不是氣，說的痰不是痰，乃至他所說的心肝脾肺，你若當他是循環器的心，呼吸器的肺……那就大錯了，他都別有所指。所指的非復具體的東西，乃是某種意義的現象，而且不能給界說的。譬如他說這病在痰，其實非眞就是痰，而別具一種意義；又如他說肝經有病，也非眞是肝病了，乃別指一種現象爲肝病耳。你想他把固定的具體的觀念，變化到如此的流動抽象，能彀說他只是頭腦錯亂，而不是出乎一種特別精神麼？因爲他是以陰陽消長五行生尅爲他根本的道理，而「陰」「陽」「金」「木」「水」「火」「土」都是玄學的流動抽象的表號，所以把一切別的觀念也都跟著變化了。為什麼玄學必要用如此的觀念？因為玄學所講的，與科學所講的全非一事。科學所講的是多而且固定的現象（科學自以為是講現象變化，其實不然，科學只講固定不講變化）玄學所講的是一而變化變化而一的本體。我們人素來所用的都是由前一項來的觀念，或說觀念的本性就是為表前一項用的。照他那樣，一就不可以變化，變化就不可以一，所以非破除這種成規，不能挪到玄學上來用。破除觀念的成規，與觀念的製作不精純，極相似而不同。大家却把中國學術，單看成製作不精純一面了。當知中國人所用的有所指而無定實的觀念，是玄學的態度，西方人所用的觀念要明白而確定，是科學的方法。中國人既然無論講什麼，都歡喜拿陰陽等等來講，其結果一切成了玄學化，有玄學而無科學（其玄學如何，另論。）西方自自然科學大興以來，一切都成了科學化，其結果有科學而無玄學。除最近柏格森一流纔來大大排斥科學的觀念。中西兩方在知識上面的不同，大約如此。

我們試再就兩方思想上去看看。思想是什麼？思想是知識的進一步，就着已知對於所未及知的宇宙或人生大小問題而抱的意見同態度。思想沒有不具態度的，並且直以態度為中心。但我們現在所要去看的只在意見上，不在態度上。態度是情感，是意志，現在則要觀察理性一面。思想既然跟着知識來，而照前邊所說中國人於知識上面特別的無成就，西方人則特別的有成就。他們兩方的『已知』很是相差，那所抱的思想自大大兩樣，不待言了。中國人看見打雷就想有『雷公』，刮風就想有『風姨』，山有山神，河有河神，宇宙間一件一件的事物，天，地，日，月，……都想有主宰的神祇。婚姻，子嗣，壽夭，一切的禍福，都想有前定的，冥冥中有主持的。生是投胎來的，死後有鬼，還要投生去。擾亂世界的人是惡魔降生，世亂是應當遭刼。在西方人他曉得風是怎樣會起的，雷是怎樣會響的，乃至種種，他便不抱這般思想而想是沒有神了。長壽是衛生得宜，死是病沒治好。無子定是身體有毛病，生非投胎，死亦無鬼。世亂是政治不得法，惡人不過是時會造成。前者因爲知識既缺乏不明白這些現象的所以然，不免爲初民思想之遺留，又加以他的夙養，總愛於尚未檢驗得實的予以十分之肯定，於是就進一步而爲有神有鬼等等思想了。後者因爲知識既有成就，看出因果必至的事理，對於初民思想鄙薄的很，又加以他的習慣，不能與人以共見共聞的通不相信，於是就進一步而爲無神無鬼等等思想了。什麼叫知識缺乏？就是無科學。不檢驗得實而就肯定的，是何夙養？就是『非科學』的夙養。然則中國的思想如是，其原因都在無科學與『非科學』了。什麼叫知識有成就？就是有科學。不與人以共見就不相信，是何習慣？就是『科學』的習慣。然則西方思想如是，其原因都在有科學與『科學』了。（此處所說於兩方思想尚未加是定，讀者幸勿誤會。

所謂宗教，可以說就是思想之具一種特別態度的。什麼態度？超越現實世界的信仰。思想而不含一種信仰態度的不能算，信仰而不是超越現實世界的也不能算。宗教既是如此的，則其勢在西方人必致爲宗教的反抗，——不僅反對某一宗教而反對宗教本身——因爲從科學的看法要反對現實世界的超越，於是一面就有宗教終且廢滅的推想，一面就有『非宗教』的宗教之創作，例如赫克爾（Haeckel）一元教之類。孔特（Comte）實兼有這兩面的意思。可巧他們素來的基督教，又是一個很呆笨的宗教，奉那人格的上帝，如何站的住？只爲人不單是理性，所以事實上不見就倒下來，而從西方人的理性方面去看，上帝却已不容於西方了。在虔誠信奉上帝一神幾千年的西方人是如此，而在中國人從來並未奉上帝的，但他何曾有一點不是信奉上帝的意思呢？你問他爲什麼長一個鼻子兩個眼睛兩個耳朶？他說這是天所給人的。五穀豐熟得有飽飯吃，他感謝這是天賜的。有了大災變，他說這是『天意』。上帝的思想反在中國了。可見有科學無科學的分別有這麼大！

所謂哲學可以說就是思想之首尾衡貫自成一家言的。杜威先生在北京大學哲學研究會演說說：西方哲學家總要想把哲學作到科學的哲學。怎樣纔是『科學的哲學』自不易說，若寬泛着講，現在西方無論那一家哲學簡直都是的。純乎科學性格的羅素 (Russell) 固然是，卽反科學派的柏格森也的的確確從科學來，不能說他不是因科學而成的哲學。我們對於哲學在後面別爲一章，此處且不說了。

思想之關於社會生活的（從家人父子到國家世界）卽是倫理思想，在西方也受科學影響很大。因其還現露一種別的重要異采，故我們於次段去說。

從上以來因爲講『如何是西方化？』的原故，比對着也把東方化或中國化略講了些。但是我們現在說到此處，仍於西方化作一小結束道：

西方的學術思想，處處看去，都表現一種特別的采色，與我們截然兩樣，就是所謂『科學的精神』。

我曾翻到杜威先生的教育哲學講演，談到科學進步的影響之大，他就說：『…所以我們可以說東方文化西方文化的區別卽在於此。』雖然我還不以爲『卽在於此』，然而亦可見『科學』爲區別東西化的重要條件是不錯的了。以下再去看西方化之別一種特別采色。

西方化的德謨克拉西精神

這西方學術思想上的特別，固已特別的很了，還有在吾人生活上一種更古怪的樣法，叫中國人看了定要驚詫，舌撟不下的，只是最近十多年來已經同他相習，不十分驚怪了。我們試把我們假作個十多年前的『醇正中國人』來看，這大的國家竟可沒有皇帝，竟可不要皇帝，這是何等怪事！假使非現在眼前，他直不相信天地間會有這樣事的。就是現在行之好幾年了，而眞正相信這件事是可能的，還未必有幾個。他總想天下定要有個作主的人纔成，否則豈有不鬧鬨的？鬧鬨起來誰能管呢？怎的竟自可不鬧鬨，這是他不能想像的。鬧鬨怎的可不必要有個人管，這也是他未從想像的。因此他對於這個鬧鬨無已的中國總想非仍舊擡出個皇帝來，天下不會太平。中國人始終記念着要復辟，要帝制，復辟帝制並非少數黨人的意思，是大家心理所同。他實在於他向來所走的路之外，想不出個別的路來。他向來所走的路是什麼路？是一個人拿主意，並要拿無制限的主意，大家夥都聽他的話，並要絕對的聽話，如此的往前走，原也可以安然無事的走去，原也是一條路。所謂別的是什麼路？是大家夥同拿主意，只拿有制限的主意；大家夥同要聽話，只聽這有制限的話。如此的往前走，可以從從容容的走去，也是一條路。凡是大家夥一同往前過活，總不外這兩路，而這兩條路的意向恰相背反。前者便是所謂獨裁，所謂專制，而爲我們向所走的路；後者便是所謂共和，所謂立憲，而爲西方人所走的路，而我們方要學步，一時尙未得走上去的。就爲這兩方恰相背反的原故，所以看了要驚怪，並且直不得其解，以夙習於此的人，走如彼精神的路，全不合轍，八九年也不曾走得上去。

中國人看見西方的辦法沒有一個作主的人，是很驚怪了，還有看見個個人一般大小，全沒個尊卑上下之分，這也是頂可驚怪的。這固由於他相信天地間自然的秩序是分尊卑上下大小的，人事也當按照着這秩序來，但其實一個人間適用的道理的眞根據還在他那切合應用上，不在看着可信。或者說：凡相信是一條道理的，必是用着合用。其所以相信尊卑上下是眞理而以無尊卑上下爲怪的，實爲疑惑如果沒個尊卑上下，這些人怎得安生？這種疑怪的意思與前頭是一貫的。不過前頭是疑沒一個管人的人，即在上的人不成，後者是疑一切的人不安守等差不成，即是不安於卑下而受管不成。如果誰也不卑而平等一般起來，那便誰也不能管誰，誰也不管於誰，天下未有不亂的。如此而竟不亂，非他所能想像。幾千年來維持中國社會安寧的就是尊卑大小四字。沒有尊卑大小的社會，是他從來所沒看見過的。原來照前所說，中國的辦法，拿主意的與聽話的，全然分開兩事，而西方則拿主意的即是聽話的，聽話的即是拿主意的。因此，中國『治人者』與『治於人者』劃然爲兩階級，就生出所謂尊卑來了，也必要嚴尊卑而後那條路纔走得下去；西方一個個人通是『治人者』也通是『治於人者』，自無所謂尊卑上下而平等一般了。於是這嚴尊卑與尙平等遂爲中西間之兩異的精神。

尊卑是個名分而以權利不平等爲其內容，而所謂平等的也不外權利的平等。所以所爭實在權利，權利的有無，若自大家彼此間比對着看，便有平等不平等的問題，若自一個個人本身看，便有自由不自由的問題。照中國所走那條路，其結果是大家不平等，同時在個人也不得自由；因爲照那樣，雖然原意只是把大家夥一同往前過活的事，由一個人去作主拿主意，但其勢必致一個個人的私生活，也由他作主而不由個個人自主了。

非只公衆的事交給他，我們無過問的權，就是個人的言論行動，也無自由處理的權了，這就叫不自由。雖然事實上儘可自由的很，那是他沒管，並非我有權。本來那條路拿主意的若非拿無制限的主意，聽話的若非絕對的聽話，就要走不下去的，我們前邊說的時候已經綴及，所以大家要注意看的：

第一層便是有權無權打成兩截；

第二層便是有權的無限，有權，無權的無限無權。

這無限兩個字很要緊，中國人是全然不理會這『限』的。『權利』『自由』這種觀念不但是他心目中從來所沒有的，並且是至今看了不得其解的。他所謂權的通是威權的權，對於人能怎樣怎樣的權，正是同『權利』相剌謬的權。西方所謂『權利』所謂『自由』原是要嚴『限』的，他却當作出限與不限了。於是他對於西方人的要求自由，總懷兩種態度：一種是淡漠的很，不懂要這個作什麼，一種是吃驚的很，以爲這豈不亂天下！本來他經過的生活不覺有這需要，而這個也實足以破壞他走的路。在西方人那條路便不然了。他那條路本來因要求權利，護持自由，而後纔闢出來的，而既走那條路也必可以尊重個人自由。因爲這個時候大權本在大家夥自身，即是個個人，個個人不願人干犯自家，還有什麼問題？所以這可注意的也要分兩層：

第一層便是公衆的事大家都有參與作主的權；

第二層便是個人的事大家都無過問的權。

我們前邊說的時候，拿主意要綴以只拿有制限的主意，聽話要綴以只聽這有制限的話，就是爲此了。西方人來看中國人這般的不想要權利，這般的不拿自由當回事，也大詫怪的，也是不得其解，這也爲他的生活離了這個就不成的，故此看得異常親切要緊。於是這放棄人權與愛重自由又爲中西間兩異的一端了。

原來中國人所以如此，西方人所以如彼的，都有他的根本，就是他們心裏所有的觀念。中國人不當他是一個立身天地的人。他當他是皇帝的臣民。他自己一身尚非己有，那裏還有什麼自由可說呢？皇帝有生殺與奪之權，要他死，他不敢不死，要他所有的東西，他不敢不拿出來，民間的女兒皇帝隨意選擇成千的關在宮裏。他們本不是一個『人』，原是皇帝所有的東西，他們是沒有『自己』的。必要有了『人』的觀念，必要有了『自己』的觀念，纔有所謂『自由』。而西方人便是有了這個觀念的，所以他要求自由，得到自由。大家彼此通是一個個的人，誰也不是誰所屬有的東西；大家的事便大家一同來作主辦，個人的事便自己來作主辦，別人不得妨害。所謂『共和』『平等』『自由』不過如此而已，別無深解。他們本也同中國人一樣屈伏在君主底下的，後來纔覺醒，逐漸擡起頭來，把君主不要了，或者雖還有，也同沒有差不多，成功現在這個樣子，而中國也來跟着學了。這種傾向我們叫他：『人的個性伸展』因爲以前的人通沒有『自己』不成『個』，現在的人方覺知有自己，漸成一個個的起來。然則兩方所以一則如此一則如彼的，其根本是在人的個性伸展沒伸展。

人的個性伸展沒伸展，前邊所說，不過是在社會生活最重要的一面——國家——表現出來的。其實從這一個根本點，種種方面都要表現出來。例如中國人除一面爲皇帝的臣民之外，在親子之間便是他父母的兒女，他父母所屬有的東西。他父親如果打死他，賣掉他，都可以的。他的妻子是他父母配給他的，也差不多是他父母所屬有的東西，夫婦之間作妻子的又是他丈夫所屬有的東西，打他，餓他，賣掉他，很不算事。他自己沒有自己的生活，只伺候他丈夫而已。乃至師徒之間學徒也差不多要爲他師傅所屬有的東西，他師傅具有很大的權。這都是舉其最著的地方，在這地方差不多對他都是無限有權，或無限無權。至其餘的地方，也處處是要一方陵過，一方屈伏，只不致像這般無止境罷了。在西方全然不是這個樣子。成年的兒子有他自己的志願，作他自己的生活，不以孝養老子爲事業。在法律上權利都是平等的，并不以老子兒子而異。父母不能加兒女以刑罰，至於婆婆打兒媳婦，更是他聞所未聞的了。兒女的婚姻由他們自己作主，因爲是他們自己的事。夫婦之間各有各的財產，丈夫用了妻子的錢，要還的。妻子出門作什麼事，丈夫並不能過問。一言不合，就要離婚，那裏可以打得?諸如此類，不須多數。總而言之，處處彼此相遇，總是同等。縱不同等而個人的自由必不能冒犯的。中國自從接觸西化，向在屈伏地位的也一個個伸展起來，老輩人看了驚詫，心裏頭非常的不得寧帖。這就爲這是西方化極特別的地方，或者比科學精神還惹人注意，因爲切在我們生活上。

但是我們還要留意：西方的社會不可單看人的個性伸展一面，還有人的社會性發達一面。雖然個性伸展最足刺目而社會性發達的重要也不減。且可以說個性伸展與社會性發達並非兩椿事而要算一椿事的兩面。一椿事是說什麼?是說人類之社會生活的變動，這種變動從組織的分子上看便爲個性伸展，從分子的組織上看便爲社會性發達。變動的大關鍵要算在國家政治這層上，——就是指從前的政治是帝制獨裁現在變爲立憲共和，由此而人的個性伸展社會性發達起來，至今還在進行未已。我們試來看，從前人都屈伏在一個威權底下，聽他指揮的，現在却起來自己出頭作主，自然是個性伸展了，但所謂改建「共和」的，豈就是不聽指揮，亦豈就是自己出頭作主？還要大家來組織國家，共謀往前過活纔行。這種組織的能力，共謀的方法，實是從前所沒有的，現在有了，我們就謂之人的社會性的發達。粗着說，似可把破壞時期說作個性伸展，把建設時期說作社會性發達，其實是不然的。我們生活不能停頓的，新路能走上去就走新路，新路走不上去必然仍走舊路。不能說不走的。個性伸展的時候，如果非同時社會性發達，新路就走不上去；新路走不上去，即刻又循舊路走，所謂個性伸展的又不見了。個性社會性要同時展發纔成，如說個性伸展然後社會性發達，實在沒有這樣的事。所以謂個性伸展即指社會組織的不失個性，而所謂社會性發達亦即指個性不失的社會組織。怎麼講呢？要知所謂組織不是併合為一，是要雖合而不失掉自己的個性，也非是許多個合攏來，是要雖個性不失而協調若一。從前大家像是併合為一，在大範圍裏便失掉自己，又像是許多個合攏來，沒有意思的協調，只是湊到了一處，實在是沒有組織的，必到現在纔算是大家來組織國家了。凡要往前走必須一個意向，從前的國家不容人人有他的意思而只就一個意思為意向走下去，那很簡易的。現在人人要拿出他的意思來，所向不一，便走不得而要散夥的，所以非大家能來組織不可，由這組織而後各人的意思儘有而協調若一，可以走得下去。故爾社會性的發達正要從個性不失的社會組織來看的。這時候實在是新滋長了一種能力，新換過了一副性格，不容忽略過去。但是此外還有極昭著的事實可為左證，因為從這麼一變，社會上全然改觀，就以中國而論：自從西方化進門，所有這些什麼會，什麼社，什麼俱樂部，什麼公司，什麼團，什麼黨，東一個，西一個，或常設，或臨時，大大小小隨處皆是，可是從前有的麼？這一樁一樁都所謂『要大家來組織』的，不是社會性質發達的表現麼？現在差不多不論什麼目的，但是大家所共的總是集合起來協調着往前作。在今日一個個人彼此相需極切，全然不是從前各自在家裏非親非故不相往來的樣子。中國人或者還不甚覺得，正爲中國人不過纔將開社會性發達的端，還沒作到能力的長成性格的換過，所以這種生活總是作不來，一個會成立不幾天就散夥，否則就是有名無實，或者內容腐敗，全不具備這種生活的精神，以致不但不覺相需，有時還深以有團體爲痛苦了。這些事都可使我們把『社會性發達』這樁事看得更眞切。

但還有一種重要的現象：就是這時候的人固然好集合，而家族反倒有解散的傾向。聚族而居的事要沒有了，就是父子昆弟都不同住，所謂家的只是夫婦同他們的未成年的子女。這種現象自有種種因由，但今就目前所要說的去說。原來好多人聚在一起，但凡多少有點共同生活的關係，這其間關係的維持就不容易，若眞是不析產更難了，於是有族長家長的制度，把家族很作成一個範圍，而個人就埋沒消失在裏邊。那大家作主大家聽話的法治，在家人父子之間是行不去的，所以個性伸展起來，只有拆散一途，沒法維持。從前實是拿家裏行的制度推到國，國就成了大的家，君主就是大家長，可以行得去的；現在回過來拿組織國家的法子推到家，却不行了。雖是拆散，而却要算社會性發達的表現。因爲非組織的集合都將絕跡，以後凡有集合，總是自己意思組織的了。而且這時候以一個個人直接作組成國家，社會的單位，與從前『積家而成國』的不同，小範圍(家)的打破，適以爲大組織的密合，所以說爲社會性發達應有的現象。現在的人似又傾向到更大之組織，因為國還是個小範圍恐怕不免破除呢?雖然這種大組織要算是把近世人的生活樣法又掉換過,不是順着個性伸展走出來的而像是翻轉的樣子,其實照我的解釋我還是認為個性伸展社會性發達所以前邊說為還在進行未已此容後再談。

因此西方人的倫理思想道德觀念就與我們很不同了。最昭著的有兩點:一則西方人極重對於社會的道德,就是公德,而中國人差不多不講,所講的都是這人對那人的道德,就是私德。譬如西方人所說對於家庭怎樣,對社會怎樣,對國家怎樣,對世界怎樣,都為他的生活不單是這人對那人的關係而重在個人對社會大家的關係。中國人講五倫,君臣怎樣,父子怎樣,夫婦怎樣,兄弟怎樣,朋友怎樣,都是他的生活單是這人對那人的關係,沒有什麼個人對社會大家的關係。(例如臣是對君有關係的,臣對國實在沒有直接關係)這雖看不出衝突來卻很重要,中國人只為沒有那種的道德所以不會組織國家。一則中國人以服從事奉一個人為道德,臣對君,子對父,婦對夫,都是如此,所謂教忠教孝是也。而西方人簡直不講,並有相反的樣子,君竟可不要。大約只有對多數人的服從沒有對某個人的服從,去事奉人則更無其事。這便兩方大相衝起來,也還都為他們生活的路徑不同的原故。

總而言之,據我看西方社會與我們不同所在,這『個性伸展社會性發達』八字足以盡之,不能復外,這樣新異的色采給他個簡單的名稱便是『德謨克拉西 democracy』我心目中的德謨克拉西就是這般意思,不曉得的有什麼出入沒有,倘然不差,那麼我們就說:

西方人的社會生活處處看去都表現一種特別色采與我們截然兩樣的就所謂『德謨克拉西的精神』所有的西方化通是這『德謨克拉西』與前頭所說『科學』兩精神的結晶。分着說自然是一則表見於社會生活上，一則表見於學術思想上，但其實學術思想社會生活何能各別存立呢？所以這兩種精神也就不相離的了。西方隨便一樁事體常都寓有這兩種精神。他的政治是德謨克拉西的政治也是科學的政治。他的法律是德謨克拉西的法律也是科學的法律。他的教育是德謨克拉西的教育也是科學的教育，……諸如此類。又譬如宗教這樣東西(指通常的說)固爲科學精神所不容。也爲德謨克拉西精神所不容。西方人的反宗教思想是出於科學的精神還是德謨克拉西的精神是不能剖別的了。關於這兩精神的話，細說起來沒有完，我們就暫止於此。

這兩樣東西是西方化的特別所在，亦即西方化的長處所在，是人人看到的，並非我特有的見地。自這兩年來新思想家所反覆而道，不厭求詳的總不過是這個，也並非我今天纔說的。所可惜的，大家雖然比以前爲能尋出條貫，認明面目，而只是在這點東西上說了又說，講了又講，却總不進一步去發問：

他——西方化——怎麽會成功這個樣子？這樣東西——塞恩斯與德謨克拉西——是怎麽被他得到的？

我們何可以竟不是這個樣子？這樣東西爲什麽中國不能產出來？

而只是想把這兩樣東西引進來便了，以致弄得全不得法，貽誤很大。(如第五章所說)要知道這只是西方化。逐漸開發出來的面目還非他所從來的路向。我們要去學他，雖然不一定照他原路走一遍。但却定要持他

結果西方化的面目如此

那路向走纔行，否則單學他的面目絕學不來的。並且要知道西方化之所以爲西方化在彼不在此不能以如此的面目爲西方化，要以如彼的路向爲西方化的。況也必要探索到底，把西方化兜根翻出，豁露眼前，明察不惑，然後方好商量怎樣取舍。這時候不但學不來，也不能這般模模糊糊就去學的。我們將於次章中試去探索探索看。

第三章　如何是東方化？如何是西方化？（下）

答案講明的第二步

我們預定講明西方化的四步，此刻已算把第一步就許多西方文物求其特異采色的事做到了。現在要進而作第二步更求諸特異采色之一本源泉。

若問『科學』與『德謨克拉西』是怎麼被西方人得到的？或西方化怎麼會成功這個樣子？據我所聞大家總是持客觀說法的多。例如巴克爾(Buckle)說的：『歐洲地理的形勢是適宜於人的控制天然。這是歐洲文明發展的主因。』又金子馬治說的；『嘗試考之，自然科學獨成於歐洲人之手者何故？何以不興於東方？⋯⋯據予所見希臘人雖爲天才之民族，其發明自然科學應尙別有一原因。蓋希臘國小山多，土地磽瘠，食物不豐⋯⋯以勤勞爲生活，歐式文明之源實肇於此。』他又去請問米久博士，米久也說中國地大物博無發明自然科學之必要，所以卒不能產生自然科學。又如持馬克思唯物史觀的以爲一切文物制度思想道德都隨着經濟狀態而變遷。近來的陳啓修胡漢民幾位大唱其說。因此吾友李守常很懇切的忠告我討論東西文化應當留意他客觀的原因，諸如茅原山人的人間生活史等書可以去看看，因那書多是客觀的說法。他自己的『東西文明

客觀說法的未是

之根本異點」便是如此的，後來又作了一篇『由經濟上解釋中國近代思想變動的原因』胡適之君也有同樣的告誡於我。他們的好意我極心領，祇是我已經有成竹在胸。

這客觀的說法，我們並不是全不承認的，我們固然是釋迦慈氏之徒，不認客觀，卻不像諸君所想像的那種不認客觀，只是像巴克爾，金子那種人文地理的說法未免太簡易了。陳啓修先生所述的那種唯物史觀，似亦未妥。他們都當人類只是被動的，人類的文化只被動於環境的反射，全不認創造的活動，意志的趨往。其實文化這樣東西點點俱是天才的創作，偶然的奇想，只有前前後後的『緣』，並沒有『因』的。這個話在夙習於科學的人，自然不敢說。他們守着科學講求因果的夙習，總要求因的，而其所謂因的就是客觀的因，如云祇有主觀的因更無他因，便不合他的意思，所以其結果必定持客觀的說法了。但照他們所謂的因，原是沒有，豈能硬去派定，恐怕眞正的科學還要愼重些，實不如此呢！照我們的意思只認主觀的因，其餘都是緣，就是諸君所指爲因的，卻是因無可講，所可講的只在緣，所以我們求緣的心，正不減於諸君的留意客觀，不過把諸君的觀念變變罷了。聽說後來持唯物史觀的人已經變過了，顧孟餘先生所作『馬克思學說』其中批評唯物史觀道：

「但是他所說的「舊社會秩序必要自己廢除」這「必要」究竟是什麼意思呢？馬克思自己說這個「必要」一是論理的必要。因爲社會的衝突是社會全體裏頭的一個「否認」(negation)這個『否認』一定又要產出另一個「否認」來。這是與黑格爾所說「人類歷史之思辯性質」相稱的。

「但是馬氏以後唯物史觀的代表卻不用這種黑格爾的名詞了，他們也不說「論理的必要」了。他們祇說這個必要是一種天然現象的因果關繫。

『以上兩種意見都未認淸社會科學的認識條件。社會科學裏所研究的社會現象不是別的，乃是一種秩序之下的共同動作。這種共同動作是有組織的，有紀律的，有意志的。所以「唯物的歷史觀」所說的「舊社會秩序必要廢除」這必要既不是論理的必要，又不是天然現象因果的必要，乃是宗旨的必要，因爲社會秩序是方法，社會生活是宗旨。如果社會秩序與社會生活有衝突的時候，他的宗旨全失了。人要達到這個宗旨所以起來改革社會秩序。換一句話說改革與否，並如何改革，這是視人的意志而定的，並不是機械的被動的。』（新青年第六卷第五號）

這意思不是很同我們相近了麼？

在金子教授米久博士以什麼『食物不豐勤勞爲活，所以要發明自然科學征服自然』去說明科學的產生，覺得很合科學家說話的模樣，其實是不衷於事實，極粗淺的臆說。我也沒去研究科學史，然當初科學與起並不是什麼圖謀生活，切在日需的學問，而是幾何天文算術等抽象科學（abstract science）不是人所共見的麼？此不獨古希臘人爲然，就是文藝復與科學再起也還是天文算學力學等等。這與『食物不豐勤勞爲活』連綴得上麼？據文明史專家馬爾文（Marvin）說：『科學之前進，是由數目形體抽象的概念進到具體的物象，如物理學等的。』王星拱君的科學方法論上說；『希臘的古科學所以中絕的原故，是因爲他們單在他們所叫作理性的（rational）非功利的（disinterested）學術上做工夫，於人類生活太不相關。（案金子君的說話恰好與此相反)至於我們現在所享受所研究的科學，是在文藝復興時代重行出世的。…那個時代的科學，完全以求正確的知識為目的。自文藝復興算起一直過好幾百年科學在應用方面都沒有若何的關係。所以有人說科學之發生原於求知而不原於應用。』照王君的下文所說大意科學初起，全非為應用，而後來之日益發皇却要應用與理論並進的。王君又有『科學之起源和效果』一文大意不遠。後又見某君所作講科學的一文把這個意思顛倒過來，謂科學初起是為用，其後乃有求知的好尚現在也無暇細論，但就我的意見簡單說兩句：迫促的境遇不是適於產生科學的緣法，倒要從容一點纔行，單為用而不含求知的意思其結果只能產生『手藝』，『技術』而不能產生『科學』——中國即其好例。王君所論科學之起源原是泛論人類心理上之科學的基礎，也不能答歐洲人何以獨能創出科學的原故。若問這原故，待我後方去答。

若拿唯物史觀來說明西方政治上社會上之『德謨克拉西』精神所從來，我並不十分反對，然却不是杜威先生的折衷說第三派。(見社會哲學與政治哲學講演)我只要問：如中國，如印度有像歐洲那樣不斷變遷的經濟現象麼？如承認是沒有的，而照經濟現象變遷由於生產力發展的理，那麼一定是兩方面的發展大有鈍利的不同了。可見還有個使生產力發展可鈍可利的東西，而生產力不是什麼最高的動因了。——馬克思主義說生產力為最高動因。這所以使生產力發展可鈍可利的在那裏呢？還在人類的精神方面。所謂『精神』與所謂『意識』其範圍大小差得很遠，意識是很沒力量的，精神是很有力量的，並且有完全的力量。唯物史觀家以為意識是被決定的而無力決定別的，是我們承認的，但精神却非意識之比，講唯物史觀的把兩名詞混同着用，實在不對。這些話且不去細談，直接說本題。原來生產力的發展是由於人的物質生活的欲求，而物質生活的欲求是人所不能自已的，由此而生產力的發展，經濟現象的變遷，都非人的意識所能自由主張自由指揮的了。而在某種經濟現象底下，人的意識倒不由得隨着造作某種法律制度道德思想去應付他，於是唯物史觀家就說人的意識不能把經濟現象怎樣，而他却能左右人的意識了。但其實這物質生活的欲求難道不是出在精神上麼？只爲他像是沒有問題——一定不易——所以不理會他，不以他爲能決定生產力之發展罷了。但其實何嘗全沒問題呢？他也可有變動，由這變動至少也能決定生產力發展的鈍利，經濟現象變遷的緩促。我敢說：如果歐亞的交通不打開，中國人的精神還照千年來的樣子不變，那中國社會的經濟現象斷不會有什麼變遷，歐洲所謂『工業革新』(Industrial Revolution)的，斷不會發生。又如果回族同歐人不去侵入印度，聽着印度人去專作他那種精神生活，我們能想像他那經濟現象怎樣進步麼？所以我以爲人的精神是能決定經濟現象的，但却非意識能去處置他。這個意思於唯物史觀家初無衝突，不過加以補訂而已。然就因此，我覺得西方社會上『德謨克拉西』精神所從來，還非單純唯物史觀家的說法所能說明，而待要尋他精神方面的原因。據我所見是歐洲人精神上有與我們不同的地方，由這個地方既直接的有產生『德謨克拉西』之道，而間接的使經濟現象變遷以產出如彼的制度似更有力。其故待後面去說。

現在我要說明自己的意見了。但且不去答對西方化的特別處所從來，現在先要說明我觀察文化的方法，(——見第二章)然後再解釋適用這方法得的答案，(見第二章)則科學與『德謨克拉西』的所從來自爾答對了。我這個人未嘗學問，種種都是妄談，都不免『強不知以爲知』，心裏所有只是一點佛家的意思，我只是本着一點佛家的意思裁量一切，這觀察文化的方法也別無所本，完全是出於佛家思想。試且說來：

生活的說明

照我的意思——我爲慎重起見還不願意說就是佛家或唯識家的意思，祇說是我所得到的佛家的意思，——去說說生活是什麼？生活就是『相續』。唯識把『有情』——就是現在所謂生物——叫做『相續』。生活與『生活者』並不是兩件事，要曉得離開生活沒有生活者，或說只有生活沒有生活者——生物。再明白的說，祇有生活這件事，沒有生活這件東西，所謂生物只是生活。生活生物非二，所以都可以叫作『相續』。生物或生活實不只以他的『根身』——『正報』——爲範圍，應統包他的『根身』『器界』——『正報』『依報』——爲一整個的宇宙——唯識上所謂『眞異熟果』——而沒有範圍的這一個宇宙就是他的宇宙。蓋各有各自的宇宙——我宇宙與他宇宙非一。抑此宇宙卽是他——他與宇宙非二。照我們的意思，盡宇宙是一生活，只是生活，初無宇宙。由生活相續，故爾宇宙似乎恆在，其實宇宙是多的相續，不似一的宛在。宇宙實成於生活之上，託乎生活而存者也。這樣大的生活是生活的眞象，生活的眞解。但如此解釋的生活非幾句話說得淸的，我們爲我們的必需及省事起見，姑說至此處爲止。

我們爲我們的必需及省事起見，我們縮小了生活的範圍單就着生活的表層去說。那麼，生活卽是在某範圍內的『事的相續』。這個『事』是什麼？照我們的意思，一問一答卽唯識家所謂一『見分』一『相分』——是爲一『事』。一『事』，一『事』，又一『事』。……如是湧出不已，是爲『相續』。爲什麼這樣連續的湧出不已？因爲我們問之不已—追尋不已一問即有一答—自己所爲的答問不已答不已，所以『事』之湧出不已。因此生活就成了無已的『相續』。這探問或追尋的工具其數有六：即眼，耳，鼻，舌，身，意。凡刹那間之一感覺或一念皆爲一問一答的一『事』。在這些工具之後則有爲此等工具所自產出而操之以事尋問者，我們叫他大潛力或大要求或大意欲—沒盡的意欲。當乎這些工具之前的，則有殆成定局，在一期內—人的一生—不變更，雖還是要相續而轉，而貌似堅頑重滯之宇宙—『眞異熟果』。現在所謂小範圍的生活—表層生活—就是這『大意欲』對於這『殆成定局之宇宙』的努力，用這六樣工具居間活動所連續而發一問一答的『事』是也。所以我們把生活叫作『事的相續』。

這個差不多成定局的宇宙—眞異熟果—是由我們前此的自己而成功這樣的；這個東西可以叫做「前此的我」或『已成的我』，而現在的意欲就是『現在的我』。所以我們所說小範圍生活的解釋即是『現在的我』對於『前此的我』之一種奮鬬努力，所謂『前此的我』或『已成的我』就是物質世界能爲我們所得到的，如白色，聲響，堅硬等皆感覺對他現出來的影子呈露我們之前者；而這時有一種看不見聽不到摸不着的非物質的東西，就是所謂『現在的我』，這個『現在的我』大家或謂之『心』或『精神』，就是當下向前的一活動，是與『已成的我』—物質—相對待的。

從講生活那段起，似乎偏於敍述及抽象，不像批評具體的問題有趣味，而却是很重要，是我們全書的中心。我們批評的方法即因此對於生活的見解而來。

我們現在將奮鬭的意思再解釋一下。照我們以前的解釋，所謂生活就是用在的我對於前此的我之奮鬭，那麼，什麼叫做奮鬭呢？因爲凡是『現在的我』要求向前活動，都有『前此的我』爲我當前的『礙』，譬如我前面有塊石頭，擋着我過不去，我須用力將他搬開固然算是礙，就是我要走路，我要喝茶，這時我的肢體同茶盌都算是礙；因爲我的肢體或茶盌都是所謂『器世間』——『前此的我』——是很笨重的東西，我如果要求如我的願，使我肢體運動或將茶盌端到嘴邊，必須努力變換這種『前此的我』的局面，否則是絕不會滿意的；這種努力去改變『前此的我』的局面而結果有所取得，就是所謂奮鬭。所以凡是一個用力都算是奮鬭，我們的生活無時不用力即是無時不奮鬭，當前爲礙的東西是我的一個難題；所謂奮鬭就是應付困難，解決問題的。差不多一切『有情』——生物——的生活都是如此，幷不單單是人類爲然。即如蒼蠅所以長成六個足，許多眼睛，全都因爲應付困難，所以逐漸將他已成的我變成這個模樣，以求適應環境的。不過這種應付都是在意識以前的，是本能的生活。人的生活大半分也都是本能的生活，譬如小兒生下來就會吃乳，睡覺……這些都是用他『不學而能』的本能去應付困難解決問題的。雖然具有意識的人類，固然半是用意識來支配自己，但與許多別的生物有的意識很微，有的簡直沒有意識的，其本能生活仍一般重要。總之無論爲本能的或爲有意識的向前努力，都謂之奮鬭。

以上解釋生活的話是很親切眞確的說法。但是這話還要有幾層的修訂才能妥貼；其應修訂之點有三層：

(一)爲礙的不單是物質世界——已成的我——就是不僅是我自己的眞異熟果，還有另外一個東西——就是其他的有情譬如我將打獵所得的禽獸食肉剝皮，這時雖是對於其他有情的根身之一種改變局面，其實還是對於『已成的我』的奮鬬因爲其他有情的根身實在就是我的器界—已成的我；所以這時爲礙的幷非另外的有情仍是我自己的『眞異熟果』。眞正爲礙的是在其他有情的『他心』而不在其根身。譬如我要求他人之見愛或提出一種意見要求旁人同我一致，這時爲礙的卽是『他心』；這才是眞正的其他有情。幷非我的『已成的我』，而是彼之『現在的我』這時他究竟對我同意與否尙不可知，我如果要求大家與我同意，就須陳訴我意改造『他心』的局面，始能如我的願，這亦卽是奮鬬。此應修訂者一。

（二）爲礙的不僅物質世界與『他心』，還有一種比較很深隱爲人所不留意而却亦時常遇見的，就是宇宙間一定的因果法則。這個法則是必須遵循而不能避免的，有如此的因，一定會有如彼的果；譬如吃砒霜的糖一定要死乃是因果必至之勢，我愛吃砒霜糖而不願意死，這時爲礙的就是必至的自然律，是我所不能避免的。又如凡人皆願生活而不願老死，這時爲礙的卽在『凡生活皆須老死』之律也。此應修訂者二。

（三）人類的生活細看起來還不能一律視爲奮鬬。自然由很細微的事情一直到很大的事情—如從擡手動脚一直到改造國家—無一不是奮鬬，但有時也有例外。如樂極而歌，興來而舞，乃至一切遊戲音樂歌舞詩文繪畫等等情感的活動，遊藝的作品，差不多都是潛力之抒寫，全非應付困難或解決問題，所以亦卽全非奮鬬。我們說這些事與奮鬬不同，不單單因爲他們是自然的流露而非浮現於意識之上的活動，—不先浮現於意識之上而去活動的也有算是奮鬬的—也因爲其本性和態度上全然不同。此應修訂者三。

人生三種問題

這樣一個根本的說法，加以三層修訂，大體上可以說是妥貼的了。我們對於三方面文化的觀察，以及世界未來文化的推測，亦皆出於此。這時我們再來看，雖然每一『事』中的一問都有一答，而所答的不一定使我們的要求滿足。大約滿足與否可分為下列四條來看：

(一)可滿足者：此即對於物質世界——已成的我——之奮鬭；這時祇有知識力量來不及的時候暫不能滿足，而本是可以解決的問題。譬如當初的人要求上天因為當時的知識力量不及所以不能滿足，而自發明輕氣球，飛行機之後也可以滿足；可見這種性質上可以解決的要求終究是有法子想的。

(二)滿足與否不可定者：如我意欲向前要求時為礙的在有情的『他心』，這全在我的宇宙範圍之外，能予我滿足與否是沒有把握的。例如我要求旁人不要恨我，固然有時因為我表白誠懇可以變更旁人的『他心』，而有時無論如何表白，他仍舊恨我，或者口口聲說不恨而心裏照舊的恨。這時我的要求能滿足與否是毫無一定不能由我作主的。因為我祇能制服他的身體而不能制服他的『他心』；只能聽他來定這結果。

(三)絕對不能滿足者：此即必須遵循的因果必至之勢，是完全無法可想的。譬如生活要求永遠不老死，花開要求永遠不凋謝，這是無論如何做不到的，絕對不可的，所以這種要求當然不能滿足。

(四)此條與以上三條不同，是無所謂滿足與否，做到與否的。這種生活是很特異的，如歌舞音樂以及種種自然的情感發揮，全是無所謂滿足與否或做到做不到的。

人生的三路向

人類的生活大致如此。而我們現在所研究的問題，就是文化并非別的，乃是人類生活的樣法。那麼，我們觀察這個問題，如果將生活看透，對於生活的樣法卽文化，自然可以有分曉了。但是在這裏還要有一句聲明：文化與文明有別。所謂文明是我們在生活中的成績品——譬如中國所製造的器皿和中國的政治制度等都是中國文明的一部分。生活中呆實的製作品算是文明，生活上抽象的樣法是文化。不過文化與文明也可以說是一個東西的兩方面，如一種政治制度亦可說是一民族的製作品——文明，亦可以說是一民族生活的樣法，——文化。

以上已將生活的內容解釋清楚，那麼，生活旣是一樣的爲什麼生活的樣法不同呢？這時要曉得文明的不同就是成績品的不同，而成績品之不同則由其用力之所在不同，換言之就是某一民族對於某方面成功的多少不同；至於文化的不同純乎是抽象樣法的，進一步說就是生活中解決問題方法之不同。此種解決問題的方法——或生活的樣法——有下列三種：

（一）本來的路向：就是奮力取得所要求的東西，設法滿足他的要求；換一句話說就是奮鬭的態度。遇到問題都是對於前面去下手，這種下手的結果就是改造局面，使其可以滿足我們的要求，這是生活本來的路向。

（二）遇到問題不去要求解決，改造局面，就在這種境地上求我自己的滿足。譬如屋小而漏，假使照本來的路向一定要求另換一間房屋，而持第二種路向的遇到這種問題，他并不要求另換一間房屋，而就在此種境地之下變換自己的意思而滿足，并且一般的有興趣這時下手的地方并不在前面，眼睛并不望前看而向旁邊看他并不想奮鬪的改造局面而是回想的隨遇而安他所持應付問題的方法祇是自己意欲的調和罷了。

(三)走這條路向的人，其解決問題的方法與前兩條路都不同。遇到問題他就想根本取銷這種問題或要求。這時他既不像第一條路向的改造局面，也不像第二條路向的變更自己的意思，祇想根本上將此問題取銷。這也是應付困難的一個方法，但是最違背生活本性。因爲生活的本性是向前要求的。凡對於種種欲望都持禁欲態度的都歸於這條路。

所有人類的生活大約不出這三個路徑樣法：(一)向前面要求；(二)對於自己的意思變換，調和，持中；(三)轉身向後去要求；這是三個不同的路向。這三個不同的路向非常重要，所有我們觀察文化的說法都以此爲根據。

說到此地，我們當初所說觀察文化的方法那些話——見第二章——可以明白了。生活的根本在意欲而文化不過是生活之樣法，那麼，文化之所以不同由於意欲之所向不同是很明的。要求這個根本的方向，你祇要從這一家文化的特異彩色，推求他的原出發點，自可一目瞭然。現在我們從第一步所求得的西方文化的三大特異彩色，去推看他所從來之意欲方向，即可一望而知他們所走是第一條路向——向前的路向：

(一)征服自然之異采　西方文化之物質生活方面現出征服自然之采色，不就是對於自然向前奮鬪

中國文化問題印度文化問題之答案的提出

答案講明的第三步

的態度嗎？所謂燦爛的物質文明，不是對於環境要求改造的結果嗎？

(二)科學方法的異采　科學方法要變更現狀，打碎分析來觀察；不又是向前面下手克服對面的東西的態度嗎？科學精神於種種觀念信仰之懷疑而打破掃蕩，不是銳利邁往的結果嗎？

(三)德謨克拉西的異采　德謨克拉西不是對於種種威權勢力反抗奮鬪爭持出來的嗎？這不是由人們對人們持向前要求的態度嗎？

這西方化爲向前的路向眞是顯明的很，我們在第二章裏所下的西方化答案；「西方化是以意欲向前要求爲根本精神的。」就是由這樣觀察得到的。我們至此算是將預定四步講法之第二步作到，點明西方化各種異采之一本源泉是在「向前要求」的態度了。

我們就此機會，把我們對於「如何是東方化？」的答案提出如下：

中國文化是以意欲自爲調和，持中爲其根本精神的。

印度文化是以意欲反身向後要求爲其根本精神的。

質而言之，我觀察的中國人是走第二條路向；印度人是走第三條路向。寫在此處爲的是好同西方的路向態度對照着看。至於這兩個答案說明，還容說明西方化後再去講。

現在我們總攬着西方文化來看他在事實上是不是由如我所觀測那一條路向而來的？不錯的。現在的西方文化，誰都知道其開闢來歷是在『文藝復興』而所謂『文藝復興』者更無其他解釋，卽是西方人從那時代採用我們所說『第一條路向』之謂也原來西方人的生活當古希臘羅馬時代可以說是走『第一條路向』到中世紀一千多年則轉入『第三條路向』比及『文藝復興』乃又明白確定的歸到第一路上來，繼續前人未盡之功，於是產生西洋近代之文明其關鍵全在路向態度之明白確定，其改變路向之波折很爲重要我們要敘說一下。

西洋文化的淵源所自世稱『二希』—希臘 Hellenism 希伯來 Hebrewism 羅伯特生 Frederick Robertson 論希臘思想有數點甚爲重要：(一)無間的奮鬭；(二)現世主義；(三)美之崇拜；(四)人神之崇拜。可見他們是以現世幸福爲人類之標的的，所以就努力往前去求他。這不是我們所說的『第一條路向』是什麼？而希伯來的思想是出於東方的—竊疑他遠與印度有關係。他們與前敘希臘人的態度恰好相反，是不以現實幸福爲標的—幾乎專反對現世幸福，卽所謂禁慾主義。他們是傾向於別一世界的—上帝天國，全想出離這個世界而入那個世界。他們不順着生活的路往前走，而翻身向後了—卽是我們所謂『第三條路』西方自希臘人走第一條路就有許多科學，哲學，美術，文藝發生出來，成就的眞是非常之大！接連着羅馬順此路向往下走，則又於政治，法律有所成就，却是到後來流爲利己，肉慾的思想，風俗大敝，簡直淫縱，驕奢，殘忍，紛亂的不成樣子！那麼，才借着這種希伯來的宗教—基督教—來收拾挽救。這自然於補偏救弊上也有很好的效果，雖然不能使那個文明進益發展，却是維繫保持之功實在也是很大。然而到後來他的流弊又見出來了。一千多年中因爲人們都是繫心天國不重現世，所以奄奄無生氣，一切的文化都歸併到宗教裏去了。於是哲學成了宗教的奴隸；文藝，美術祇須爲宗教而存，科學被擯，迷信充塞，乃至也沒有政治，也沒有法律。這還不要緊，因爲教權太盛的緣故，教皇教會橫恣無忌，腐敗不堪，所以歷史稱爲中古之黑暗時代！於是有『文藝復興』『宗教改革』的新潮流發生出來。所謂『文藝復興』便是當時的人因爲借着研究古希臘的文藝引起希臘的思想，人生態度。把一副向天的面孔又回轉到人類世界來了。而所謂『宗教改革』，雖在當時去改革的人意思或在恢復初時宗教之舊，但其結果不能爲希伯來的路向助勢，却爲第一條路向幫忙，與希臘潮流相表裏。因爲他是人們的覺醒，對於無理的教訓，他要自己判斷；對於腐敗的威權，他要反抗不受，這實在是同於第一路向的。他不知不覺中也把厭絕現世傾向來世的格調改去了不少。譬如在以前布教的人不得婚娶，而現在改了可以婚娶。差不多後來的耶穌教性質逐漸變化，簡直全成了第一路向的好幫手，無復第三路向之意味。勉勵鼓舞人們的生活，使他們將希臘文明的舊緒往前開展創造起來，成功今日的樣子；而一面教權封建權之倒，復開發近世國家政治社會組織之局面。總而言之，自文藝復興起，人生之路向態度一變，才產生我們今日所謂西方文化。考究西方文化的人，不要單看那西方文化的征服自然，科學，德謨克拉西的面目，而須着眼在這人生態度，生活路向。要引進西方化到中國來，不能單搬運摹取他的面目，必須根本從他的路向，態度入手。但是四五年來，大家祇把科學方法，德謨克拉西的精神說來說去，總少提到此處。祇有浙江的二蔣——蔣夢麐，蔣百里——先生先後出來說這個話。蔣夢麐先生在新教育第一卷第五號發表『改變人生的態度』一文，蓋本於霍夫丁氏(Hoffding)近世哲學史的意思而來。他這篇文章內有幾段很警策的話：

『我生在這個世界，對於我的生活，必有一個態度；我的能力就從那方面用。人類有自覺心後就生這個態度。這個態度變遷，人類用力的方向也變遷。

羅馬帝國滅亡中古世起一千年中，歐洲在黑暗裏邊，那時候人民對於生活的態度是在空中求天國，這個世界是忘却了。所以這千年中這世界毫無進步。十五世紀之初文運復興，這態度大變，中古世人的態度是神學的，是他世界的，文運復興時代人的態度是這世界的，是承認這活潑潑地個人的，丹麥哲學家霍夫丁氏(Hoffding)著近世哲學史對於文運復興說道：「文運復興是一個時代，在這時代內中古世狹窄生活的觀念是打破了。新天新地生出來，新能力發展起來。凡新時代必含兩時期：(一)從舊勢力裏面解放出來：(二)新生活發展起來。…Vol. I, P. 3.」

「文運復興的起始是要求人類本性的權利，後來引到發展自然界的新觀念和研究的新方法。,P. 9.」

『這個人類的新態度把做人的方向從基本上改變了成一個新人生觀。這新人生觀生出一個宇宙觀；有這新人生觀所以這許多美術哲學文學蓬蓬勃勃的開放出來。有這新宇宙觀所以自然科學就講究起來。人類生活的態度因為生了基本的變遷所以釀成文運復興時代。

『西洋人民自文運復興時代改變生活的態度以後，一向從那方面走——從發展人類的本性和自然科學的方面走——愈演愈大，釀成十六世紀的「大改革」，十八世紀的「大光明」，十九世紀的「科學時代」，二十世紀的「平民主義」。

『這回五四運動就是這解放的起點，改變你做人的態度，造成中國的文運復興；解放感情，解放思想，要求人類本性的權利。這樣做去，我心目中見那活潑潑的青年，具豐富的紅血輪，優美和樂的感情，敏捷鋒利的思想，勇往直前把中國委靡不振的社會，糊糊塗塗的思想，畏畏縮縮的感情，都一一掃除。凡此等等若非從基本上改變生活的態度做起，東補爛壁，西糊破窗，愈補愈爛，愈糊愈破，怎樣得了？』

蔣百里先生的話發表較晚二年，即現在出版的歐洲文藝復興史其所作導言一篇，在他書中為最精采，我們也採他一段：

『要之文藝復興，實爲人類精神之春雷。一震之下，萬卉齊開。佳穀生矣，萑稗亦隨之以出。一方則感情理知極其崇高；一方則嗜慾機詐極其獰惡，此固不必爲歷史諱者也。惟綜合其繁變紛紜之結果，則有二事可以扼其綱：一曰人之發見；一曰世界之發見。"The great achievement of the renaissance were the discovery of the world and the discovery of man"人之發見云者即人類自覺之謂。中世教權時代，則人與世界之間，間之以神；而人與神之間，間之以教會；此卽教皇所以藏身之固也！有文藝復興而人與世界乃直接交涉。有宗教改革，而人與神乃直接交涉。人也者，非神之罪人，尤非教會之奴隸，我有耳目，不能絕聰明；我有頭腦，不能絕思想，我有良心不能絕判斷？此當時復古派所以名爲人文派。Humanism 也。

『世界之發見云者，一爲自然之享樂，動諸情者也。中世教會，以現世之快樂爲魔；故有旅行瑞士，以其山水之美，而不敢仰視者；而不知此不敢仰視之故，卽愛好之本能；無論何時何地，均可發展者也。一爲自然之研究，則動諸知者也。中古宗教教義，以地球爲中心；有異說則力破之；然事實不可誣也！有歌白尼之太陽學說，有哥倫布美洲之發見，於是世界之奇蹟，在在足以啓發人之好奇心，而舊教義之蔽智塞聰者，益無以自存矣。』

此「人」與「世界」的發現說，眞是明醒極了！然西洋人說這類話的亦旣多矣。

以上算是證明西洋文化的總體出於第一條路向，適如我們所觀測，卽是第三步的講明作到了。以下去作第四步。

答案講明的第四步

征服自然這件事，明明是第一條的態度，直可以不必說，然我們還不妨說一說。征服自然是借着科學才作到的，尤重於經驗科學。這經驗科學是從英島開發出來的，但是若不先有希臘傳到大陸的抽象科學——爲自然科學之母的科學——也不成功的。那麼，希臘人之所以能產生科學，是由愛美，愛秩序，以優游現世的態度，研究自然，來經營這種數理，幾何，天文之類，差不多拿他作一種玩藝的。那麼，到文藝復興的時候，南歐大陸隨伴着其他文藝又來接續弄這種科學，也因其有希臘人同樣的態度才得成的。所以我們可以說這種科學之創興與再起而完成，都是基於第一條態度之上。到英國人——倍根他們——一面憑借這個基礎，一面又增進一個新意，不單以知識爲一盤靜的東西，而以知識爲我們一種能力，"Knowledge is power"，於是制馭自然，利用自然種種的實驗科學就興起來。此其向前改造環境的氣派，豈不更是第一條的態度嗎？而這征服自然的成功，物質文明的燦爛，其來歷又有旁邊一絕大力量助成他，就是經濟現象的變遷，以『工業革新』爲其大關鍵，所有種種的發見發明製造創作因此而風湧蓬興。科學知識與經濟狀況互爲因果，奮汛澎湃以有今日之局。而求其生產力之進，經濟現象之變，則又人類要求現世享用物質幸福爲其本也。所以從種種方面看，皆適如我們所觀測。

科學產生和完成的次第，纔已說過，不必再提。這科學的方法和其精神又是從兩種科學來的、尤其重要的是在英島的這種科學。這種經驗派實在對於以前的——希臘及大陸——方法，有絕大的補足和修訂。所有舊相傳習的種種觀念信仰，實借英人——洛克他們——來摧破打翻的。英國人的態度精神剛已說過，所以科學方法科學精神又是出於第一條的態度，如我們所觀測。

『德謨克拉西』又是怎樣來的呢？這是由人類的覺醒——覺醒人類的本性——不埋沒在宗教教會，羅馬法皇，封建諸侯底下而解放出來。這個就是我們所說的『人的個性伸展，社會性發達。』他們是由覺醒人類的本性，來要求人類本性的權利；要做現世人的生活，不夢想他世神的生活。那麼，自然在他眼前爲他生活之礙的，要反抗排斥，得到他本性的權利而後已。次第逐漸的往前開展，如十七世紀的英國革命，十八世紀的美國的獨立運動，法國的大革命。英國的民權自由思想實在開的最早，進步也穩健，在十三世紀就要求得『大憲章』Magna Charta，到這回十七世紀又跟宗教改革相關，即是清教徒克林威爾率國會軍打敗王軍，威廉三世即位後裁可『權利法案』。英國這種奉新教的人也是爲受王家舊教的壓迫，才走出到美洲自謀生活的；那麼，後來不堪英國的苛斂才起了獨立運動卒以奮鬭成功。這時候法國因為王權太大，人民的思想雖變而王與貴族與僧侶的橫暴壓迫，驕淫苛虐，不稍鬆緩，看見美國的例，革命就驟然勃發起來。所謂在事前思想之變則盧梭，福祿特爾，自由平等之說是也。這種思想的說法即近世政法上社會上『德謨克拉西』之源，而他們的大革命，又是實際上使這種精神實現之大事件。這種政治，法律及其他社會生活樣法之變遷自然得力於同時經濟現象之變遷的很大；像經濟史觀家所說的很詳細，我們不去敍說。但是這直接的動力，間接的動力，不都是由第一條態度來的麼？

西方人精神的剖看

現在我們的第四步又做到，所有講明西方化的四步都作完了。我們的觀測，我們的答案，總算一點沒有錯，並且說的很明白清楚。而在最後收束處，還要指點大家去看一回，看什麼呢？就是看這時候的人——開闢產出現在西方化的人——他的精神上心理上是怎樣一回事。就是去解剖這重走第一條路的人精神，心理，而認清他：

第一，要注意重新提出這態度的『重』字。這態度原來從前曾經走過的，現在又重新拿出來，實在與從前大有不同了！頭一次是無意中走上去的；而這時——從黑暗覺醒時——是有意選擇取捨而走的。他撇棄第三條路而取第一條路是經過批評判斷的心理而來的。在頭一次走上去的人，因為未經批評判別，可以無意中得之，亦可以無意中失之！而重新採取這條路的人，他是要一直走下去不放手的，除非把這一條路走到盡頭不能再走，才可以轉灣。本來希臘人——第一次走這條路的人的理性方面就非常發達，頭腦明睿清晰，而此刻重新有意走這條路的人於所謂批評，選擇更看出他心理方面理智的活動。

第二，要注意這時的人從頭起就先認識了『自己』，認識了『我』，而自為肯定；如昏瞢模糊中開眼看看自己站身所在一般，所謂人類覺醒，其根本就在這點地方。這對於『自己』『我』的認識肯定這個淸醒，又是理智的活動。

第三，要注意這時的人有了『我』就要為『我』而向前要求，向前要求都是由為『我』而來，一面又認識了他眼前面的自然界，所謂向前要求就是向着自然界要求種種東西以自奉享。這時候他心理方面又是理智的活動。在直覺中『我』與其所處的宇宙自然是混然不分的，而在這時節被他打成兩截，再也合攏不來，一直到而今，皆理智的活動為之也。

第四，要注意這時的人因其為「我」，對於自然宇宙固是取對待利用，要求征服的態度，而對於對面旁邊的人也差不多是如此的態度。雖然『自由』『平等』『德謨克拉西』是從此才得到的，然而在情感中是不分的我與人，此刻又被分別『我』，『他』的理智的活動打斷了！

總而言之，近世西方人的心理方面，理智的活動太強太盛，實為顯著之特點。在他所成就的文明上，闢創科學哲學，為人類其他任何民族於知識思想二事所不能及其萬一者。不但知識思想的量數上無人及他，精細深奧上也無人及他。然而他們精神上也因此受了傷，生活上吃了苦，這是十九世紀以來暴露不可掩的事實！這個話，待末尾批評各方文化時再說。

中國文化的略說

我們講西方化講到此處也就可以止了，如何是西方化其事已明。回過頭來一看我們所批評為不對的那些答案，也未嘗不各有所見，竟不妨都可以說是對的了。以下我們來說一說東方文化。

我們來看東方文化的時節，第一就先發覺中國文化印度文化太兩樣。所謂東文文化的不能混東方諸民族之文化而概括稱之，至少，亦是至多，要分中國印度兩文化而各別稱之。世以歐洲，中國，印度，為文化三大系是不錯的。我想我們講這兩支文化，不用各別去作那四步講法了，祇須拿西方化同他們比較着看，又拿他們自己互為比較着看，就也可以看得很明的。

我們先來拿西方化的面目來同中國化的面目比較着看：第一項西方化物質生活方面的征服自然，中國是沒有的，不及的；第二項西方化學術思想方面的科學方法，中國又是沒有的；第三項西方化社會生活方面的『德謨克拉西』中國又是沒有的。幾乎就着三方面看去，中國都是不濟，祇露出消極的面目很難尋着積極的面目。於是我們就要問：中國文化之根本路向，還是與西方同路，而因走的慢沒得西方的成績呢？還是與西方各走一路，別有成就，非祇這消極的面目而自有其積極的面目呢？有人——大多數的人——就以為中國是單純的不及西方，西方人進化的快，路走出去的遠，而中國人遲鈍不進化，比人家少走了一大半。我起初看時也是這樣想。例如征服自然一事；在人類未進化時，知識未開，不能征服自然，愈未進化的愈不會征服自然，愈進化的也愈能征服自然；中國人的征服自然遠不及西方化，不是中國人在文化的路線上比西方人差一大半是什麼？科學方法是人類知識走出個眉目產生的，要既進化後，才從宗教玄學裏解放出來的。雖然孔德

(Comte)分宗教玄學科學三期的話不很對，受人的指摘，而科學之發生在後，是不誣的。中國既尚未出宗教，玄學的圈，顯然是比科學大盛的西方又少走一大段路。人的個性伸展又是從各種威權底下解放出來的，那麼又是西方人已走到地點中國人沒有走到。差不多人類文化可以看作一條路線，西方人走了八九十里，中國人祇到二三十里，這不是很明的嗎？但其實不然。我可以斷言假使西方化不同我們接觸，中國是完全閉關與外間不通風的，就是再走三百年，五百年，一千年也斷不會有這些輪船，火車，飛行艇，科學方法和『德謨克拉西』精神產生出來。這句話就是說：中國人的不是同西方人走一條路線。因為走的慢，比人家慢了幾十里路；若是同一路線而少走些路，那麼慢慢的走終究有一天趕的上；若是各自走到別的路線上去，別一方向上去，那麼，無論走好久，也不會走到那西方人所達到的地點上去的！中國實在是如後一說，質而言之，中國人另有他的路向態度與西方人不同的，就是他所走並非第一條向前要求的路向態度。中國人的思想是安分，知足，寡欲，攝生，而絕沒有提倡要求物質享樂的；却亦沒有印度的禁欲思想（和尚道士的不娶妻，尚苦行是印度文化的摹倣，非中國原有的）不論境遇如何他都可以滿足安受，並不定要求改造一個局面。像我們第二章裏所敘東西人士所觀察東方文化無征服自然態度而為與自然融洽游樂的，實在不差。這就是什麼？即所謂人類生活的第二條路向態度是也。他持這種態度，當然不能有什麼征服自然的魄力，那輪船，火車，飛行艇就無論如何不會產生。他持這種態度，對於積重的威權把持者，要容忍禮讓，那裏能奮鬬爭持而從其中得個解放呢？那德謨克拉西實在無論如何不會在中國出現！他持這種態度，對於自然，根本不為解析打碎的觀察，而走入玄學直觀的路，如我們第二章所說；又不爲制馭自然之想，當然無論如何產生不出科學來。凡此種種都是消極的證明中國文化不是西方一路，而確是第二條路向態度。若問中國人走這條路有何成就，這要等待第四五章去說，到那時才能指出中國文化的精神及其優長所在。

印度文化的略說

我們再看印度文化，與中國文化同樣的沒有西方文化的成就，這是很明的。那麽，要問他是與西方同走一路而遲鈍不及呢，抑另有他的路向態度與西方人不同呢？又要問他如果與西方人不同其路向，那麽與中國人同其路向不同呢？我們就來看他一看：其物質文明之無成就，與社會生活之不進化，不但不及西方且直不如中國。他的文化中俱無甚可說，唯一獨盛的祇有宗教之一物。而哲學文學科學藝術附屬之。於生活三方面成了精神生活的畸形發展，而於精神生活各方面又爲宗教的畸形發達，這實在特別古怪之至！所以他與西方人非一條線而自有其所趨之方向不待說，而與中國亦絕非一路。世界民族蓋未有渴熱於宗教如印度人者，世界宗教之奇盛與最進步未有過於印度之土者；而世界民族亦未有冷淡於宗教如中國人者，中國既不自產宗教，而外來宗教也必變其面目，或於精神上不生若何關係；（佛教則變其面目，耶教則始終未打入中國精神之中心與其哲學文學發生影響。）又科學方法在中國簡直沒有，而在印度，那『因明學』『唯識學』秉一種嚴刻的理智態度，走科學的路，這個不同絕不容輕忽看過。所以印度與中國實非一路而是大兩樣的。原來印度人既不像西方人的要求幸福，也不像中國人的安遇知足，他是努力於解脫這個生活的；既非向前，又非持中，乃是翻轉向後，卽我們所謂第三條路向。這個態度是別地方所沒有，或不盛的，而在印度這個地方差不多是好多的家數，不同的派別之所共同一致。從邃古的時候，這種出世的意思，就發生而普徧，其宗計流別多不可數，而從高的佛法一直到下愚的牛狗外道莫不如此。他們要求解脫種種方法都用到了，在印度古代典籍所載的自餓不食，投入寒淵，赴火炙灼，赤身裸露，學着牛狗，齕草吃糞，在道上等車來軋死，上山去找老虎，如是種種離奇可笑；但也可見他們的那種精神了！由此看來，印度的人生態度甚爲顯明，實在不容否認的。而中國康長素，譚嗣同，梁任公一班人都只發揮佛教慈悲勇猛的精神而不談出世，這實在不對；因爲印度的人生態度既明明是出世一途，我們現在就不能替古人隱諱，因爲自己不願意，就不承認他——此外還有現在談印度文明的人因爲西洋人很崇拜印度的詩人泰谷爾 Tagore，推他爲印度文明的代表，於是也隨聲附和起來；其實泰谷爾的態度雖不能說他無所本，而他實與印度人本來的面目不同，實在不能作印度文明之代表。去年我的朋友許季上先生到印度去看見他們還是做那種出世的生活，可見印度的人生態度不待尋求，明明白白是走第三條路向，我們不可諱言。我們在這裏僅指明印度文化的來歷是出於第三條路向；至於印度人在這方面的成就及其文化之價值所在，也俟第四第五兩章再爲講明。

第四章　西洋中國印度三方哲學之比觀

平常人往往喜歡說：西洋文明是物質文明，東方文明是精神文明。這種話自然很淺薄，因爲西洋人在精神生活及社會生活方面所成就的很大，絕不止是物質文明而已，而東方人的精神生活也不見得就都好，抑實有不及西洋人之點。然而我們却也沒有方法否認大家的意思，因爲假使東方文化有成就，其所成就的還是在精神方面，所以大家的觀察也未嘗不對。因此我們對於中國文化及印度文化之積極面目須在本章講精神方面時才能表白。還有中國文化與孔家，印度文化與佛教，其關係重要密切非同尋常，所以我們要觀察兩方文化，自不能不觀察孔家與佛教，因此也必須從哲學方面來講。

三方思想情勢簡表

我們現在要先聲明兩句話將本章所講的範圍指定。本章的範圍是講思想。思想是什麼？我們在第二章裏已經說過：思想就是知識的進一步——就是從已有的知識，發生添出來的意思。所以思想的範圍很廣，諸如哲學宗教等等都包括在內。所謂哲學就是有系統的思想，首尾銜貫成一家言的；所謂宗教就是思想含一種特別態度，並且由此態度發生一種行為的。至於哲學所包亦甚寬，如形而上學，認識論，人生哲學皆屬之。現在將他序列如左：

思想（廣義的哲學）
- 哲學
  - 形而上之部
  - 知識之部
  - 人生之部
- 宗教

本章的範圍就是講明我們所觀察的西洋中國印度三方思想的四項情形而推論其形勢。現在為講說便利起見，就將觀察所得，列為左表：

目別	西洋方面	中國方面	印度方面
宗教	初於思想甚有勢力後遭批評失勢自身逐漸變化以應時需	素淡於此後模倣他方關係亦泛	佔思想之全部勢力且始終不墜亦無變化

哲學			
形而上之部	初盛後遭批評幾至路絕今猶在失勢覓路中	自成一種與西洋印度者全非一物勢力甚普且一成不變	與西洋爲同物但研究之動機不同隨着宗教甚盛且不變動
知識之部	當其盛時掩蓋一切爲哲學之中心問題	絕少注意幾可以說沒有	有研究且頗細但不盛
人生之部	不及前二部之盛又粗淺	最盛且微妙與其形而上學相連佔中國哲學之全部	歸入宗教幾舍宗教別無人生思想因此倫理念薄

我們將此表講明就可以知道三方精神生活之不同了。但在講明此表之前，我要說一說我講這個東西所用的工具—名詞。因爲這些名詞稍微生一點，不加解釋很難明瞭，所以在這裏將所用的名詞略爲講明，以便大家對於後文容易了解。

現量比量直覺三作用之說明

我所用的名詞就是唯識家研究知識所說的話。我所以要說他的原故，因爲本章是講三方思想的。我們以前曾經說過：思想就是知識的進一步，觀察思想首宜觀其方法，所以我們要先爲知識之研究。我研究知識所用的方法，就是根據於唯識學。所以我在講明三方面的思想以前，不能不先講明我觀察所用的工具—唯識學的知識論；然後我的觀察乃能進行。

唯識家講知識所常用的名詞就是『現量』，『比量』，『非量』。（參看我著的印度哲學概論及唯識述義）我們觀察知識，卽要曉得知識如何構成的。知識之構成，照我們的意思，卽由於此三量。此三量是心理方面的三種作用，一切知識皆成於此三種作用之上。我且將三量分別解說如下：

(一)現量　照唯識家原來的講法，甚爲繁難，我現在簡單明瞭的指給大家看。所謂「現量」就是感覺(Sensation)譬如我喝茶時所嘗到的茶味，或我看桌上白布所得到的白色，都是「現量」。却是此處要聲明，感覺時並不曉得什麼是茶味或白色，祇有由味覺或視覺所得到茶或白色的感覺而無茶味或白色所含的意義；——知茶味或白色之意義另爲一種作用——所以「現量」的作用祇是單純的感覺。此時我們所指的「現量」祇是唯識家所謂對「性境」的那一種認識作用，不可超過或不及這個範圍。「性境」——某範圍的「性境」——是什麼？照唯識家的解釋，「性境」的第一條件是有影（親相分）有質（本質）；第二條件是影要如其質。若以我們普通的話來解釋，如看見白布的「白」即是「性境」；「白」是我的影象，我所以覺得「白」是由視神經對於外界刺激而反射者；至於白布的自己，唯識家謂之「本質」。其是白非白，我們無從而知；因爲無論什麼人不能不用眼睛看，用眼睛看時，所得即爲我眼識之所變現，而非布之本質。蓋吾人之覺官爲對外探問之工具；每一感覺即一探問，而所感覺則其所爲答或報告也。故白實出主觀所造，非布固有；然必有布，始生白覺，故有影有質是「性境」第一條件。布的白否固不可知，而實有使我們生白的影象之能力；所以我所生之白的影象，要如布之所刺激而變生，才沒有錯。假如對於能生黑的影象之本質的刺激而變生白的影象，就是謬誤，即爲影不如其質。影必如質是爲「性境」的第二條件。我們現在所謂「現量」就是對「性境」的認識作用，按平常的話講，就是感覺而加以嚴格之甄別的，——如普通所說蓋多以非感覺濫誤作感覺，故不得不嚴別之，其濫誤暫不及舉。此外還有一種「特殊現量」。「特殊現量」是什麼？我們簡單來說：就是看白布時並不變生白的影象，乃至雖有山河大地在前而無所見，此即所謂『特殊現量』。這是怎麼一回事將來再講明。又現量所認識者唯識家又謂之『自相』與後比量所認識之『共相』對稱，——如後說。我們現在只要知道知識之所以成就賴於感覺——『現量』——者甚多。譬如我所有茶的知識皆由我已前感覺茶的顏色和味道爲其端始，而後據以經營成功『茶』的觀念。待茶之知識既成，固有別種心理作用而非單此一種作用，然憑藉於感覺——『現量』——者已經是很重大了。

（二）比量　『比量智』即是今所謂『理智，』也是我們心理方面去構成知識的一種作用。譬如我對於茶之知識是怎樣得來構成的呢？就是看見，喝過多少次的茶，從所有非茶的東西——白水，菜湯，油，酒，……——分別開來，而從種種的茶——紅茶，綠茶，清茶，濃茶，……——抽出其共同意義，見了茶即能認識，這就是對於茶的概念最清晰，明白，確定的時候。如此構成概念之作用可分爲簡，綜，——分，合——兩種作用。當構成茶的概念時先將種種不同的茶連貫起來得其究竟共同之點，此爲綜的作用；同時即將茶與其餘的東西分開，並且簡別茶的各種顏色知其與茶不相干，此爲簡的作用；然當簡別時，即綜合時，實無先後。此種簡綜的作用即所謂『比量智』。我們構成知識第一須憑藉現量，但如單憑藉現量——感覺——所得的仍不過雜多零亂的影象，毫沒有一點頭緒，所以必須還有比量智將種種感覺綜合其所同簡別其所異，然後才能構成正確明瞭的概念。所以知識之成就，都借重於現量比量的。此種認識作用所認識的是什麼呢？就是意義——概念——即唯識家所謂『共相』，而其境則所謂『獨影境』也。『獨影境』是有影無質的；當我心中作『茶』之一念時，其所緣念亦爲一影象，然此影象無質爲伴而與「見分」同種生照直說就是非藉於客觀之物才變生的而是我心所自生私有的。所以謂之『共相』者因爲這個茶的意義—概念—是多般之茶所共有的，故曰『共相』。然而對同一的白紙每次感覺一白，亦只可說前後相似，未可云同一，因爲每次各有他的自相，故現量—感覺—所得曰『自相』。

(三)直覺—非量　知識是由於現量和比量構成的，這話本來不錯。但是在現量與比量之間，還應當有一種作用，單靠現量和比量是不成功的。因爲照唯識家的說法，現量是無分別無所得的；—除去影象之外，都是全然無所得，毫沒有一點意義；如是從頭一次見黑無所得，則累若干次仍無所得，這時間比量智豈非無從施其簡綜的作用？所以在現量與比量中間，另外有一種作用，就是附於感覺—心王—之『受』『想』二心所。『受』『想』二心所是能得到一種不甚清楚而且說不出來的意味的，如此從第一次所得『黑』的意味積至許多次，經比量智之綜合作用貫穿起來，同時即從白，黃，紅，綠……種種意味簡別清楚，如是比量得施其簡綜的作用，然後才有抽象的意義出來。『受』『想』二心所對於意味的認識就是直覺。故從現量的感覺到比量的抽象概念中間還須有『直覺』之一階段；單靠現量與比量是不成功的。這個話是我對於唯識家的修訂。凡直覺所認識的祇是一種意味精神趨勢或傾向。試舉例以明之，譬如中國人講究書法，我們看某人的書法第一次就可以認識得其意味，或精神；甚難以語人，然自己閉目沈想，固躍然也；此即是直覺的作用。此時感覺所認識的只一橫一畫之墨色，初不能體會及此意味，而比量當此第一次看時，絕無從施其綜簡作用，使無直覺則認識此意味者誰乎？我們平常觀覽名人的書法或繪畫時，實非單靠感覺祇認識許多黑的筆畫和許多不同的顏色而在憑直覺以得到這些藝術品的美妙或氣象恢宏的意味。這種意味，旣不同乎呆靜之感覺，且亦異乎固定之概念，實一種活形勢也。至於直覺所認識的境是什麽呢？他所認識的卽所謂『帶質境』。帶質境是有影有質而影不如其質的。譬如我聽見一種聲音，當時卽由直覺認識其妙的意味，這時爲耳所不及聞之聲音卽是質，妙味卽是影；但是這種影對於質的關係與現量及比量皆不同。蓋現量所認識爲性境，影象與見分非同種生，所以影須如其質，並不純出主觀，仍出客觀；而比量所認識爲獨影境，影與見分同種生無質爲伴，所以純由主觀生。至於直覺所認識爲帶質境，其影乃一半出於主觀一半出於客觀，有聲音爲其質，故曰出於客觀，然此妙味者實客觀所本無而主觀之所增，不可曰全出客觀，不可曰性境，只得曰帶質而已。（唯識家不承認客觀，此特爲一時便利，暫如此說之。）譬如我們聽見聲音覺得甚妙，看見繪畫覺得甚美，吃糖覺得好吃，其實在聲音自身無所謂妙，繪畫自身無所謂美，糖的自身無所謂好吃；所有妙，美，好吃等等意味都由人的直覺所妄添的。所以直覺就是『非量』，因爲現量對於本質是不增不減的；比量亦是將如是種種的感覺加以簡綜的作用而不增不減得出的抽象的意義，故此二者所得皆眞，雖有時錯，然非其本性；唯直覺橫增於其實，則本性旣妄，故爲非量。但是我們所以不用『非量』而用直覺者，因爲唯識家所謂『非量』係包括『似現量』與『似比量』而言，乃是消極的名詞，否定的名詞，表示不出於現量比量之外的一種特殊心理作用，故不如用直覺爲當。又直覺可分爲兩種：一是附於感覺的，一是附於理智的。如

西洋哲學之情勢

聽見聲音而得到妙味等等，爲附於感覺上的直覺。若如讀詩文所得妙味，其妙味初不附於墨字之上而附於理解命意之上，於是必藉附於理智之直覺而後能得之。然惟如認識『生活』及『我』時，才能見出第二種直覺的重要來，此待後說。

以上所說是構成知識的三種工具。一切知識都是由這三種作用構成。雖然各種知識所含的三種作用有成分輕重的不同，但是非要具備這三種作用不可，缺少一種就不能成功的。

我們對於構成知識的三種作用既然講明，現在乃可來批評三方面的哲學。我們在前面所列的表分爲宗教與哲學兩類；哲學復分爲形而上，知識，人生，三部。對於西洋方面所開列者：其宗教起初於思想甚有勢力，後遭批評失勢，自身逐漸變化以應時需；形而上學起初很盛，後遭批評，幾至路絕，今猶在失勢覓路中；知識論則甚盛，有掩蓋一切之勢，爲哲學之中心問題。我們就着這個表來說明，西洋的宗教爲什麼起初在思想界很有勢，後來竟自受人批評而站不住呢？形而上學爲什麼起初很盛，後來幾至路絕呢？這個原因就是因爲對於知識的研究既盛，所以才將宗教及形而上學打倒。那麼這三方面——宗教，形而上學，知識論——的問題，其實可以說是一樁事情了。

大約一時代一地方其思想起初發展的時候，實是種種方面並進的，沒有一準的軌向；不過後來因爲種種的關係，影響結果祇向某一方向而發達，而這種思想就成了這一地方這一時代的特異面目。希臘的思想本來各方面全都很發達：有向外的研究，也有向內的研究；有對於自然的研究，也有對於人事的研究；有對於靜體的研究，也有對於變化的研究。但是到了後來西洋祗有偏於向外的，對於自然的，對於靜體的一方面特別發達，而別種思想漸漸不提，這就因爲西洋人所走是第一條路向；在第一條路向本來是向前看的，所以就作向外的研究；前面所遇就是自然，所以對於自然研究，自然乍看是一塊靜體，所以成靜體的研究。自從希臘哲學的鼻祖泰理斯(Thales)起，就來究問宇宙本體的問題——研究宇宙是由什麼材料成的，或說是水，或說是火，或說是氣，種種。等到文藝復興以後，他們既重走第一條路向，所以近世哲學還是一元多元，唯心唯物等等問題，仍舊接續古代的形而上學，總想探討宇宙之本源，究竟。當時著名的哲學家如笛卡爾，斯賓諾莎，來勃尼玆，巴克萊等等所討論發揮，皆在此。即在今日之羅素所研究者雖方法大異，然其靜的，向外的態度與所成就，猶在自然一面，則固不異。所以大家都說東方哲學多爲人事的研究，西方哲學多爲自然的研究——杜威先生亦曾說過這話——是不錯的。並且也就因爲西洋人這種研究哲學的態度；根本的使其哲學成功唯物的傾向。『物質』一觀念在這種態度上蓋不待構於思，出諸口，已先有了。然這都是後話，現在且講西洋人從這方面研究之變遷梗概。希臘先發明了幾何學爲他們最時尚的研究，他那種迹先的(Apriori)(或譯先天的)演繹法彷彿能賅洽六合的樣子，所以希臘的哲學家把推理看成萬能的了。他們用他們這個方法關起房門來，用不着考察實驗，祗要心理推究，就能發明許多學理——本來這種空洞的形式關係之研究是能行的。於是他們來研究形而上學的問題，仍舊是那一套法子，什麼宇宙的實體本源如何，如何，是有，是一，是二，是多，是物質的，是精神的，是眞，是善美，是神，是恆久，是圓滿無限，是不變，是迥異乎現象，乃至種種奇怪的事情，他們都以爲能知道。在中世以宗教的權威無從脫此臼白。而到近世來幾個大哲，如適纔所說笛卡爾諸人，因爲他們都是接續希臘研究數理的大數學家，所以還是一個脾胃，講這一套形而上學的話。他們是所謂大陸的理性派，以爲天地間的理是自明的，是人的理性所本有，自會開發出來，推演出來，所以不覺得自己方法有什麼不對。這種人實在太忽略了經驗，他們不留意知識的方法和界限，貿然對這些問題下了許多主張，我們都叫他獨斷論。那時英島對於知識方法有歸納法的貢獻，成了所謂經驗派，卽如倍根，霍布士，洛克，休謨皆屬於此。他們才漸漸省察自古以來的錯誤。所以休謨說：科學是知識，形而上學的說話不是知識。因他的持論，知識來從印象，形而上學那裏有其印象呢？他這說法有是有不是，還未足服人。到康德出來解經驗理性兩派之爭，認識論遂獲大成，近世哲學對於往昔唯一的新形勢纔算確定如九鼎，而獨斷論於是絕跡。他的說法很精緻，此不及述。他那意思，我們於現象世界以外固然是感覺不到而且判斷所不能加，豈但迹後的無所憑據，根本上悟性就不能向那裏用。所謂實體連有無都不能說，遑言其他。但他却也承認形而上學，他承認他是理性的觀念。人的悟性不應那樣用，而總不甘心，總要用想去知道知道，這種需要就成了形而上學，這非復悟性的概念，而是理性的觀念。這種承認，明明是承認他爲臆談！等到孔德簡直正式的加以否認了，卽所謂他的人類知識分三時代說。他說是：神學形而上學都屬過來的東西，以後人的知識全是所謂實證的——卽科學的，哲學也是科學的。神學形而上學雖不同，總要去講絕對——想像一個整個的宇宙去講他——這是無從講的，無可講的。本來這時期由自然科學的發達，容易使人以科學的所得解釋哲學上的問題，所謂唯物思想種種俱興，直到後來赫克爾一元哲學猶以此鳴一時。然謹愼的科學家，終覺悟科學之所以爲科學在其方法，不在其所得結果，如彼所爲，濫以科學中之觀念適用到形而上學去，實自乖其根本，而且終究弄不成。所以如馬胥（Mach）皮耳松（Pearson）潘加勒（Poincare）都不再作這種似是而非的科學的哲學家，而批評他們不對。前者我們謂之素樸的自然主義哲學；後者我們謂之批評的自然主義哲學。至是形而上學既覆，形而上的唯物思想以後亦不會復有，因此我們看西方的哲學形勢固必爲唯物的傾向，然而唯物的思想惟西洋產生之，亦惟西洋摧破之；在東方唯物論固不見盛，卻亦無能剷除之者。此全得力於西洋所走路向之踏實穩妥，逐步尋到知識方法上來，所以才能有此結果。至如美國的實驗主義家詹姆士，杜威等，其不要人研究形而上學固一半是反對那一種方法，而一半是爲形而上學的問題多半不成問題，求不出如果捨此說取彼說就要怎樣的；兩樣說法——如唯心，唯物——名義逈異，歸到實際並沒有兩樣意味的，所以用不着研究。故詹姆士一面反對一元主義而一面說他的實際主義就是一個息止形而上學無謂紛爭的方法。

羅素的意思

本來西洋人自古就研究這一套問題，現在弄的不好再談，所以晚近數十年的哲學界岑寂的了不得！成了哲學的大衰歇。有些人就以爲哲學祇好當藝術看待，隨各自的天才去作，不能求問題的定規是非解決。雖然以羅素這樣嚴凝的理性家，到此也不能不持一種活動的態度。他以爲古代的一元多元，唯心唯物等問題，現在還可以來講，不過古人的方法不對，現在要講哲學必須另外開闢一條方法。他的方法就在他的數理論理。以論理來治形而上學本來也有像黑格爾（Hegel）同現在的布來得雷（Bradley）。但羅素與他們大不同，羅素反對他們的論理而改革出一種新論理來。在他們都是由論理推論來取銷，否定平常的經驗現象，而證明本體是超絕；羅素以爲這種消極的作法不對而且用不着，哲學應當試去講明那些根本問題以爲科學之基礎，而不當否認現象，取銷科學的。他就是要拿他的數理論理來擬構宇宙大概是怎樣怎樣，自己去建設出一個宇宙來，使現象得到解釋，使科學得個安放。這個宇宙的『大概是』你也可以去擬構，我也可以去擬構，不應當讓論理束縛我們，而應解放開，像海闊天空的樣子容我們放步走去。他差不多覺得哲學正不要太呆定，留這地方容我們思想活動倒有趣。他這個方法自然比前人高明妥當的多，但按人類是要求眞是眞非的，祇有這個宇宙的『大概是』我們不能滿意。

柏格森的意思

此外當世還有一個人替形而上學開闢一條道路的就是柏格森。他着眼康德對於形而上學的批評，宣言說他的哲學方法是出乎康德對一般形而上學之反對之外的，是要把從康德以來被康德打斷了的形而上學與科學再搭一個橋接通。但他怎能如此呢？我們倒要看看他前已說過形而上學所以沒法講，一則是感覺不到，一則概念作用不能施，這兩個難關有一不解除就不成功。他的方法卽所謂直覺 (intuition) 都曾聽說的了，要明瞭他那意味就在解除這兩個難關。頃所謂感覺不到的，不是說感覺中沒有宇宙，是說感覺中沒有整個的宇宙，整個的宇宙就是絕對，而一說到感覺已是能所對立了。整個宇宙當然不許感覺，感覺生來不能得整個宇宙。於是柏格森講說他的直覺開口就標出能覺的我要加入所覺裏頭，不在所覺外邊轉，最後結句就點明可以說爲全整的感驗 (intergal experience)。同時對於概念大加排斥，說概念不得事物自相，哲學上的兩對反論調—如唯心唯物—都由此誤生，如他那方法，兩對反的意思通通沒有了。他說：去講哲學就是把從來習慣用思的方法翻過來康德直以爲智慧只是概念作用，除概念外更不會別的了，知識只是數學的，想造一大數學的網，把宇宙籠罩了。宇宙的本體不是固定的靜體，是『生命』是『緜延』，宇宙現象則在生活中之所現，爲感覺與理智所認取而有似靜體的，要認識本體非感覺理智所能辦，必方生活的直覺才行，直覺時卽生活時，渾融爲一個，沒有主客觀的，可以稱絕對。直覺所得自不能不用語言文字表出來，然一納入理智的形式卽全不對，所以講形而上學要用流動的觀念不要用明晰固定的概念。此概念是詮釋現象的。他這話是從來沒有人說過的，邁越古人，獨闢蹊徑，叫人很難批評—羅素的批評很多無當，祇是意氣。然我們對他實難承認，因他的方法可疑。直覺是主觀的，情感的，絕不是無私的，離却主觀的，如何能得眞呢？所以直覺實爲非量，如前已說。我們必要靜觀無私的才敢信任。

大家所加於形而上學之批評，宗教與神學也都不能避免，並且簡直還不及形而上學或有方法可尋。所以宗教神學之命運，比形而上學更要到了絕地，不但人格的上帝說不過去，就是那種汎神論也是不通的。然宗教本是人類情志方面的產物，雖爲理性所拒絕，並不能就倒下來。而同時宗教自己也就逐漸變化，把種種從前要人相信的道理慢慢都一句不提，祇餘下一個上帝的觀念也化成很抽象的一點意思了。其態度無待孔德主張什麼人道教，赫克爾主張什麼一元教，倭鏗主張什麼精神生活，基督教家已竟倡言現世主義，所以爲其教訓的祇是一個『愛』字，亦足以維繫一時。祇有神學恐怕無法維持。

我們講西方情形至此爲一段落。前表中所列宗教及形而上學受批評失勢和知識的研究爲哲學中心問題，大抵如上。今後的宗教苟不得其在知識方面之基礎，形而上學苟不得其研究途徑，卽不必求生存發展於人類未來之文化中！於是我們就此機會來看東方的宗教和形而上學是如何情況呢？他是不是同西方宗教古代形而上學陷於一樣的謬誤？他能不能解免大家的批評？其形而上學倘能解免大家的批評，那麽，他所用的方法，是否可以較柏格森羅素爲能滿意？東方文化印度是以其宗教爲中心的，中國是以形而上學爲中心的，所以這個問題非常重要吃緊，儻然是求不出一條路來時，東方文化簡直隨着宗教形而上學成了文化的化石了！

印度哲學的情勢

我們先來看印度的形而上學，他們所討究的問題，大半與西洋形而上學的問題一般樣子，喜歡講宇宙本體。他們的家數宗派是很多，其頂著名的，有很豐富的哲學思想的，自爲僧佉宗——數論派，吠檀多宗——梵天派；今西洋人研究他們的很不少。然而我們看他們實不能解免於批評，僧佉人所謂『自性』『神我』差不多就是笛卡爾心物二元的樣子，吠檀多人所謂『梵天』差不多就是斯賓諾莎汎神一元的樣子，其爲獨斷論是不可諱的。此外如吠世史迦派，尼耶也派，瑜伽派等或見解不同而價值不過如此，如吠世史迦之極微論亦元子論及Monads說之流；或思想與前二宗不相遠，如瑜伽派之與僧佉，所以都可不必細論。在佛教因爲教法種種不一，思想似不一致，其後流傳各處，分部開宗，又莫不自認爲佛家思想，似乎很難得準據以爲論斷。然而終究有條理可尋，那麽，我去尋得的結果則佛教固確乎不陷於古形而上學家之錯誤者也。試分敍於下：

(一)小乘佛教是絕口不談形而上學的；

(二)大乘佛教是談形而上學而開闢得法的。

(三)外國佛教談形而上學，間或不得法，然佛教固不負其責的。

小乘佛教之不談形而上學，多無人留意，我覺得這實是最大之事！小乘色，心並舉乍看上去亦可曰物心二元，但其實是不然從他那色與心彼此不相屬，亦無所共屬去說，應爲物心二元，却是色，心都是所謂『有爲法』他們俱目爲非眞實的，那裏能以他爲本體呢？又印度人之求宇宙本體，都是要解脫了以契合本體的；小乘是要解脫到『無爲法』的，他所要解脫以去者正在色心，那麼色心不是他的本體是很明的。他既然解脫在『無爲』又說『無爲』是眞常，那麼很像是本體嘍。但他又不說「無爲」爲萬有所自出，並且還說『無爲』離色心而定有，那麼『無爲』又怎能算他本體呢？要曉得小乘的說話，實在不是在那裏答對什麼宇宙本體的問題，他祇是將宇宙萬有分門別類來看，至於萬有歸總一個的觀念，他並沒有。我們從種種方面看小乘的經論，非不繁博精微，但是絕口不談形而上學的。這在小乘自己，固然可以免於批評，並且可以幫助大乘佛教，證明佛教於無論東西古時所不免之錯誤而竟無之。你要看印度當那時節，大家都各鳴一說的競談這項問題，而佛教起來插足於此社會，偏偏一句不談，豈不是很可注意嗎？這是什麼原故他竟能如此？照我說這是小乘大乘都是佛說的一個證據。如果不是有意不提，以爲後來再說之地，怎能恰好小乘預先就替後出的大乘留下地步，怎能單自堅決的不討論大家討論的問題？這在以小乘爲佛說以大乘爲後出的人未必就信，但我很望他有番解釋，莫忽略過去。在我的意思，佛的形而上學在當時不肯拿出來。拿出來不惟於其思想界沒有好處，且恐益發糊塗膠固而不得開明。所以先說的小乘教祇談相對，不談絕對，雖與當時思想問題不相切合而全然不顧；待大乘教才對他們講說，這時候又祇講絕對，幾不講一句相對的話了。等到唯識學出來——他是從相對講入絕對的——才把二者溝通，使後人明白佛教是怎麼一回事。我不敢說印度大乘佛教都是講唯識學的，但唯識家的方法也是他們的方法，則其講形而上學不爲獨斷。惟年代太久，或流至遠方，寖失原來根本，那就不敢擔保了。例如中國所開之華嚴宗等，又流到日本，爲井上圓了輩所盛談者，均難逃譏評，則所謂外國佛教佛教固不負其責也。

佛教的形而上學方法

我們看唯識家所指明給我們的佛家形而上學方法是如何呢？這要細說就來不及，我祇能簡單的告訴大家。他不像羅素捨去經驗單走理智一路，也不像柏格森用那可疑的直覺；他依舊用人人信任的感覺——他叫作現量。他平常講知識的時節，祇信任現量同比量是對的，由這兩樣東西能給我們確實可靠的知識，此外什麼直覺，瞑想等等都排斥。這態度與西方科學家一般無二。科學家經營他的科學，用的感覺和理智也就是唯識家經營他的學問之所用的工具。你展開因明唯識的書一看，就可以看見唯識家怎樣的不許人超過感覺的說話，他同所謂『批評的自然派哲學』(Critical Naturalism) 如皮耳松感覺主義一流絕相似。皮耳松所云：我們離感覺則一無所有，若說有一樣東西超越感覺而是實在，那就不成話的。這就是唯識家頭一步的議論。從這樣態度豈不是形而上學就不能講了麼？不錯的。唯識家原以具體的『宇宙』觀念就是非量，再從這個上邊去講許多話，更是非量非量，他早把形而上學根本的不合。批評的很明白。然他却來講形而上學，這也就可以看出他的講形而上學與那糊塗亂講的是不同了！

西洋人與唯識家既都從祇認感覺理智，結果推翻形而上學，這時候唯識家又來重建形而上學豈不是要另闢方法麼？不然的。他還是牢固守着感覺一點也不變，而結果就可以產生他的形而上學。不過他說，我們要把感覺——他所謂現量——從直覺理智等作用分離出來而祇留下他一種作用，自然而然就好了。從我們現在的感覺，到那能認識宇宙本體的現量，約之為兩步：

（一）頭一步現量　我們所以前邊序列三種認識作用必要用現量的名稱而不用感覺的名稱，實在因為平常我們的感覺固然所對是『性境』不妨說為現量而已，竟牽混到別的作用一起，而不能分，以致一般人所謂感覺的差不多都是指着知覺(Perception)說，所以不可再認同現量。現量是純靜觀的；這在實驗主義家從生物研究得的心理，必然不承認有什麼純靜觀的認識作用。這個不承認是很對的，我們的感覺器官本來是生活中之工具，其認識作用皆為一種有所為的活動，安得而為純靜觀的。唯識家亦正為此而說日常生活雖無時不有現量而現量不可得，蓋現量作用在平常甚暫甚微，但却非竟無。必須把這牽混入比非量之甚暫甚微的現量分離獨立，暫者久之，微者著之——即是將有所為的態度去淨而為無私的，——純靜觀——才好。儻能做到，便是這頭一步的現量。以何為做到之驗呢？就是看飛鳥，祇見鳥(但不知其為鳥)而不見飛；看旛動，祇見旛(但不知其為旛)而不見動。

(二)次一步現量　儻能做到頭一步時就會慢慢到了這一步，這還是順着那個來不過比前更進一步的無私，更進一步的靜觀；然而無私靜觀亦至此不能再進了。這以何爲驗呢？就是眼前面的人和山河大地都沒有了！空無所見！這空無所見就是見本體。在唯識家叫做『根本智證眞如』。

這上邊的話自須加以說明才行。原來照佛家說，我們人或其他生物眼前所對着的宇宙—上天，下地，回頭自己的軀體—祇是自己向前要求的一個回答。人或其他生物你不要看他是安安靜靜老老實實的，他長的眼睛鼻子，耳朵，你不要看他很端正文雅的，他實在是像饑餓的一般猛烈往前奔去，他那眼，耳，手，足一切器官實在都是一副傢伙，極猾惡貪婪的在那裏東尋西找。這自然太罵人，人人都不能承認，自己覺得我並沒有如此。要曉得這本來是不自知的，不浮現於意識上的，而藏在後邊的；就是你躺在那裏睡覺，一動不動，不知不識，還是奮勇的在那裏活動。這個往前追求蓋基於二執—我執，法執；當其向前求的時候蓋卽認有前面，認有自己，所謂求卽攫來予我之態度。惟此所說認物認我與攫來云云，都不必果有此意而已經先存在了。我們意中的『我』，『法』，是粗暴有間斷的，無關重要的，此處所說是指甚深隱細而念念相續永不間斷的。這念念緣我，相續不斷的是一最根本的作用叫作『末那識』—第七識。那東想西想時起時落的心並非根本的，重要的，他不過是往前生活所用工具之一；連同眼，耳，鼻，舌，身五覺官並稱前六識。這眼耳等在人自然是六數，其實別的生物不一定這樣，也許覺官少一兩樣，也許巧慧—第六識—不發達，幾乎沒有，所以最關重要的還是在第七識，大約有生命無生命是生物非生物之辨就在此有二執與否。蓋生命寄於向前活動，向前活動基於二執故也。當其運用六工具向前要求時，所碰到的實非別的還是自己所現：眼見色，色卽眼識現；耳聞聲，聲卽耳識現，乃至意緣念念卽意識現。此卽前面敍三量時所說無論現比非量——感覺，念慮——其影象皆由自己變現是也。影象之後尙有本質，則常人所指爲客觀的物質世界也。但其實不然。七識執什麼以爲我呢？七轉識——七識並前六識——所變現影象何自來呢？與此之本質皆在阿賴耶識——第八識，照直說，這七識其所以爲本質者——無論執我而緣內界或前求而緣外界——皆此阿賴耶識；乃至七識所自變現生者亦皆出於阿賴耶識。唯一的物件祇此阿賴耶識，東看西看，上看下看，內看外看，所碰到的都是他。不過不單影象是隨時變現，非恆在的東西，就是這內外的本質，你看他死呆呆的物質世界，實在也是遷流不息，相續而轉。一塊石頭不是一塊石頭，是許多石頭的相續。不單影象是隨人變現各自不同，你眼識所現的紅白屬你，我眼識所現的紅白屬我；就是本質也非客觀存在而是隨人不同的，你的宇宙是你所現，我的宇宙是我所現。此時最可注意的，內外俱是一阿賴耶識而竟被我們打成兩截，中間加了重重隔膜。這就是說在我們生活中——向前要求中——分成物我兩事；而七識執我，又自現影象則內裏一重隔阻，前六識攝物又自現影象則外向一重隔阻，所以整個的宇宙，所謂絕對，自爲我們感覺念慮所不能得到，當這些工具活動的時候，早已分成對立形勢而且隔阻重重了。你要揭開重幕，直認唯一絕對本體，必須解放二執，則妄求自息，重幕自落，一體之義，才可實證。這就是唯識家所貢獻於形而上學的方法。所以這頭步二步都無非往這面做去：沈靜！休歇！解放！所幸感覺器官上還有這一點暫而微的現量是眞無私，純靜觀的；祇要你沈靜，休歇，解放，其用自顯。譬如頭一步的現量就是私利的比非量都不起了，所以看飛動的東西不見飛動。飛動是一種形勢，意味，傾向而已，並不是具體的東西，現量無從認識他。因爲現量卽感覺中祇現那東西—或鳥或旛—的影象，這影象祇是一張像片。當那東西在我眼前飛動假爲一百刹那，我也就一百感覺相續而有一百影片相續現起。在每一影片其東西本是靜的，那麼，一百影片仍祇有靜的東西，其飛動始終不可見。必要同時有直覺等作用把這些影片貫串起來，飛動之勢乃見，這與活動電影一理。所以不見飛動，爲直覺不起獨有現量之證。到次一步的現量是解放到家的時候才有的，那時不但虛的飛動形勢沒了，乃至連實的影片也沒了，所以才空無所見。因爲影片本是感覺所自現，感覺譬如一問，影片卽其所自爲之一答，你如不問，自沒有答。當我們妄求時，感官爲探問之具，遇到八識變的本質就生此影象；及至得到大解放，無求卽無問，什麼本質影象也就沒了，於是現量直證『眞如』—卽本體。這唯識上所謂『智與眞如平等平等，』『無分別智，不變而緣。』再轉出『後得智』又來分別諸法自共相等，把無分別智—一名根本智—所證說出告訴我們，便是形而上學了。

大概意思如上已盡。在外人自未必都相信，在佛家的人也恐指摘我種種不對。但我的看法是如此，我認唯識家提出有形而上學的新方法，且比羅素柏格森的方法爲滿意，爲可信任。形而上學本來不能講，現在他能來講，這個大翻案祇有他做到了。並且很奇怪，最近哲理的闡發都予他不少的證明，兩個相反對的柏格森羅素都是他最大的幫忙的人。柏格森所操方法同他固不對，而所得的道理却多密合，這是爲兩方都是研究一個東西—生命生物—的原故。羅素所走一路，用理智對外研究似與他不相干，而不料比柏格森還有更契合的地方。柏格森說『生命』『緜延』是整的不可分的，這實在有點不對，因他墮於『常見』。羅素所主張，得到安斯坦相對論而證明的「事情相續說」却幾於非斷非常，把唯識家所說，一塊石頭不是一塊石頭而是許多石頭相續，和反對靜體之義，都加以證明。我們常設想起古唯識家於地下而一覽西洋學說，他反對講形而上學反對靜體的物質在當日爲外道小乘所不喻的，乃至種種主張在當日無論如何同人家講亦不相信的，或自己要說沒有說出來的，都有這許多人來幫忙，一定歡喜的不知所云。實在唯識學在今日講比古代容易得其解，但我斷言唯識學的機運並未到；其故後詳。

我們上面祇說唯識家對於形而上學不可經驗的開出一條經驗的路來，至概念判斷是否能使用，以及唯識家對於形而上學如何解決，都還不曾說。這話在印度哲學概論第三篇第三章講知識之界限效用問題替他說的很詳明，此處不能很多說。簡單說：概念判斷祇用在相對而不能施於絕對，『絕對』不是一個念，昔人所問形而上學的問題都要取銷。他在根本智後得智中所得而告訴於我們的也沒有別的，就是『不可說不可念』，例如：本體心物一多的問題，那麽就是非心非物，非一非多，乃至非有非無，乃至本體這句話就不對，凡有所說俱是戲論。若說也不妨，不過說了就不算，所以佛菩薩在大乘經論長篇大套談他的形而上學，祇是你不要當話聽罷了。真正的形而上學如是如是，於是乎唯識家的大翻案文章是翻而不翻，翻過來之意與未翻原案還是相符順的。

西洋印度

現在須要說明的有一樁事何以西洋印度研究一樣的問題而印度人單開闢出這條路來？請拿我前面所

兩方哲學之動機不同

別的表中西洋同印度的情形一比便知不同。表云印度形而上學與西洋為同物但研究之動機不同，隨着宗教甚盛且不變動。蓋兩方唯一之不同祇在研究的動機上，此不可不注意者。西洋人是什麼動機？可以說作知識的動機科學的動機；印度人是什麼動機？可以說作行為的動機，宗教的動機。西洋人無論為希臘時或文藝復興後，其研究哲學都是出於好知的意思，他們叫做『愛智』。印度人像是沒有那樣餘閒他情志上迫於一類問題而有一種宗教的行為，就是試着去解脫生活復其清淨本體，因為這個原故，所以他們沒有哲學祇有宗教，全沒有想講什麼形而上學，祇是要求他實行的目標。例如吠檀多人講『梵天』他就要去實做梵天；僧佉人講『自性』『神我』他就要實做到神我，自性的各歸其位；都不是在那裏談什麼哲理。總而言之，他們的厭生活，求出世，是他們的動機所在。要出世出到那裏去呢？那麼，自然要想我本來是不如此的，宇宙本體是清淨的，果如何斯為宇宙本體？這是他們問題之所在。於是就各出己見，這一家以為如何如何，那一家以為如何如何，並且把如何可以做到的路子訓示人去做。在他自己實宗教而已，我們則從他的教訓中抽取他的道理算作哲學。這與西方情形豈非大大不同！——一個是出於第一條路向，一個是走到第三條路向上去。從這不同，其結果先分出一方形而上學可以失勢無人講，而這一方則不能，因他這種行為是不能阻止的，則求本體講本體無論如何不能罷手。然此猶結果之小者，其大結果，即一方無論如何不能闢得形而上學的方法，而一方則得以開闢出來也。這個道理並不難懂，就是我們在前所說的，你如果不息止要求，還是拿六個工具去探問什麼宇宙的本體，無論怎樣探求，總是自己工具上的回報影象，沒有法子得到本體。必得要像印度人厭棄生活來息止生活庶乎可望摸着息止生活的竅——解放二執——而實證本體，此則唯識家所以成功於印度也。於是要問：印度宗派甚多，皆有息止生活之法，佛家而外卽沒有得息止的嗎？誠然如是。印度各宗要求息止生活大抵原相近似，其方法，卽他們所謂瑜伽者，亦若比同。但所似所同者自外面粗形式看耳，其實內容殊異，而此事差之毫釐，謬以千里，故卒惟佛教一家得之。假若此事不爲人類的一種成功則已，苟得爲一種成功則不可不知其爲走第三條路之結果，而印度文明之所在也。

我們既說到此處，該把宗教來討論討論。形而上學之成就，是印度人之小成就，假使印度人要有成就一定在宗教上，因爲印度原祇有宗教，而形而上學原是附屬於其內的。並且我們上面說他研究形而上學的動機是在宗教，出世，却沒有說出宗教出世的動機在什麼地方；此刻正好接續前邊來講宗教的動機，問他爲什麼要出世。我曾有一篇舊文章在少年中國學會的是宗教問題講演，在那裏面曾指明印度宗教的動機，並從以論定宗教的必要。此刻可以拿來敍說，並將原來要講明宗教的未盡之意補足之。

宗教問題之研究

宗教是人類文化上很普遍，很重要的一樁東西。但是從近代遭許多人批評之後，各人都拿自己的意思來解釋宗教，你以爲宗教是這樣，他以爲宗教是那樣，以致一般人對於宗教都莫明其妙。所以我們現在對於宗教問題之解決實在是很緊要的。

我們現在要解決宗教的問題，頭一句自然要問宗教究竟是何物？知道了這層然後對於宗教的眞妄利弊此後存在不存在的話方好去說，否則無從說起。差不多將「宗教是什麼」弄明白了，各種問題便算已經解決了。絕不應明確的宗教觀念未得到，便胡亂評斷什麼宗教的存廢！

我們看好多的宗教形形色色，千奇百怪，什麼樣子都有，很不一致。但我們要尋出他一致的地方，方能漸漸曉得宗教是怎麼一回事，而有一個明白真確的『宗教』觀念。這所謂一致的地方就是所有宗教的共同必要條件。但若非是一致的，就不算宗教的必要條件，不過是某宗教或某項宗教的特殊現象罷了。斷不應把這殊象認作『宗教』觀念構成的一義。如此研究下去我們得到一個歸結是：

所謂宗教的，都是以超絕於知識的事物，謀情志方面之安慰勗勉的。

我們就着衆人所認為宗教的去研尋，尋到如此的結果。無論怎樣高下不齊，種種的宗教，個個皆然，沒有一個例外，除非那聚訟未決的孔教，或那立意闢創，未經公認的赫克爾一元教，倭鏗精神生活等等，有些不合而已，這個不合，不但不能證明我們結論之非，反倒看出我們結論之是。孔家是否宗教之所以聚訟未決，正以他不甚合我們所說的，才招致人家疑問。換句話說；如果孔家亦合乎這結論，就不致聚訟不決了。這以見我們所說是深得宗教的本真——本來面目；而那赫克爾，倭鏗，都是要變更宗教面目的，當然不會同我們就宗教本來面目尋出的說法相合。他之不合於我們，正為我們之吻合於宗教也。他們的說法都是拿着自己意思去說的，我們純就客觀的事實為材料而綜合研尋的，其方法原不同。方法所以不同，因為我們只想知道宗教的真相，而他們則想開闢宗教。凡意在知道宗教真相的，我們的說法大約無疑問的了。至於孔教何以非宗教而似宗教，何以中國獨缺乏宗教這樣東西，與赫克爾倭鏗之徒何以立意謀宗教之闢創，俱待後面去解說。這結論分析開來可以作爲兩條—宗教的兩條件：

一，宗教必以對於人的情志方面之安慰勖勉，爲他的事務；

二，宗教必以對於人的知識之超外背反立他的根據。

這兩條件雖是從上頭一句話分析出來的，也是就客觀事實研尋出來如此，無論怎樣高下不齊的宗教所共同一致的。我們試去講明這兩個條件，然後再合起來講那一句總的。

對於人的情志方面加以勖勉，可以說無論高低或如何不同的宗教所作皆此一事，更無二事。例如極幼稚低等拜蛇拜黃鼠狼乃至供奉火神河神瘟神種種，其仙神的有無，且無從說他，禮拜供奉的後效，能不能如他所期，也不得而知。却有一件是眞的，就是他禮拜供奉了，他心裏便覺得安寧舒帖了，懷着希望可以往下生活了。這便所謂對於情志的勖勉。便是程度高了許多的大宗教，如基督教等其禮拜祈禱，喊上帝，語其眞際，也還是如此。乃至基督教所作用於託爾斯泰的，託爾斯泰所受用的基督教的，也還是如此。宗教除與人一勖慰之外，實不作別的事。此即大家所謂得到一個安心立命之處是也。在託爾斯泰固然當眞得到一個安心立命之處，得到一個新生命，而其他基督教徒也未嘗不可說是如此，在較高的宗教固然能給人一個安心立命之處，即其他若拜蛇拜鼠也何嘗不是如此呢？不過各人所懷問題不同，得到的答也不同，—情志知識的高下淺深不同，得到的安慰勖勉因之而差異，若其得安慰勖勉則無二致。在當初像是無路可走的樣子，走不下去—生活不下去—的樣子，現在是替他開出路來，現在走得下去了。質言之，不外使一個人的生活得以維持而不致潰裂橫決，這是一切宗教之通點。宗教蓋由此而起，由此而得在人類文化中佔很重要一個位置，這個我們可以說是宗教在人類生活上之所以必要。（是否永遠必要將來佔何位置下文去說）

對於人的知識作用處於超外背反的地位，可以說無論高低或如何不同的宗教所持皆此態度，更無二致。例如那蛇與鼠，在禮拜他們的，都說他們是大仙，具有特別能力。若照我們知識作用去論斷，總說不下去，他便不得立足了。所以他總要求超絕於我們知識作用之外。又如那火神爐神，我們並不曾看見，而要認他們是有，也是在超乎知識作用地方去立足。基督教的上帝，婆羅門的梵天……沒有不是如此的。無論他們的說法怎樣近情近理，他那最後根據所在，總若非吾人所與知，或為感覺所未接，或為理智所不喻。由此大家一說到宗教就離不了『超絕』同『神祕』兩個意思。這兩個意思實在是宗教的特質，最當注意的，我們試略加講說：

（一）超絕　所謂超絕是怎麼講呢？我們可以說就是在現有的世界之外。什麼是現有的世界呢？就是現在我們知識中的世界——感覺所及理智所統的世界。宗教為什麼定要這樣呢？原來所以使他情志不寧的是現有的世界，在現有的世界沒有法子想，那麼，非求之現有世界之外不可了，祇有衝出超離現有的世界才得勖慰了。那一切宗教所有的種種『神』，『仙』『帝』『天』……的觀念都應於這個要求而出現的，都是在現有世界之外立足的。因此一切宗教多少總有出世的傾向——捨此（現有世界）就彼（超絕世界）的傾向，因為一切都是於現有世界之外別闢世界，而後藉之而得安慰也。『超絕』與『出世』實一事的兩面，從知識方面看則曰超絕，從情志方面看則曰出世。

(二)神祕　所謂神祕是什麼呢？大約一個觀念或一個經驗不容理智施其作用的都爲神祕了。這只從反面去說他，他那積極的意味在各人心目中，不容說。宗教爲什麼定要這樣呢？因爲所以使他情志不寧的是理智清楚明瞭的觀察。例如在危險情境的人愈將所處情境看的清，愈震搖不寧。託爾斯泰愈將人生無意義看的清，愈不能生活。這時候只有掉換一副非理性的心理，才得拯救他出於苦惱。這便是一切神祕的觀念與經驗所由興，而一切宗教上的觀念與經驗莫非神祕的，也就是爲此了。

超絕與神祕二點實爲宗教所以異乎其他事物之處。吾人每言宗教時，殆即指此二點而說。故假使其事而非超絕神祕者即非吾人所謂宗教，毋寧別名以名之之爲愈也。此類特別處：『感覺所未接』『理智所不喩』，『超絕』『神祕』可以統謂之『外乎理知』。理智不喩的固是外乎理知，感覺未接而去說具體東西，便也是理智不喩的了。若神祕固是理智不喩的，超絕尤非理智範圍。（理智中的東西皆非東西，而相關係之一點也，超絕則絕此關係也）故一言以蔽之曰外乎理知。但理智是人所不能不信任的，宗教蓋由此而受疑忌排斥，幾乎失其文化上的位置。這一點我們可以說是宗教在人類生活上之所以難得穩帖和洽。

分言之，則『對於人的情志方面加以勖勉』與『對於人的知識作用超外』爲宗教之二條件，合起來說則固一事也。一事唯何？即前頭所標『以超絕於知識的事物謀情志方面之安慰勖勉』是已。此是一事不容分開爲情志方面之安慰勖勉其事盡有，然不走超絕於知識一條路則不算宗教；反之單是於知識爲超外而不去謀情志方面之安慰勖勉者亦不是宗教。必『走超絕於知識的一條路以謀情志方面之勖慰』之一事乃爲宗教。

所有宗教皆此一事特此一事之作法各有不同耳。或者是禮拜，或者是祈禱，或者祝頌，或者諷詠，或者清靜，或者苦行，或者禁慾或者瑜伽……種種數不盡然通可謂之一事——對於出世間（超絕於現有世界之世界，現有的世界則吾人知識中之世界也，具如上說）致其歸依而有所事爲是也。此一事作得一點則得一點之勸慰，而愈作亦愈遠現世而趣近現世之超離。故此一事吾名之曰『出世之務』。宗教者出世之謂也。宗教之爲宗教如此如此，我們並不曾有一絲增減於其間。我們既明宗教之爲物如此，夫然後乃進問：若此其物者在後此世界其盛衰存廢何如呢？我們還是要他好還是不要他好呢？我們試以前問爲主，後問爲副，而研求解答之。

若問宗教後此之命運，則我們仍宜分爲二題以求其解答：（一）人類生活的情志方面果永有宗教的必要乎？（二）人類生活的知識方面果亦有宗教的可能乎？假使不必要，而又不可能，則宗教將無從維持於永久。假使既必要，而又可能，夫誰得而廢之。此皆可兩言而決者。若其雖必要而不可能，或雖可能而不必要，則其命運亦有可得而言者。

宗教是否必要之研究

人類生活的情志方面果永有宗教的必要乎？我們要看以前曾賴宗教去勸慰的情志都是如何樣的情志，以後世界還有沒有這些樣的情志，這些樣的情志是不是定要宗教才得勸慰。倘以後沒有這些樣情志，則宗教不必要。即有這些樣的情志，雖以前曾賴宗教勸慰，却非以後定要宗教而不能變更替換者，則宗教仍爲不必要。至於以後人類生活遷異，有沒有另樣須要宗教勸慰的情志，則吾人未曾經驗者亦不欲說他。吾人唯就現有，以後仍要有，又無別種辦法者，而後說爲宗教的必要。

我們就着一般宗教徒在他正需要接受信奉宗教的時節，看其情志是怎樣的？再對着不信教的人在他拒却宗教的時節看其情志是怎樣的？結果我們看到前一種情志與後一種情志可以用『弱』『強』兩字來表別他。所有前種的人他的情志都是弱的，他總自覺無能力，對付不了問題很不得意的，……所有後種的人他的情志都是強的，他總像氣力有餘樣子，沒有什麼問題，很得意的……。大概教徒的情志方面都是如此『弱』的狀態，不過因爲問題不同，所以弱的有不同罷了。然則宗教是否卽立足於人類情志之弱的一點上呢？不是的。如此狀態有時而變的，不過當人類稚弱的時節如此，能力增進態度就改換了。雖改換却非宗教便要倒的。在以前人類文化幼稚的時期，見阨於自然，情志所繫，問題所在，只不過圖生存而已。而種種自然界的東西都是他問題中對付不了的東西，於是這些東西幾乎就莫不有神祇了。諸如天，地，山，川，風，雲，雷，雨，……的神是也。而其宗教之所務，自也不外祈年禳災之類了。一旦文化增高，知識進步，漸漸能征服自然，這種自覺弱小必要仰賴於神的態度就會改變。因爲這是一個錯誤或幻覺，人類並不弱小。（同後來征服自然最得意時節之自覺強大尊威一樣幻妄，都是一時的不能常久，記得羅素從考算天文而說人類渺小，這雖與前之出於主觀情志的『弱小』兩樣，但也不對，這怕是他們理性派的錯誤，但却非理性的錯誤，理性不會錯誤）宗教之所以在人類文化初期很盛，到了後來近世就衰微下來，所以在別的地方不受什麼排斥而翻在宗教勢強的歐洲大遭排斥，都是爲人類情志方面轉弱爲強的原故。有人以爲近世宗教的衰敗是受科學的攻擊，其實不然，科學是知識，宗教是行爲，知識並不能變更我們行爲，行爲是出於情志的。由科學進步而人類所獲得之『得意』『高興』是打倒宗教的東西，却非科學能打倒宗教。反之人若情志作用方盛時，無論什麼不合理性的東西他都能承受的。如此我們看這樣自覺弱小的情志在近世已經改變日後也不見得有了，（卽有這類對自然問題因情志變了，也不走這宗教一途）那麼宗教如果其必要只在此也將爲不必要了。但是我們看見只應於這種要求產生的宗教不必要罷了，只這種現在不必要的宗教倒了罷了，宗教並不因之而倒，因爲人類情志還有別的問題在。

雖然好多宗教都是爲生存問題禍福問題才有的，但這祗是低等的動機，還有出於高等動機的。這高等動機的宗教，經過初期文化的印度西洋都有之。（唯中國無之，中國文化雖進而其宗教仍是出於低等動機，——禍福之念長生求仙之念——如文昌呂祖之類，其較高之問題皆另走他途，不成功宗教）不過一宗教成立存在絕非一項動機，一項動機也怕不成宗教，所以很難分辨罷了。比較看去似乎還是基督教富於懺悔罪惡遷善愛人的意思，基督教徒頗非以生存禍福問題而生其信仰心者。我曾看見過一位陳先生（陳靖武先生的兒子）他本是講宋學的，後來竟奉了基督教。他把他怎樣奉教的原故說給我聽。話很長，很有味，此時不及敍。簡單厄要的說：他不是自覺弱小，他是自覺罪惡，他不是怯懼，他是媿恨，他不求生存富貴，他求美善光明。但是一個人自己沒有法子沒有力量將作過的罪惡滌除，將媿恨之心放下，頓得光明，別開一新生命，登一新途程，成一新人格——這如勇士不能自舉其身的一樣——只有哀呼上帝拔我，我才得自拔。他說上帝就在這裏，宗教的必要就在此等處。我很信他的話出於眞情，大概各大宗教都能給人以這樣的勸慰，不單是基督教。這在宗教以前所予人類幫助中是最大之一端，在以後也很像是必要。人類自覺弱小恇怯可以因文化增進而改變，但一個人的自覺罪惡而自恨却不能因文化增進而沒有了。（人類自覺生來就有罪惡這是會改變的，但一人作過罪惡而自恨，或且因文化之進而進）除非他不自恨則已，當眞自恨眞無法解救，這時他自己固不自卽自恕也，若不算數。卽他所負罪的人恕他，也都不算數。只有求上帝恕他一切，才得如釋重負，恍若上帝在旁幫他自新，才覺頓得光明。幾乎舍此無他途，或卽走他途，也絕無如是偉力神效。然則宗教的必要是否卽在此呢？還不是的。論起來，這樣的情志後此既不能沒有，而對他的勖慰，舍宗教又無正相當的替代，誠然是必要了。但這必要是假的，是出於『幻情』。明是自己勖慰自己，而幻出一個上帝來。假使宗教的必要只在這幻的上邊，也就薄弱的很了。（況且還有許多流弊危險，此處不談）然而宗教的眞必要，固還別有在。

照上邊這一例，已經漸漸感覺說話的人與聽話的人所有材料——宇宙——同不同的問題。因爲我亦曾有陳先生那樣的材料，卽我亦曾厭恨自己，幾於自殺，所以對他所說的話得少分相喻。而大家若沒嘗過這味道的，就有難得相喻之感。但這還非難的例，如那某時期之託爾斯泰之宇宙便非我們大家一般人所有的了。（如有託爾斯泰的宇宙其人便一託爾斯泰）在那時他覺得『人生無意義』。雖然這五字你也認識，他也認識，彷彿沒甚難解，其實都並不解。這五字不過是一符號喚起大家的『人生無意義』之感罷了，大家若沒有此感，便如與瞎子說花怎的美觀，簡直不能相喻的。然聰明人多情多欲的人多有此感，不過有強弱淺深之差。現在不管大家相喻到如何，姑且去說就是了。在託翁感覺人生無意義時節，他陷於非常之憂惱痛苦，不定那一時就會自殺。却一旦認識了基督，尋到了上帝，重復得着人生意義，立時心安情慰而勉於人生。差不多同已死的人復得再生一般。這非宗教之力不及此。然則宗教的必要，就在對付這類問題的麼？誠然宗教多能對付這類問題，而且有從這類問題產出的宗教。然還不定要宗教。這類問題——人生空虛無聊，人生究竟有何意義——也可徑直走入否定人生一途，也可仍舊折回歸還到勉於人生。由前一途其結果固必為宗教或長生的出世法如道教及印度幾外道，或無生的出世法如佛教及印度幾外道。由後一途其結果則不必為宗教如託翁所為者，盡可於人生中為人生之慰勉，如孔家暨後之宋明儒皆具此能力者也。（關於孔家者後邊去說）並且我們很可以有法子保我們情志不陷於如此的境地，則宗教尤其用不着了。原來這樣人生空虛無意義之感，還是一個錯誤。這因多情多欲，一味向前追求下去，處處認得太實，事事要有意義，而且要求太強，趣味太濃，計較太盛。將一個人生活的重心，全挪在外邊，一旦這誤以為實有的找不着了，便驟失其重心，情志大動搖起來，什麼心腸都沒有了。只是焦惶慌怖，苦惱雜集，一切生活都作不下去。在這茫無着落而急求着落的時候，很容易一誤再誤抓着一個似是而非的東西，便算把柄，如託翁蓋其例也。在生活中的一件一件的事情，我們常辨別他的意義，評算他的價值，這因無意中隨便立了個標的在，就着標的去說的。這種辨別評算成了習慣，挪到根本的人生問題，還持那種態度，硬要找他的意義價值結果，却不曉得別的事所以可評算，因他是較大關係之一點，而整個的人生則是一個獨絕，更不關係於較大之關係，不應對之究問其價值意義結果之如何。始既恍若其有，繼則恍若其無，旋又恍若得之者，其實皆幻覺也。此種辨別計較評算都是理智受了一種『為我的衝動』在那裏起作用。一個人如果盡作這樣的生活，實是苦極。而其結果必倦於人生，會要有人生空虛之感，竟致生活動搖，例今之羅素輩皆知此義。若於生活中比較的憑直覺而不用理智當可少愈，而尤莫妙於以理智運直覺使人涵泳於一『直覺的宇宙』中。凡倭鏗所謂精神生活，羅素所謂靈性生活皆目此也（按兩家於英語皆爲 The life of spirit 字樣而說法不盡同，時下譯家對前多譯稱精神生活，對後多譯稱靈性生活，有個分別也好。）又若諸提倡藝術的人生態度者，或提倡藝術生活者，或提倡以美育代宗教者，（此說之安否另議）其所傾向蓋莫不在此也。此其說過長，不能詳論。我們且只說此種傾向幾爲今日大家所同，而且很可看清改造後的社會，那時人確然是這樣生活無疑。這樣生活作去，宗教當眞有措而不用之勢，並非這樣生活太美滿，沒有什麼使情志不寧的問題，是我與宇宙融合無間，要求計較之念銷歸烏有，根本使問題不生也。什麼人生有意義無意義，空虛不空虛，短促不短促，他一概不曉得。這時是將傾欹在外邊的重心挪了回來，穩如泰山，全無動搖。因此而致情志動搖者既沒有，即無待宗教去勖慰，使宗教之必要在此，宗教將爲不必要了。然宗教之必要固不在此，而別有在。

我們尋繹少年中國學會田漢君曾慕韓君爭論宗教的信，他意思裏所隱約指的宗教的必要，是能令我們情感豐富熱烈，而生活勇猛奮發。我們看差不多大家都認悲憫愛人的懷抱，犧牲一己的精神，是宗教家的模樣。這有沒有相連的關係呢？似乎是有的。這種特殊的懷抱與精神，實出於一種特殊的宇宙觀—不由理智的而爲非理性的神祕的宇宙觀。因他這種宇宙觀是宗教式的宇宙觀，所以多半是宗教家纔得有此了。既然宗教家纔得有此，此而必要，亦即宗教的必要了。我們看見有這種懷抱精神的人，他的生活很活潑奮發而安定不搖，可以說於他自己很必要的，而這樣人於人羣也很必要的。然則宗教的必要是不是在這裏呢？這實非必要。我們覺得單就個人看，人的生活活潑奮發與溫愛的態度是必要的，若『悲憫』『犧牲』和田君所說的『白熱』似無必要。而生活活潑奮發與溫愛的態度非必宗教纔能給我們，這是很明白的。若就人羣來看，雖然在現在我們很提倡悲憫，犧牲，熱情，却恐一旦社會用不着。都因社會有病，社會制度不良，或者文化低時人力不能勝天行，才需要這樣人。但這非長久如此，故爾救人的人，殊非永遠的必要。假使宗教的必要不過如此，則宗教便也不得長久了。然宗教的必要固別有在。

宗教之眞必要所在

這一個個必要的鑑定也不能很詳盡，我現在可以把宗教的眞必要告訴大家了。這個話說出來似也不希奇，却待細細批評過方曉得只有他是眞的。從這眞的必要纔產出眞的宗教，宗教之眞，直到此纔發現。這便是印度人——尤其是數論和佛教——所問的問題。我們看小乘經（如佛本行集經等）上邊敍說佛當初是爲什麽出家，那就是代表本來的佛教是應於那種要求而起的。（所以說作「本來的佛教」是因大乘教便稍不同，但我並不說大乘是後來纔有的。）照那經上的話大約可分作兩種問題，却有一種是尤常常說的，均略爲講明如下：

經上敍說佛未出家時發見了人生上的問題，使他心動情搖，屏去左右，思維莫釋，約計有四次。頭一次略敍云：

太子出遊，看諸耕人，赤體辛勤，被日炙背，塵土坌身，喘呷汗流。牛縻犂端，時時捶掣，犂稿研領，鞅繩勒咽，血出下流，傷破皮肉。犂揚土撥之下皆有蟲出，人犂過後，諸鳥雀競飛吞啄取食。太子見已，生大憂愁，思念諸衆生等有如是事。語諸左右悉各遠離，我欲私行。卽行到一閻浮樹下，於草上跏趺而坐，諦心思維，便入禪定。以後第二次便是於城東門遇老人，第三次是於城南門遇病人，第四次是於城西門遇死人，每次有遇皆屏人默坐，慘切憂思，不能去懷，大約便都是問題所在了。這四次中頭一次是一種問題，後三次是一種問題。頭一次的問題意思是說『衆生的生活都是相殘』所以數論和佛教皆持慈悲不殺之義，不肯食肉。（由戒殺故不食肉，並不包在不吃葷範圍內，葷謂葱等之屬。）並且正在生機活潑欣欣向榮的菓蔬也不肯割採，只吃那老敗的。（此說偶忘其何出）差不多是他對着這樣殘忍的事，他心裏便疼一樣。他這個疼便是你大家所沒有的感覺，所以感覺不到的材料，卽便去點明也還不喻的。像這衆生相殘的世界是他所不能看的，但是我們能想像世界衆生會有不相殘的一天麼？這明明是不可能的。連自己的生活尚不免於殘傷別物，那鳥獸蟲豸本能的生活怎得改呢？那麼，這樣世界他就不能一日居，這樣生活他就不能往下作。他對於這樣生活世界唯一的要求就是脫離。我們試鑑定剖析他這種痛感或有沒有錯幻之處？有沒有可以安慰之法？後此世界能不能使他不生此感？他實在沒有錯幻之點可指，他出於吾人所不能否認之眞情，頂多說他要求過奢罷了。但這由我們的情有所未至，對於他的情感不相喻，所以拿理智來評算情感，說這種隔膜無當的話。其實他這種的感是無可批評的，只有俯首承認。並且這個是全無安慰之法的，客觀的局面固無法改變，主觀的情志亦無法掉換轉移。對於別種情志不寧時所用的轉移方法，如所謂使人涵泳於一『直覺的宇宙』中者，至此全不中用。這個痛感便是直覺，（一切情感俱屬直覺）正以他出於直覺，而且不攙理智之單純直覺所以不可轉移不能駁回。若問他於後此世界如何？我們可以很決斷不疑的明白告訴你，這種感情頂不能逃的莫過於改造後的世界了！因爲後此人類的生活之尙情尙直覺是不得不然，這對以前固爲一種糾正補救，而其結果適以爲後來之自殺！（幷且我們很看淸楚那時所尙幷非浮動激越走極端的感情，而是孔家平穩中和的感情，但其結果皆適以自殺。）就是說人類陷於非生此感不可之地步，引入無可解決之問題以自困也。所以吾人對此只有承認其唯一『脫離』之要求不能拒却。宗教自始至終皆爲謀現前局面之超脫，然前此皆假超脫，至此乃不能不爲眞超脫眞出世矣。宗教之眞於是乃見，蓋以宗教之必要至此而後不拔故也。

然上面之一問題不常說，其常說者爲後三項老，病，死之問題。所以我們去講說印度人的問題時節亦常常只說這三項便好。這三項爲一種問題，即『衆生的生活都是無常』是也。他所謂老，病，死不重在老，病，死的本身。老固然很痛苦的，病固然很痛苦的，死固然很痛苦的，然他所痛苦的是重在別離了少壯的老，別離了盛好的病，別離了生活的死。所痛在別離即無常也。再節經文：

太子駕車出遊，……旣又出城西門見一死屍。衆人輦行，無量姻親圍繞哭泣，或有散髮，或有槌胸，悲咽叫號。太子見已，心懷酸慘。還問馭者，馭者白言，此人捨命，從今以後不復更見父母兄弟妻子眷屬，如是恩愛眷屬生死別離更無重見，故名死屍。一切衆生無常至時，等無差異。太子聞已，命車回宮，默然繫念如前。終於城北門更見比丘，鬚髮畢除，著僧伽黎，偏袒右肩，執杖擎鉢，威儀肅整，行步徐詳，直視一尋，不觀左右。太子前問。答言我是比丘，能破結賊，不受後身。太子聞說出家功德，會其宿懷，便自唱言：『善哉！善哉！天人之中此爲最勝，我當決定修學是道。』時年十九，二月七日，太子自念出家時至。於是後夜中內外眷屬悉皆昏睡，車匿牽馬，踰城北門而出。爾時太子作師子吼：『我若不斷生老病死憂悲苦惱，不得阿耨多羅三藐三菩提，要不還此！』

這是頂能代表他們的問題之一段話，但問題固不止一件。他們覺得好多事情不願看，不忍看見。比如看見花開得很好看，過天看見殘落了，此爲最難過最不忍的時候。覺得沒法想！昨天的花再也看不見了！非常可慟的過不去。又如朋友死了，父母妻子恩愛家庭的人死了，眞痛煞人！覺得不能受，我不能再活着！或者幼時相聚的人，一旦再見老了，要想恢復以前幼時樂境不可能了！恨煞人！或者看着親愛的人乃至餘人，病苦宛轉，將如何安慰他才好？急煞人！尤其是看見別人爲其親愛病苦而着急時候，或看見別人爲其親愛之死而哀痛時候——如佛之所見——覺得實在難過不忍。我如何能叫死者復活以安慰他纔好？我怎麽能夠將世間的老病死全都除掉，永不看見！若這樣的世界我則不能往下活！那麽唯一的歸向只有出世。

我們試來鑑別，像如此的情感要求，有沒有錯幻之處。大家要留意，他們印度人這種怕老病死，與中國人的怕老病死很不同。從印度式的怕老病死產出了慈悲勇猛的佛教。從中國式的怕老病死，產生了一般放浪淫樂唯恐不遑的騷人達士，同訪藥求仙的修鍊家。都因根本上當初問題大有不同的原故。中國總是想：『一個人不過幾十年，頂多一百年的活頭，眼看要老了！要死了！還不趕快樂一樂麽！』或者『還不想個長生不死的法子麼？』你看自古的文藝如所謂詩，歌，詞，賦所表的感情何莫非前一種；而自古以來的本土宗教如所謂方士，道家者流，其意向何莫非後一種呢？像這樣的感想姑無論其可鄙，實在是錯謬不合。他的錯誤始則是誤增一個我，繼則妄減一個我。『我』是從直覺認識的，（感覺與理智上均無『我』。）但直覺只認識，無有判斷，尤不能區劃範圍（感覺亦爾）判斷區劃，理智之所事也，而凡直覺所認識者只許以直覺的模樣表出之，不得著為理智之形式。現在他區劃如許空間如許時間為一範圍而判立一個『我』；又於範圍外判『我』不存；實誤以直覺上的東西著為理智之形式也。質言之，『我』非所論於存不存，更無範圍，而他全弄錯了，且從這錯的觀念上有許多試想，豈不全錯了麼！（此段話從認識論來，莫輕忽看過。）印度人的感想則全與此不同，中國人是理智的錯計誤慮，而印度人則直覺的真情實感也。印度人之怕死，非怕死，而痛無常也。於當下所親愛者之死而痛之，於當下有人哀哭其親愛之死而痛之，不是於自己未來之死而慮之，當他痛不能忍的時候，他覺得這樣世界他不能往下活，誠得一瞑不顧者，彼早自裁矣。但怕死不了耳，死了仍不得完耳。死不是這樣容易的，必滅絕所以生者而後得死，所以他堅忍辛勤的求出世，即求死。彼非怕死，實怕活也，與中國之慮死戀生者適得其反焉。故道家之出世，寧名之為戀世，此輩自慮其死者，蓋全不怕這些年中會要看見幾多他人之死；於朋友之死，於所親愛者之死，想來都是不動心的了！何其異乎印度人之所為耶？故一為寡情，一為多情，其不同有如此者，不可不辨也。寡情故運理智而計慮未來，多情故憑直覺而直感當下。此種真情實感吾人姑不論其可仰，抑亦無從尋摘其知識上之疵斑。還有一層，情志之從理智錯計來者可以駁回轉易，中國人凡稍得力於孔家者，便可不萌此鄙念。而情志之從直覺的實感來者，全不能拒却轉易。質言之前者是有法可想的，後者乃全無辦法也。而客觀一面亦復絕對無能改變。子無謂科學進步可以征服天行也。宇宙不是一個東西而是許多事情，不是恆在而是相續，吾儕言之久矣。宇宙但是相續，亦無相續者，相續即無常矣。宇宙即無常，更無一毫別的在。而吾人則欲得宇宙於無常之外，於情乃安，此絕途也。吾固知若今日人類之老病死可以科學進步而變之也；獨若老病死之所以為老病死者絕不變，則老病死固不變也。若問後此世界此種印度式情感將若何？我們可以很決斷不疑的明白告訴你，那時節要大盛而特盛。我且來不及同你講人類生活的步驟，文化的變遷，怎樣的必且走到印度人這條路上來。我只告訴你，這不是印度人獨有的癖情怪想，這不過人人皆有的感情的一個擴充發達罷了。除非你不要情感發達，或許走不到這裏來，但人類自己一天一天定要往感覺敏銳情感充達那邊走，是攔不住的。那麼這種感想也是攔不住的，會要臨到大家頭上來。我告訴你，你莫以為人類所遇到的問題，經人類一天一天去解決，便一天從容似一天，所謂問題的解決，除掉引入一更難的問題外，沒有他義，最後引到這個無解決的問題為止。除非你莫要去解決問題，還可以離得這頂困厄的問題遠些，但是人類一天一天都在那裏奮力解決問題，那是攔不住的。那麼這個問題便眼看到我們前面了，我們遇到這種不可抗的問題沒有別的，只有出世。即是宗教到這時節成了不可抗的必要了。如此我們研尋許久，只有這一種和前一種當初佛教人情志上所發的兩問題，是宗教的真必要所在，宗教的必要只在此處，更無其他。

從上邊最末所指出的這種必要，我們可以答第一條的問：宗教是有他的必要，幷且還是永有他的必要，因

宗教是否可能之研究

爲我們指出的那個問題是個永遠的問題，不是一時的問題。蓋無常是永遠的，除非不生活，除非沒有宇宙，纔能沒有無常；如果生活一天，宇宙還有一天，無常就有，這問題也就永遠存在。所以我們可說宗教的必要是永遠的，我們前頭說過宗教卽是出世，除非是沒有世間，纔沒有出世，否則你就不要想出世是會可以沒有的。

人的情志方面，固是常常有出世的這種傾向——宗教的要求——但是因這種傾向要求的原故，必致對於知識方面有叛離之勢。前頭我們講『超絕』『神祕』的時候，已經說明這個道理。這種叛離之勢，知識方面自然是不容許，他是拒絕這種超絕的要求，反對神祕的傾向，而要求一切都在知識範圍裏，沒有什麼除外。這兩種傾向要求既然如此的適相衝突，而人的生活是一個整的，統一的，不能走兩個方向的。假使這兩個方向都是不應否却的，那麼豈不是要強他分裂爲二？但是兩下裏只能迭爲起伏的爭持，却是絕不會分裂爲二的。他只有三條道：

(一)情志方面的傾向要求得申，而知識方面的被抑；

(二)知識方面的傾向要求得申，而情志方面的被抑；

(三)於二者之間有個眞正的妥協，卽是走出一條二者並得申達而不相礙的路。

現在要問的就是第三條路走得出來走不出來。走得出來，宗教就可能；走不出來，而只能走前兩條路，宗教就是不可能。第二條宗教的要求被抑，固然不成功宗教；就是第一條雖然成功宗教，却是一時假立的，還要翻下來的；所以這兩條路的結果都是宗教不可能。而偏偏現前這許多宗教同一般人的宗教信仰，幾乎都是走

第一條路而成功的，就是說，情志方面占了上風，知識退避被抑，糊糊塗塗的妥協而來，因這並非是眞妥協，一旦感情冷靜知識翻身，宗教就好像要倒下的樣子，所以大家就疑慮宗教是不可能的了。我們因此要問：人類生活的知識方面果亦有宗教的可能嗎？

這現前大家所看見的同一般人的宗教信仰，使得大家心目中有了一個宗教的格式：一則宗教信仰是不容你以常理推測批評的；二則所信仰的都尊尙絕對，而且能力特別大或無限，人要仰賴他；三則宗教對人都有很大束縛力，不容你同時再信仰別的，你要遷移改變也很難。這三條總起來，他一致的歸結就在詘抑人類的自己個性。蓋都爲人有所不知——對外面的宇宙或自己的人生——而宗教家造出個說法來解答他，這個解答在平時不見得就相信的，却是在情志不寧時有那疑問，就很容易的信受了，並且奉行他的教訓。宗教家原與信教的人在同一程度的社會，從這種程度的社會生出疑問還不過這個社會自己去答，所以他這個解說原非出於眞的知識，自然要以常理不測爲遮攔，這個遮攔的承受就是上邊所謂知識方面的傾向要求被抑，也就是人的自己個性被詘抑。不可單看作知識被抑，實整個的自己被抑；知識方面原無所謂抑不抑，所抑者是傾向要求傾向要求實自己也，個性也。人當情志不寧的時候，總要得所歸依，夫然後安，所以宗教都建立一個主宰，他們就一心託命了。這一心託命，自然又是人的自己的一個詘抑。他那不許懷貳，一面也是宗教的自固，一面還是安定人心，而人受他這種束縛，自然又是一個詘抑。這差不多是從許多小宗教一直到基督天方的一定格式，其間所差的不過在所不知的頗兩樣罷了：

一種所不知的不是當眞不可知，祇是他們知識沒到而已；那麼，他這種的『神祕』『超絕』『外乎理知』就算不得什麼神祕超絕，外乎理智。例如那些雜亂崇拜許多神祇的，其神祇的存在和他的性質能力，都有超越世間之外，同非尋常道理所能測的意味，便是這類宗教所要求的『外乎理知』所在。但就事實去看，這類的『外乎理知』都是由於人有所不知而拿他所有的知識去造出來以應他情志方面的需要。譬如當初的人，不知打雷下雨是怎麼回事，於是就著他已有的知識去下解釋，說是有同人相仿的這麼一種東西，就是所謂神者在那裏做這件事情。所以你去看他那說法，他那所由造成的材料，總不出原有的知識範圍，如說雷響是打鼓……。他那關係總在他的正需要上邊，如科舉時代拜文昌，他爲衝開他現有的世界的狹迫，他就闢造這個，使情志有活動的餘地。這是很顯然的。他不得不拒絕別人本乎知識的批評而傾向於『外乎理知』一面，却又仍舊適用知識的形式，成爲一個觀念，同一片說辭，竟還以『外乎理知』這個東西納於理智範圍，自相謬戾，不知其不通。所以這種的『外乎理知』，只是知識的量不豐，理智未曾條達而有一種自相謬戾的現象。既沒有他所目爲『外乎理知』的事實，而且『外乎理知』也不成其『外乎理知』。等到知識增進，於向所不知者而知道了，那麼，當初的所謂『外乎理知』，也隨卽取銷了。像這類的宗教，其爲走第一條路而成是不消說的。

一種所不知的是當眞有一分不可知的在內，並不能以知識量數的增進而根本取銷他的『外乎理知』。例如信仰惟一絕對大神如基督教天方教之類，其神之超出世間，迴絕關係，全知全能，神祕不測，就是他所要求的『外乎理知』之所在。這實在是比以前那種『外乎理知』大不相同，進步多了。但我們就事實考之，也還是因人有所不知而就著所有的知識去構成的，以應他自己情志方面的需要。不過這所不知者，却是宇宙的，人生的根本究竟普遍問題，與前不同罷了。譬如對於一切生命不知道他從何而來，忽生忽死，遭禍得福，不由自己，不知道何緣致此，便去替他下解釋而說爲有上帝——造物主——了。緣這類的根本究竟問題，無論知識如何增進，得到許多解答而始終要餘不可知的一分。斯賓塞在他的『第一原理』第一二三四章中講最明白可以拿來參看，此不多說。因爲這種問題含有不可知的一分在內，所以在這種問題上闢造一說以爲解答而主張其爲『外乎理知』，以拒絕人之批評時，可以悍然若有所恃，而在旁人也很難下批評似的。故此這類絕對大神教，佔的年限很久，不輕容易倒下來，即或知識進步，仍舊不足以顛覆他不能完全取消他，因爲始終餘有不可知的一分的緣故。這不是知識的量增加所能革除的，這必待理智條達，認識論出來，把知識本身是怎麽一回事弄明白了，方能使他自鏡其失。譬如基督教所謂上帝六日造世，聖母瑪利亞童貞受胎等等一些話，知識進步，宗教家自己也收起來不說了。但所取銷的只不過宗教中關於上帝的一篇說辭，至於上帝本身尚非容易取銷的。而且因爲這一層一層把說辭剝掉，和人的心思日巧的原故，這個神的觀念由實入虛，由呆入玄，別有所謂神學，形而上學，來作宗教的聲援護符，宗教更不易倒。然而等到哲學上大家來酌問形而上學的方法的時節，雖然對於所不可知的一部分——宇宙之本體，已往的緣起，此後之究竟等等——仍是不能知道，但是宗教神學，形而上學對於這些問題皆爲胡亂去說，却知道了。於是到此際無論怎樣圓滑巧妙，也不能夠再作宗教的護符，而途窮路絕了。此類宗教其當初立足是在第一條路也不消說了。

宗教的眞可能所在

大家因爲看見宗教如此，就料定宗教無法圖存，其實不然。你們要曉得世界宗教最盛且多又發達最高明的是在印度；你們於印度宗教並不曾加意，而尤於其最高明之佛教還完全隔膜，莫明其妙，而所見不出基督天方之屬，則何足以衡論乎！這個不同所在大約因爲印度人的宗教動機是與別的地方兩樣。別的地方多半是情志怯弱，所以其結果必至詘抑個性；印度人多半不是想有所仰賴託命而是堂堂正正要求出世——他們叫做『還滅』——很不容易就信受宗教家的無理解說，而要討論辯難，其人的個性是很申展的，絕不得以他方爲例。從這論難，所以產出哲學和他的論辯術。而哲學所究討得的他就拿去實行，因他原是爲實行而究討的；所謂實行，即種種苦行瑜伽之類，這些都是因其思想而各不同的；及至修證有得，則又宣諸口，還以影響於思想。他是即宗教即哲學；即哲學即宗教的。這種情形他方那裏有呢？他因此之故，竟可以有持無神論的宗教；這在西方人聽了要不得其解的。數論，佛教反對宇宙大神的話很多很明白，詳印度哲學概論。就是其他如勝論宗，尼耶也宗，瑜伽宗等其有神無神也都難定，即神的觀念不廢，也不是他哲學中的重要觀念。雖然如此，印度的許多宗教還是在人類知識方面說不過去的，惟一無二祇佛教是無可批評確乎不拔的。因爲這許多宗派無論如何高明，却仍不出古代形而上學模樣，對那些問題異論齊興，各出意見；其無以解於妨難而不能不倒，蓋不待細說了。惟佛教大大與他們兩樣：蓋他們都要各有所說，而佛教在小乘則雖有所說却不說這件事，在大乘則凡有所說悉明空義，且此空義蓋從確實方法而得，空義，佛教之所獨也，自佛而外，無論印度乃至他方，無不持有見者，則其所見，悉不能安立。形而上學實應空一切見。此空一切見，在西方人亦稍稍見及之例如斯賓塞所論『知識之相對性』布來得雷所論『現象與本體』之類；又後世吠檀多大師商羯羅亦能爲此言。然此固猶一見解，於空尙隔萬重山也。佛家之空，殆殊非空，現量所得，寧曰『實相』這就是前面所敍唯識家的方法，於不變而緣的根本智中實證眞如，待後得智中重現身土，乃爲諸有情說出來的。這時候得到一個巧合，就是『外乎理知』實成其爲外乎理知而又不外乎理知：於情志方面外乎理知的傾向要求固然申達，而又於知識方面之不容超外的傾向要求也得申達，互不相礙。何以故？所論外乎理知原不單是神祕而且重在超絕。在一般人替宗教解除知識方面之批評困難的時候，就想把宗教上的觀念和經驗都歸到直覺而說宗教是屬於直覺範圍的，理智不應來批評。這祇有相當的是處，好多宗教固是依靠直覺的；但宗教中佔最重要的地位的印度幾種宗教却與此相反而排斥直覺；而且就是那依靠直覺的宗教，你提出直覺來也祇能圓成他的神祕，不能圓成他的超絕；但宗教實不能離超絕一義的。像那改超神爲汎神，改求天國於他世爲闢天國於此世，和今日倭鏗心中的宗教，自然差不多不外乎直覺，但這不能算數，因爲他們是剷去超絕，收回出世，祇餘下現世神祕意味的假宗教。出世傾向是宗教的本來面目，非尋覓出超絕的根據，出世就爲不可能，宗教就爲不可能。尙用直覺體會神祕，此宗教與藝術之所同也，宗教所獨，實在超絕，然超絕實無論如何不能逃理智之批評而得知識方面之容納。今佛家此方法乃得其解決之道，而所謂出世，所謂宗教，今日乃得其解。唯識上說根本智云：『此智遠離所取能取故，說名無得及不思議，是出世間無分別智。斷世間故名出世間。二取隨眠，是世間本。唯此能斷，獨得出名，』蓋一個感覺卽自現一影象，所謂現前世間卽在於此，遂若世間不出現前，以不能超感覺而有故也。欲超現前必超影象，然何有非影象者，於是超絕爲妄想。惟此根本智實證眞如遠離能所取，才沒有影象，乃眞超出現前了。所以他說什麼叫『出世』呢？祇此斷了世間根本的二取隨眠的根本智或名無分別智實證眞如的時節纔能叫作『出世』。世間之所以爲世間在能所對待，出世之所以爲出世在斷能所而成一體，此不可不識也。眞如之體不屬世間，知識不及，是爲超絕，而又現量所得，初亦不妨說爲仍在知識範圍。眞如絕對，概念作用所不能施，是爲超絕，而後得智與納之名言，權爲人說，又不妨屬諸知識範圍，雖表諸名言而隨表隨遮不壞其絕對，如斯善巧，兩面俱圓，頃所謂『外乎理知』實成其爲外乎理知而又不外乎理知者此也。宗教於是可能，於是安立。

宗教者出世之謂也，方人類文化之萌，而宗教萌焉，方宗教之萌而出世之傾向萌焉。人類之求生活傾向爲正，爲主，同時此出世傾向爲反，爲客。一正一反常相輔以維繫生活而促進文化；生活走一步，文化進一步，而其生活中之問題與其人之情志知識所變現於其文化中之宗教亦進一步。宗教實與文化俱進，而出世傾向亦以益著，此不可掩者也。但走至中途亦有變動，譬之近世若無事宗教者。此由知識方面以方法漸明而轉利，有可批評之點，悉不能容；又情志方面以征服自然而轉強，無須仰賴他方之安慰勗勉也。然此皆一時之現象，不久情志方面之不寧將日多日大日切，因爲到後來人類別的問題都解決的時候，就是文化大進步的時候，他就從暗影裏現到意識上，成了唯一的問題。我們當奔走競食的時節，問不到很高的問題，像前面所敍託爾斯泰以及印度人所問的。必要低的問題──生活問題──都解決了，高的問題纔到了我們眼前。所謂低的問題都解決的時候非他卽理想的改造後之社會也：到那時候人類文化算是發達的很高了，則其反面的出世傾向也就走到他的高處。我們在第三章中曾列舉人類生活有可滿足的，不定得滿足的，絕對不能滿足的三次第問題。人類是先從對於自然界要求物質生活之低的容易的問題起，慢慢解決移入次一問題，愈問愈高，問到絕對不能解決的第三問題爲止。我們試看印度人——尤其是原來的佛教人——所問的問題，不就是第三問題嗎？他要求生活而不要看見老病死，這是絕對做不到的，別的問題猶可以往前奮鬬，此則如何？他從極強的要求碰到這極硬的釘子上，撞到一堵石牆上，就一下翻轉過來走入不要生活一途，以自己取銷問題爲問題之解決。此非他，卽我們前面所列人生之第三路向是。第三路向是違悖生活本性的，平常生活中用不著，凡沒有這着問題而用他，都是無病呻吟，自爲錯謬。惟第三問題要用第三路向，惟第二問題要用第二路向，惟第一問題要用第一路向。西洋人蓋走第一路向而於第一問題大有成就者；而印度人則走第三路向而於第三問題大有成就者——成就了宗教和形而上學。

印度文明之所由產生

但是我們怎麼能說印度人是文化發達最高的呢？印度文化種種方面尙在幼稚，是大家知道的，不能否認；但是他文化雖未發達到高處，却是和文化發達到高處有同樣的境地；這就是說他對於低的問題雖未解決而像解決一樣。大約印度當時因天然賜予之厚，生活差不多不成問題，他們享有溫熱的天氣，沃腴的土地，豐富的雨量，果樹滿山，穀類徧地，不要怎樣征服自然才能取得自己的物質需要，而且天氣過熱也不宜於操作；因此飽足之餘，就要來問那較高的問題了。大家都以爲印度人沒法生活才來出世，像詹姆士所說：印度人膽小不敢奮鬬以求生活，實在閉眼瞎說！印度人實在是極有勇氣的，他們那樣堅苦不撓何嘗不是奮鬬，不過其心思精力所注都在精神方面，而在深山之中樹林之下去做他那種精神生活罷了。印度文明之產生在此。在今日他這種文明的價值，成績，我們因爲還隔的遠不容易認識估計，却是我們想他們從古以來那麼許多人來走這一條路，走了這麼許多年，他所走出去的一定很遠，不過因爲我們還不曾有他的問題更看不到那條路—出世的路—所以就是睜着眼來看他也看不見究竟走出多遠。祇有那殘留的印度典籍如佛教藏經，外道各宗的經書，其量數之鉅是見於外面的一點痕跡！

中國哲學之情勢

我們對於印度文化在精神生活方面的成就大概的說過了，現在要來觀察中國文化的這一面情形。中國文化在這一面的情形很與印度不同，就是於宗教太微淡，我們曾經說過。因此中國的宗教沒有什麼好說的而在他文化裏邊頂重要的似乎是他那無處不適用的玄學—形而上學。那麼我們就來試看他的形而上學如何。我在前邊講過形而上學這個東西自西洋人痛下批評後，幾乎無法可講，如果不於其批評外開闢方法，那麼，不論講得怎樣，都是不值一錢。印度的佛家，如我們所觀察，似乎算得自己開闢出一條路來的，然則我們就要問：中國的形而上學是否與他方古代形而上學一樣陷於西洋人所批評的錯誤，還是另有好方法呢？他這方法與印度的是一樣，還是各別呢？我們仔細審量後，可以說中國並沒有陷於西洋和印度古代形而上學的錯誤，亦與佛家方法各別不相涉。他是另自成一種形而上學與西洋印度的全非同物，我已在表內開列明白。有許多人因爲不留心的結果，不覺得這三方的形而上學有什麼根本的不同，就常常誤會牽混在一處來講。譬如章太炎，馬夷初，陳鍾凡諸位都很喜歡拿佛家唯識上的話同中國易經，莊子，來相比附；說什麼乾坤就同於阿賴耶識，末那識，一類的話。這實在是大大的錯誤！大約大家都有一個根本的錯誤，就是以為人類文化總應該差不多，無論他是指說彼此的同點，或批評他們的差異，但總以為是可以拿着比的。其實大誤！他們一家一家——西洋，印度，中國——都各自為一新奇的，穎異的東西，初不能相比。三方各走一路，殆不相涉，中國既沒有走西洋或印度那樣的路，就絕對不會產生像西洋或印度的那樣東西，除非他也走那路時節。你們如果說中國形而上學的某某話，就是印度佛家唯識的某某話，那我就請你看中國人可曾有印度人那樣奮力齊奔於人生第三路向嗎？如果你承認不曾有，那麼印度形而上學在中國何從產生出來！即使他們所說的話儘管相似到十分，如果根本不同時，就不得算同，不得相比。據我所觀察中國的形而上學與西洋和印度的根本不同，可分兩點去說：

（一）問題不同　中國形而上學的問題與西洋，印度，全然不同，西洋古代和印度古代所問的問題在中國實是沒有的。他們兩方的問題原也不盡同，但如對於宇宙本體的追究，確乎一致。他們一致的地方，正是中國同他們截然不同的地方，你可曾聽見中國哲學家一方主一元一方主二元或多元；一方主唯心，一方主唯物的辯論嗎？像這種呆板的靜體的問題，中國人並不討論。中國自極古的時候傳下來的形而上學，作一切大小高低學術之根本思想的是一套完全講變化的——絕非靜體的。他們祇講些變化上抽象的道理，很沒有去過問具體的問題。因為這問題不同的原故，其情形因也不同，他們僅祇傳習講說而很少爭辯，分開黨派,各提主張,互相對峙的。雖然一家文化初起的時候,因路向尚無定,思想向各方面發展,種種都有一點萌芽,中國也許間或有些與印度西洋相似的,譬如老子所說的『有物混成先天地生』似很近於具體。但老子的道理終究不在靜體,他原亦出於古代的易理——『歸藏』——而講變化的。況且祇萌露這一點總不能算數,若因爲這類的相似,就抹煞那大部分的不同,總不應該。你不要把中國的金,木,水,火,土,五行,當作印度地,水,火,風,四大一樣看:一個是表抽象的意味,一個是指具體的物質,並不能牽混爲一的。

(二)方法不同　中國形而上學所講,既爲變化的問題,則其所用之方法,也當然與西洋印度不同。因爲講具體的問題所用的都是一些靜的,呆板的概念,在講變化時絕對不能適用,他所用的名詞,祇是抽象的,虛的意味。不但陰陽乾坤只表示意味而非實物,就是具體的東西如『潛龍,』『牝馬』之類,到他手裏也都成了抽象的意味,若呆板的認爲是一條龍,一匹馬,那便大大錯了。我們認識這種抽象的意味或傾向,是用什麼作用呢?這就是直覺。我們要認識這種抽象的意味或傾向,完全要用直覺去體會玩味,才能得到所謂『陰』,『陽』,『乾』,『坤』。固爲感覺所得不到,亦非由理智作用之運施而後得的抽象概念。理智所製成之概念皆明確固定的,而此則活動渾融的也。

從上面所說看來,可見中國的形而上學,在問題和方法兩層,完全同西洋人印度人兩樣。在西洋古代合印度的幾外道所講的都是靜體問題,而因爲方法的不講求,所以陷於錯誤。以後再談那類形而上學,都要提出新方法纔行。至於中國的形而上學全然不談靜體,並且所用的方法也與西洋印度不同,所以近世批評形而上學可講不可講與方法適用不適用的問題，都與中國的形而上學完全不相干涉。我們上面所說的兩點實在甚關重要，如果不能認淸，我們沒有法子說中國形而上學可以站得住。如果一個不小心，就錯謬的要不得大約古來弄錯的人也很不少，所以我們頗看見有人注意加以針砭。我記得陳淳很辨別太極兩儀非物之一點；又偶翻到宋元學案裏邊有許白雲答人問的話，大概的意思，是說，太極兩儀都不過是一個意思，周濂溪就慮人不明白要以太極爲一物，所以加無極在上邊，然至今猶有人以兩儀爲天地者，這實在大大不可；太極是理，陰陽是氣，理與氣與形是不能混的，合起來說固然形稟氣而理具氣中，分之則形上形下不可以無別也。他這個話非常之對，中國學術所有的錯誤，就是由於方法的不謹，往往拿這抽象玄學的推理應用到屬經驗知識的具體問題；如中國醫學上講病理藥性其方法殆多不合。並且除掉認請這些地方之外，還有我們更根本重要應做的事，就是去弄淸楚了這種玄學的方法。他那陰陽等觀念固然一切都是直覺的，但直覺也祇能認識那些觀念而已，他並不會演出那些道理來；這蓋必有其特殊邏輯，才能講明以前所成的玄學而可以繼續研究。在前人頗拿他同數理在一起講，這或者也值得研究。但我於此實無研究，不敢輕易說話，不過我們一定可以知道這個方法如果弄不出來，則中國一切學術之得失利弊，就看不分明而終於無法講求。我們又相信除非中國文明無一絲一毫之價值則已，苟猶能於西洋印度之外自成一派，多少有其價值，則爲此一派文明之命根的方法必然是有的，祇待有心人去弄出來罷了。此非常之大業，國人不可不勉！

此刻我們來講中國這一套形而上學的大意。中國這一套東西，大約都具於周易。周易以前的歸藏，連山，和

上學的大意

周易以後流布到處的陰陽五行思想，自然也不能全一樣，然而大致總一樣的，足可以周易代表他們。又講易經的許多家的說法原也各有不同，然而我們可以說這所有許多的不同，無論如何不同，卻有一個為大家公認的中心意思，就是「調和」。他們雖然不一定像這樣說詞，而他們心目中的意思確是如此，其大意以為宇宙間實沒有那絕對的，單的，極端的，一偏的，不調和的事物；如果有這些東西，也一定是隱而不現的。凡是現出來的東西都是相對，雙，中庸，平衡，調和。一切的存在，都是如此。這個話都是觀察變化而說的，不是看着呆靜的宇宙而是看宇宙的變化流行。所謂變化就是由調和到不調和，或由不調和到調和。彷彿水流必求平衡，若不平衡，還往下流。所差的，水不是自己的活動，有時得平衡卽不流，而這個是不斷的往前流，往前變化；又調和與不調和不能分開，無處無時不是調和，亦無處無時不是不調和者。陰陽等字樣，都是表示相對待兩意味或兩勢力。在事實上為兩勢力，在吾人觀察上則為兩意味。他們說無處無陰陽卽無處非調和，而此一陰或一陽者又各為陰陽之和。如是上下左右推之，相對待相關係於無窮。相對待固是相反而卽是相成，一切事物都成立於此相反相成之調和的關係之上；純粹的單是沒有的，眞正的極端是無其事的。這個意思我認為凡中國式思想的人所共有的；似乎他方也偶有一點，不過我記不清；我祇記得從前看到一本書叫做相對原理 (principle of relativity) 是美國人卡魯士 (Carus) 著的，他講安斯坦的相對論，其間有好多話惹我注意。他所有的話都根據『宇宙是大流』的意思而說，一切東西都在這大流中彼此互相關係。其最要緊的話就是：一切都是相對，沒有自己在那裏存在的東西。似乎同我們的意思很相契合，我覺得安斯坦的發明不但使兩個相遠不相涉之外的靜的羅素哲學與內的動的柏格森哲學得一個接觸，並且使西洋的，印度的，中國的東西都相接觸。又柏格森的哲學固與印度思想大有幫忙，似也有爲中國思想開其先路的地方。譬如中國人所用這出於直覺體會之意味的觀念，意有所指而非常流動不定，與科學的思路扞格不入；若在科學思路佔唯一絕對勢力的世界就要被排斥不容存留。而今則有柏格森將科學上明確固定的概念大加指摘，他以爲形而上學應當一反科學思路要求一種柔順，活動的觀念來用。這不是很像替中國式思想開其先路嗎？

這形而上學之所以爲其形而上學的，有一個根本的地方就是無表示。凡一切事物的存在爲我所意識的都是一個表示。平時我們的說話法，一名一句都是一個表示；不但語法，卽所有感覺也都是一個一個的表示。因吾人是生物，一思一感皆爲有所問而要求一個答，就必須有表示。無意旨的不表示是與我們不相干的，不是我們所能意識及感覺的。所謂要求表示就是要求對於他們的實際問題有關，有影響，這是生物的本性。從這本性就發生知識，其精的卽爲科學。形而上學則超出利害關係以求眞，所以不是這一路。譬如我們說的變化，都是由調和到不調和，結果又歸於調和，我們祇是不得不用言語來表他實在這從調和到不調和的兩者中間也未嘗不調和，沒有法子可以分出從某至某爲調和，從某至某爲不調和；卽求所謂調和不調和實不可得，不過言語表明的力量限於如此罷了。我們直覺所認的一偏不調和，其實還是調和，此下之調和與上之不調和又爲一調和，如是之調和爲眞，蓋兩相消而無表示也，然無表示亦一表示。這不惜爲兩相衝突的說話就是形而上學的說話，凡是形而上學的說話都是全反平時說話法的，若不與平常說話相反就不是形而上學。

蓋非翻過這些生物的態度不可。柏格森之以形而上學爲反科學的，亦可爲此種派頭開其先。

我們試就易卦講幾句。卦蓋卽懸象以示人之意，每一個卦都是表示一個不調和，他是拿這些樣的不調和來代表宇宙所有的不調和。他的數目或者加演再多也可以，不過姑且定六十四卦來說。這一卦又分個內外，上下，還又分六層次去講，例如易經頭一個卦：

䷀

這卦是乾上乾下。又從底下挨着次序一爻一爻也都是一一的表示。最下一陽爻——他們叫做初九——因爲陽伏藏在下就用『潛龍』兩字表那意味，在這種意味上最好是勿用，勿用其占得的意味也；如是象，如是占，爲一調和。我看見周易折中引饒魯的話最明白，他說：『一爻有一爻之中：如初九潛龍勿用，就以潛而勿用爲中；九二見龍在田利見大人，就以見爲中；九三君子終日乾乾，就以乾惕爲中；九四或躍在淵，就以或躍爲中；卦有才有時有位不同，聖人使之無不和乎中。』這根本卽是調和就好，極端及偏就要失敗。還有我彷彿記得王船山講這乾卦說，有一完全坤卦隱於其後，頗爲別家所未及，要算是善於講調和的。如是之中或調和都祇能由直覺去認定，到中的時候就覺得儼然眞是中，到不調和的時候就儼然確是不調和，這非理智的判斷，不能去追問其所以，或認定就用理智順着往下推；若追問或推理便都破壞牴牾講不通了。

關於這面的話大約祇好以此爲止，因爲自己沒有什麼研究也說不出別的話來。不過我很看得明孔子這派的人生哲學完全是從這種形而上學產生出來的。孔子的話沒有一句不是說這個的。始終祇是這一個意思，並無別的好多意思。大概凡是一個有系統思想的人都祇有一個意思，若不只一個，必是他的思想尚無系統，尚未到家。孔子說的『一以貫之』恐怕卽在此形而上學的一點意思。胡適之先生以爲是講知識方法，似乎不對。因爲不但是孔子，就是所有東方人都不喜歡講求靜的知識，而況儒家盡用直覺絕少來講理智。孔子形而上學和其人生的道理都不是知識方法可以去一貫的，胡先生沒有把孔子的一貫懂得，所以他底下說了好多的『又一根本觀念』其實那裏有這許多的根本觀念呢！不過孔子中心的意思雖祇一點，卻演爲種種方面的道理，我們要去講他，自然不能不一一分講，但雖然分講，合之固一也。我們分講於下：

孔子對於生之讚美

我們先說孔子的人生哲學出於這種形而上學之初一步，就是以生活爲對，爲好的態度。這種形而上學本來就是講『宇宙之生』的，所以說『生生之謂易』。由此孔子讚美歎賞『生』的話很多，像是『天地之大德曰生』『天何言哉，四時行焉，百物生焉，天何言哉；』『致中和天地位焉萬物育焉』『唯天下至誠爲能盡其性，能盡其性則能盡人之性，能盡人之性則能盡物之性，能盡物之性則可以贊天地之化育，可以贊天地之化育則可以與天地參矣；』『天地變化聖人效之，』『大哉聖人之道洋洋乎發育萬物峻極於天』如此之類總是贊歎不置。這一個『生』字是最重要的觀念，知道這個就可以知道所有孔家的話。孔家沒有別的，就是要順著自然道理，頂活潑頂流暢的去生發。他以爲宇宙總是向前生發的，萬物欲生，卽任其生，不加造作必能與宇宙契合，使全宇宙充滿了生意春氣。於是我們可以斷言孔家與佛家是不同而且整整相反對的了。好多人都愛把兩家拉扯到一起講，自古就有什麼儒釋同源等論，直到現在還有這等議論。你看這種發育萬物的聖人道理，豈是佛

孔子之不認定的態度

家所願意的嗎？他不是以萬物發育爲妄的嗎？他不是要不淪在生死的嗎？他所提出的『無生』不是與儒家最根本的『生』是恰好反對的嗎？所以我心目中代表儒家道理的是『生』，代表佛家道理的是『無生』。中國人性好調和，所以講學問總愛將兩個相反的東西拉扯附會。又因爲佛家傳到中國來漸失本來面目，在唐以後盛行的禪宗，差不多可以說爲印度原來沒有的，他既經中國民族性的變化，從中國人手裏出來，而那宋明學家又曾受他的啓發，所以兩方更容易相混。卽使禪學宋明學相類，也不得爲佛家孔家之相類，而况他們初不相類呢！大家總有一個錯誤，在這邊看見一句話，在那邊看見一句話，覺得兩下很相像，就說他們道理可以相通，意思就是契合了。其實一家思想都是一個整的東西，他那一句話皆於其整的上面有其意思，離開整系統則失其意味；若剖析零碎則質點固無不同者，如果不是合成整的，則各人面目其何從見？所以部分的相似是不算數的。我中國人又頭腦籠統，絕少辨察明利的人，從來討論這兩家異同問題的，多是取資禪家的話，愈沒有明確的見解；祇有吳檢齋先生作過一篇王學雜論，是從唯識上來批評的，很能夠一掃游詞浮論，把兩家的根本分別之處得到了。他說：『王說生生不息之根，正窮生死蘊，恆轉如流，異生所以在纏，智者期於證斷，而彼輩方以流行無間爲道體之本然，此中庸至誠無息之說所爲近於天磨，而彼宗所執之性非無垢淨識明矣。』這話是不錯，儒家所奉爲道體的，正是佛家所排斥不要的，大家不可以不注意。

其次我們看孔子從那形而上學一定先得到其無表示的道理大家認識了一一的象——一一表示——就以爲他果然如此不曉得他是浮寄於兩相反的勢力之上而無根的。根本是無表示，大家祇曉得那表示，而不曉得這表示乃是無表示上面的一個假象一個表示都是一個不調和，但所有表示卻無不成立於調和之上，所以所有一切，同時都調和，同時都不調和，不認定其表面之所示現爲實。尋常人之所以不能不認表示而不理會無表示者，因爲他是要求表示的，得到表示好去打量計算的。所以孔子有一個很重要的態度就是一切不認定。易經上說：『易之爲書也不可遠，爲道也屢遷變動不居周流六虛上下无常，剛柔相易不可爲典要唯變所適』論語上就明白指出所持的態度說『子絕四毋意毋必毋固毋我』；又說『我則異於是無可無不可』又不但對於其實不如何的而認定其如何是錯，並且一認定一計算在我就失中而傾欹於外了。平常人都是求一條客觀呆定的道理而秉持之，孔子全不這樣制定這個是善那個是惡這個爲是那個爲非，這實是大錯！我們覺得宋明學家算是能把孔子的人生重新提出的，大體上沒有十分的不對，所有的不對，祇在認定外面而成了極端的態度和固執（明人稍好一點）他們把一個道理認成天經地義，像孔子那無可無不可的話不敢出口。認定一條道理順着往下去推就成了極端，就不合乎中。事實像是圓的，若認定一點拿理智往下去推，則爲一條直線，不能圓，結果就是走不通。譬如以愛人愛物這個道理順着往下推去，必至流於墨子兼愛基督博愛的派頭；再推就到了佛教的慈悲不殺；再推不但不殺動物也要不殺害植物才對；乃至一石一木也要不毀壞他才對；那麼，那個路你怎麼走呢？你如果不能做到最後盡頭一步，那麼，你的推理何以無端中途不往下推？你要曉得不但後來不能推，從頭原不應判定一理而推也！所以孔子主張『親親而仁民，仁民而愛物』：在我的直覺上對於親族是情厚些，就厚些；對於旁人略差些，就差些；對於生物又差些，就又差些；對於木石更差了，就更差些。你若判定情厚多愛爲定理而以理智往下推尋。把他作成客觀道理而秉持之反倒成了形式，沒有眞情，謬戾可笑，何如完全聽憑直覺！然而一般人總要推尋定理，若照他那意思看孔家所謂『釣而不綱。弋不射宿』『君子遠庖廚』未免不通：既要釣何如綱，既不綱也就莫釣；既要弋就射宿，既不射宿也就莫弋；既不忍食肉就不要殺生，既殺生又何必遠庖廚。一般人是要講理的，孔子是不講理的，一般人是求其通的，孔子則簡直不通！然而結果一般人之通卻成不通，而孔子之不通則通之至。蓋孔子總任他的直覺到沒有自己打架而一般人念念講理，事實上祇講一半，要用理智推理，結果仍得憑直覺。我們的行爲動作實際上都是直覺支配我們的，理智支配他不動；一邊自己要用理智，一邊自己實不聽他，臨時直覺叫我們往那邊去，我們就往那邊去。這種自己矛盾打架，不過人自己不覺罷了，其實是無時無刻不這樣的，留心細省就知道了。調和折衷是宇宙的法則，你不遵守，其實已竟無時不遵守了。極端的事，一偏的事，那裏是極端？那裏是一偏？他對於眞的極端還是折衷，他對於眞的一偏還是調和。其實無論何人自認爲澈底往下推的，也都是不講理——就是說沒有一人不是不往下推的。所以一般人心裏總是有許多道理見解，主張的，而孔子則無成心，他是空洞無絲毫主張的。他因此就無常師，就述而不作。孔子的這種不認定，有似佛家的『不着有』但全非一事，不過孔子這種空洞無主張，祇是述而不作，則與佛陀一般一樣。我祇看見世上僅此兩人是此態度，外此無有已；我祇看見他兩人僅此一點相同，外此無有已。蓋愈是看得周全，愈是看得通也必愈無主張；惟其那祇見一隅的，東一點，西一點，倒有很多主張。既不認定，既無主張，那麼，我們何所適從呢？認定，主張就偏，那麼我們折衷好嗎？極端不對，那麼，我

孔子之一任直覺

們調和對罷？也不對，也不好，因爲你又認定折衷，調和去走了。然則叫我們怎麼樣呢？

於是我們再來看孔子從那形而上學所得的另一道理。他對這個問題就是告訴你最好不要操心。你根本錯誤就在找個道理打量計算着去走。若是打量計算着去走，就調和也不對，不調和也不對，無論怎樣都不對；你不打量計算着去走，就通通對了。人自然會走對的路，原不須你操心打量的。遇事他便當下隨感而應，這隨感而應，通是對的，要於外求對，是沒有的。我們人的生活便是流行之體，他自然走他那最對，最妥帖最適當的路。他那遇事而感而應就是個變化，這個變化自要得中，自要調和，所以其所應無不恰好。所以儒家說：『天命之謂性，率性之謂道。』祇要你率性就好了，所以就又說這是夫婦之愚可以與知與能的。這個知和能，也就是孟子所說的不慮而知的良知，不學而能的良能，在今日我們謂之直覺。這種求對求善的本能，直覺，是人人都有的；故孟子說：『人皆有不忍人之心：…所以謂人皆有不忍人之心者，今人乍見孺子將入於井，皆有怵惕惻隱之心，非所以內交於孺子之父母也，非所以要譽於鄉黨朋友也，非惡其聲而然也，』又說：『惻隱之心人皆有之，羞惡之心人皆有之，恭敬之心人皆有之，是非之心人皆有之，惻隱之心仁也；羞惡之心義也；恭敬之心禮也；是非之心智也。仁義禮智非由外鑠我也，我固有之也。』這種好善的直覺同好美的直覺是一個直覺，非二；好德，好色，是一個，好，非二，所以孟子說『口之於味也有同嗜焉，耳之於聲也有同聽焉，目之於色也有同美焉。至於心獨無所同然乎？心之所同然者何也？謂禮也，義也。聖人先得我心之所同然耳；故禮義之悅我心，猶芻豢之悅我口。』這種直覺人所本有，並且原非常敏銳，除非有了雜染習慣的時節。你怎樣能復他本然敏銳，他就可

孔子所謂仁是什麼？

以活動自如，不失規矩。

此敏銳的直覺就是孔子所謂仁。胡適之先生在中國哲學史大綱上說：『仁就是理想的人道，盡人道即是仁，蔡孑民中國倫理學史說，孔子所說的仁乃是「統攝諸德完成人格之名」。這話甚是。論語記子路問成人，孔子答道「若臧武仲之知，公綽之不欲，卞莊子之勇，冉求之藝，文之以禮樂，亦可以為人矣」；成人即是盡人道，即是完成人格，即是仁。』我亦不能說『統攝諸德完成人格』不是仁，胡君的話我亦無從非議。但是這樣籠統空蕩蕩的說法雖然表面上無可非議，然他的價值也祇可到無可非議而止，並不能讓我們心裏明白，我們聽了仍舊莫明其妙。這因為他自己根本就不明白孔子的道理，所以他就不能說出使我們明白他若明白時就曉得這個「仁」是躍然可見確乎可指的。胡先生又說：『後人如朱熹之流說「仁者無私心而合天理之謂」，乃是宋儒的臆說，不是孔子的本意。』不曉得胡先生有什麼真知灼見，說這樣一筆抹煞的話！朱子實不如今人的逞臆見，他的話全從那一個根本點出來，與孔子本意一絲不差，祇要一講清楚就明白了。我們現在先來講明仁即是敏銳直解的話。你看論語上宰我問三年喪似太久，孔子對他講：『食夫稻，衣夫錦，於汝安乎？』他說：『安』！孔子就說：『汝安則為之，君子之居喪食旨不甘，聞樂不樂，居處不安，故不為也；汝安則為之』。宰我出去，孔子就歎息道：『予之不仁也』！這個『仁』就完全要在那『安』字上求之。宰我他於這樁事心安，孔子就說他不仁，那麼，不安就是仁嘍。所謂安，不是情感薄直覺鈍嗎？而所謂不安，不是情感厚直覺敏銳是什麼？像所謂惻隱，羞惡之心，其為直覺是很明的；為什麼對於一樁事情，有人就惻隱，有人就不惻隱，有人就羞惡，有人就不羞惡？不過都是一個安然不覺，一個就覺得不安的分別罷了。這個安不安，不又是直覺銳鈍的分別嗎？儒家完全要聽憑直覺，所以唯一重要的就在直覺敏銳明利；而唯一怕的就在直覺遲鈍麻痺。所有的惡都由於直覺麻痺，更無別的原故，所以孔子教人就是『求仁』人類所有的一切諸德本無不出自此直覺，即無不出自孔子所謂仁，所以一個『仁』就將種種美德都可代表了。而對於仁的說法，可以種種不一，此孔子答弟子問仁各個不同之所由來也。大家見他沒有一定的說法，就以爲是一個空蕩蕩理想的好名稱了。我們再來解釋朱子的話：大家要看這個不安是那裏來的？不安者要求安的表示也，要求得一平衡也，要求得一調和也，直覺敏銳且強的人其要求安，要求平衡，要求調和就強，而得發諸行爲，如其所求而安，於是旁人就說他是仁人，認其行爲爲美德，其實他不過順著自然流行求中的法則走而已。易經上說：『一陰一陽之謂道，繼之者善也，成之者性也。仁者見之謂之仁，知者見之謂之知，百姓日用而不知，故君子之道鮮矣。』道在調和求中，你能繼此而走就是善，却是成此善者固由本性然也。仁就在這一點上，知也在這一點上，你怎樣說他都好，尋常人人都在這裏頭度他的生活，而自己不曉得。這自然流行日用不知的法則就是『天理』完全聽憑直覺活動自如，他自能不失規矩，就謂之『合天理』；於這個之外自己要打量計算，就通通謂之『私心』『私欲』。王心齋說的好：『天理者天然自有之理也，才欲安排如何，便是人欲。』大家要曉得，天理不是認定的一個客觀道理，如臣當忠，子當孝之類；是我自己生命自然變化流行之理，私心人欲不一定是聲色名利的欲望之類，是理智的一切打量計較安排，不由直覺去隨感而應。孔家本是讚美生活的，所有飲食男女本能的情欲，都出於自然流行，並不排斥，若能順理得中，生機活潑，更非常之好的；所怕理智出來分別一個物我，而打量計較，以致直覺退位，成了不仁。所以朱子以無私心合天理釋仁，原從儒家根本的那形而上學而來，實在大有來歷，胡先生不曾懂得，就指為臆說了。我們再來講講這個仁。仁就是本能，情感，直覺，是已竟說過的了。在直覺情感作用盛的時候，理智就退伏，理智起了的時候，總是直覺情感平下去；所以二者很有相違的傾向。孔子說：『剛毅木訥近仁，』又說『巧言令色鮮矣仁，』我們都可以看出這仁與不仁的分別：一個是通身充滿了眞實情感，而理智少暢達的樣子；一個是險上嘴頭露出了理智的慧巧伶俐，而情感不眞實的樣子。大約理智是給人作一個計算的工具，而計算實始於為我，所以理智雖然是無私的，靜觀的，並非壞的，却每隨佔有衝動而來。因這妨礙情感，和連帶自私之兩點，所以孔家很排斥理智。但仁雖然是情感，却情感不足以言仁。仁是一個很難形容的心理狀態，我且說為極有活氣而穩靜平衡的一個狀態，似乎可以分為兩條件：

（一）寂——像是頂平靜而默默生息的樣子；

（二）感——最敏銳而易感且很強。

能使人所行的都對，都恰好，全仗直覺敏銳，而最能發生敏銳直覺的則仁也。仁是體，而敏銳易感則其用。若以仁兼賅體用，則寂其體而感其用。若單以情感言仁，則祇說到用，而且未必是恰好的用，故言仁者不可不知寂之義。這個寂與印度思想全不相涉，淺言之，不過是為心亂則直覺鈍，而敏銳直覺都生於心靜時也。平常說的教那人半夜裏捫心自問，正為半夜裏心靜，有點內愧，就可以發露不安起來。孟子說的很明白：『雖存乎人者豈無仁義之心哉？其所以放其良心者亦猶斧斤之於木也旦旦而伐之，可為美乎？其日夜之所息平旦之氣其好惡與人相近也幾希；則其旦晝之所為有梏亡之矣。梏之反覆則其夜氣不足以存夜氣不足以存，則其違禽獸不遠矣。』宋明人都有點講靜坐，大家祇看形迹，總指為受佛老的影響而不是孔家原樣其實冤屈了他。陳白沙所謂『靜中養出端倪』實在很對的。而聶雙江在王門中不避同學朋友的攻擊，一力主張『歸寂以通天下之感』尤為確有所見。雖陽明已故，無從取決，然羅念庵獨識其意。在古代孔家怎樣修養現在無從曉得，然而孔家全副的東西都歸結重在此點，則其必以全力從事於此，蓋可知也。胡適之先生說：『最早的那些儒家祇注重實際的倫理和政治，祇注重禮樂儀節，不講究心理的內觀。到了大學中庸時代才從外務的儒學，近入內觀的儒學。』這話未必是。你不看孔子說的：『回也其心三月不違仁，其餘日月至焉而已』；那『仁』不是明明指一種內心生活嗎？祇要能像孔子說的『君子無終食之間違仁，造次必於是，顛沛必於是』就都好了，並不要一樣一樣去學著作那種種道德善行，蓋其根本在此。若說以前孔子時為外務的儒學恐其不然。不過這種內心修養實不像道家佛家於生活正路外有什麽別的意思；他祇要一個『生活的恰好』。『生活的恰好』不在拘定客觀一理去循守，而在自然的無不中節。拘定必不恰好，而最大的尤在妨礙生機，不合天理。他相信恰好的生活在最自然，最合宇宙自己的變化——他謂之『天理流行』。在這自然變化中時時是一個『中』，時時是一個『調和』——由『中』而變化，變化又得一『中』。如是流行不息。孔家想照這樣去生活，所以就先得『有未發之中而後發無不中節』了。『仁』與『中』異名同實，都是指那心理的平衡狀態。中即平衡。歸寂即以求平衡，惟其平衡則有不合此平衡者就不安，而求其安，於是又得一平衡。此不安在直覺，既已說過，而我們所說敏銳直覺即雙江所謂通天下之感之感也。世人有一種俗見以為仁就是慈惠，這固然不能說不是仁，但仁之重要意味則為宋明家所最喜說而我們所最難懂的『無欲』。從前我總覺以此為仁似不合理，是宋儒偏處。其實或者有弊，却不盡錯，是有所得的。其意即以欲念與直覺即鈍，無欲非以枯寂為事，還是求感通，要感通就先須平靜。平靜是體，感通是用，用在體上。欲念多動一分，直覺就多鈍一分；亂動的時候，直覺就鈍得到了極點，這個人就要不得了。因此宋儒無欲確是有故的，並非出於嚴酷的制裁，倒是順自然，把力量鬆開，使其自然的自己去流行。後人多誤解宋人意思，而宋人亦實不免支離偏激，以至孔家本旨遂無人曉得，此可惜也！修養不過復其本然，此本即不修養在一般人也並不失，故曰『百姓日用而不知』；仁初非甚高不可攀企之物也。然而仁又高不可窮，故雖顏子之賢祇能三月不違，其餘祇能日月至，而人以諸弟子之仁否為問，孔子皆不許其仁；乃至孔子亦自云：『若聖與仁則吾豈敢。』曾子說：『士不可以不弘毅，仁以為己任不亦重乎？死而後已不亦遠乎？』可見仁是頂大的工程，所有的事沒有大過他的了；而儒家教人亦惟要作此一事，一事而無不事矣。

孔家性善的理

我們再來看孔家性善的道理。孔子雖然沒有明白說出性善，而荀子又有性惡的話，然從孔子所本的形而上學看去其結果必如是。那易經上繼之者善成之者性，百姓日用而不知的話，原已明白；如我們前面講仁的內，也已將此理敍明。胡適之先生說：『孔子的人生哲學依我看來可算得是注重道德習慣一方面的。』又引孔子未見好德如好色的話而說：『可見他（指孔子）不信好德之心是天然有的；好德之心雖不是天然生就的，却可以培養得成，培養得純熟了自然流露；大學上說的：「如惡惡臭，如好好色，」便是道德習慣已成時的狀態。』他這話危險的很！人類社會如果不假這種善的本能，試問是怎樣成功的？胡先生不但不解孔子的道理而臆說，並且也不留意近來關於這個的意見之變遷，才說這樣話。（此變遷詳第五章）要曉得孔子的『性相近也，習相遠也，』其性近就是說人的心理原差不多，這差不多的心理就是善；孟子所謂人心之所同然者是也。本來都是好惡與人同的，祇有後來習慣漸偏，才乖違，才支離雜亂，不得其正了。所以最好始終不失其本然，最怕是成了習慣——不論大家所謂好習慣壞習慣。一有習慣就偏固所排斥，而尤怕一有習慣就成了定型，直覺全鈍了。大家認為好習慣的也未必好，因為根本不能認定，就假設為好習慣，然而從習慣裏出來的祇是一種形式，不算美德。美德要真自內發的直覺而來才算。非完全自由活動則直覺不能敏銳而強有力，故一入習慣就呆定麻痺而根本把道德摧殘了。而況習慣是害人的東西，用習慣祇能對付那一種時勢局面，新的問題一來就對付不了，而頑循舊習危險不堪！若直覺敏銳則無所不能對付。一個是活動自如，日新不已；一個是拘礙流行，淹滯生機。害莫大於滯生機，故習慣為孔家所必排。胡先生以注重道德習慣來講孔子人生哲學，我們是不能承認的。

孔子之不計較利害的態度

我們再來講孔子的惟一重要的態度，就是不計較利害。這是儒家最顯著與人不同的態度，直到後來不失，並且演成中國人的風尚，為中國文化之特異彩色的。這個道理仍不外由前邊那些意思來；所謂違仁，失中，傷害生機等是也。胡適之先生又不曉得孔子這個態度，他以為孔子的『放於利而行多怨』『君子喻於義，小人喻於利』不過是孔子恨那般謀利政策，所以把義利兩椿說得太分明了。他又引孔子對冉有所說庶矣富之的話，而認孔子並不主張『正其誼不謀其利』說『…可見他所反對的利，乃是個人自營的私利，不過他不曾把利字說的明白，論語又有夫子罕言利的話，又把義利分作兩個絕對相反的物事，故容易被後人誤解了。』

但胡先生雖於講孔子時不曾認清孔子的態度，却到講墨子的時候又無意中找出來了。他看見墨子公孟篇上說『子墨子問於儒者曰「何故爲樂？」曰「樂以爲樂也。」子墨子曰「子未我應也，今我問曰「何故爲室？」曰，冬避寒焉，夏避暑焉，室以爲男女之別也」則子告我爲室矣。今我問曰，「何故爲樂？」曰「樂以爲樂也。」是猶曰，「何故爲室？」曰「室以爲室。」』他就說：『儒家祇說一個「什麽，」墨子則說一個「爲什麽，」提出一個極高的理想的標準，如人生哲學高懸一個止於至善的目的，其細目「爲人君止於仁；爲人臣止於敬；爲人父，止於慈；爲人子，止於孝；與國人交止於信。」全不問爲什麽爲人子的要孝？爲什麽爲人臣的要敬？只說理想中的父子君臣朋友是該如此如此的。』他從此推論儒墨的區別道：

『儒家只注意行爲的動機，不注意行爲的效果。推到了極端，便成董仲舒所說的「正其誼不謀其利，明其道不計其功。」只說這事應該如此做，不問爲什麽應該如此做。墨子的方法，恰與此相反。墨子處處要問一個「爲什麽。」例如造一所房子，先要問爲什麽要造房子。知道了「爲什麽，」方才可以知道「怎樣做。」知道房子的用處是「冬避寒焉，夏避暑焉，室以爲男女之別，」方才可以知道怎樣構造布置，始能避風雨寒暑，始能分別男女內外。人生一切行爲都如此。…墨子以爲無論何種事物，制度，學說，觀念，都有一個「爲什麽。」換言之，事事物物都有一個用處。知道那事物的用處，方才可以知道他的是非善惡。爲什麼呢？因爲事事物物旣是爲應用的，若不能應用，便失了那事那物的原意了，便應該改良了。例如墨子講「兼愛」，便說：「用而不可，雖我亦將非之。且焉有善而不可用者？」這是說能應「用」的便是「善」的；「善」的便是能應「用」的。譬如我說這筆「好」，爲什麼「好」呢？因爲能中寫，所以「好」。又如我說這會場「好」，爲什麼「好」呢？因爲他能最合開會講演的用，所以「好」。這便是墨子的「應用主義」。應用主義又可叫做「實利主義」。儒家說「義也者，宜也。」宜卽是「應該」。凡是應該如此做的便是「義」。墨家說「義利也」。便進一層說，說凡事如此做去便可有利的，卽是「義」的。因爲如此做纔有利，所以「應該」如此做。義所以爲「宜」，正因其爲「利」。」

他在這以下又講明墨子的應用主義如何不要看淺解錯。他對於墨子的態度覺得很合脾胃，因他自己是講實驗主義的。他於是對於孔子的態度就不得其解，覺無甚意味。大約這個態度問題不單是孔墨的不同，並且是中國西洋的不同所在——孔子代表中國，而墨子則西洋適例。我們於這裏要細說一說。當我們作生活的中間，常常分一個目的手段：譬如避寒避暑，男女之別，這是目的；造房子，這是手段。如是類推，大半皆這樣。這是我們生活中的工具——理智——爲其分配，打量之便利，而假爲分別的；若當作眞的分別，那麼，就錯誤，而且危險了。什麼錯誤危險？就是將整個的人生生活打成兩斷截；把這一截完全附屬於那一截，而自身無其意味。如我們原來生活是一個整的，時時處處都有意味；若一分，則當造房中那一段生活就全成了住房時那一段生活的附屬，而自身無復意味。若處處持這樣態度，那麼就把時時的生活都化成手段——例如化住房爲食息之手段，化食息為生殖之手段——而全一人生生活都傾欹在外了。不以生活之意味在生活，而把生活算作為別的事而生活了。其實生活是無所為的，不但全整人生無所為，就是那一時一時的生活亦非為別一時生活而生活的。平常人蓋多有這種錯分別——尤以聰明多欲人為甚——以致生活趣味枯乾，追究人生的意義，目的，價值等等，甚而情志動搖，潰裂橫決。孔子非復常人所見全不如此而且教人莫如此；墨子猶是常人所見遂不出此而且變本加厲。墨子事事都問一個『為什麼』，事事都求其用處。其理智計較算賬用到極處；就把葬也節了，因為他沒用處；把喪也短了因為他有害處；把樂也不要了，因為他不知其何所為。這澈底的理智把直覺情趣斬殺得乾乾淨淨；其實我們生活中處處受直覺的支配，實在說不上來『為什麼』的你一笑一哭，都有一個『為什麼』，都有一個『用處』嗎？這都是隨感而應的直覺而已。那孝也不過是兒女對其父母所有的一直覺而已，胡先生一定要責孔家說出『為什麼』，這實在難得很！我們人的行為動作實在多無所為，而且最好是無所為。『無所為而為』是儒家最注重用力去主張去教人的，或者後儒也有偏處，然而要知其根本所從來則不致誤解了。我們已竟說過孔家是要作仁的生活了，最與仁相違的生活就是算賬的生活。所謂不仁的人，不是別的，就是算賬的人。仁祇是生趣盎然，才一算賬則生趣喪矣！即此生趣，是愛人敬人種種美行所油然而發者；生趣喪，情緒惡，則貪詐暴戾種種劣行由此其興。算計不必為惡，然算計實唯一妨害仁的，妨害仁的更無其他；不算賬未必善，然仁的心理却不致妨害。美惡行為都是發於外之用，不必着重去看；要着重他根本所在的體，則仁與不仁兩種不同之心理是也。要着重這兩種心理，則算計以為生活，不算計以為生活，不可不審也！這是說明孔家不計較利害之由於違仁的一個意思。計算始於認定前面，認定已失中進而算計更失中；甚至像前面所說：計算到極處則整個人生都傾欹於外。孔家爲保持其中又不能不排斥計算。旁人之生活時不免動搖，以其重心在外；而孔家情志安定都爲其生活之重心在內故也。這是說明孔家不計較利害由於失中的一個意思。違仁失中都是傷害生機。不但像墨子那樣辦法使人完全成了機械，要窒息而死，稍加計算，心理就不活潑，有趣，就不合；自然孔家是要自然活潑去流行的，所以排斥計算。這是說明孔家不計較利害由於傷害生機的一個意思。大約儒家所謂王霸之辨，就在一個非功利的，一個是功利的。而在王道有不尚刑罰之一義，在霸術則以法家爲之代表，這也是一個可注意的地方。孔子有言：『道之以政，齊之以刑，民免而無恥；道之以德，齊之以禮，有恥且格；』蓋刑罰實利用衆人趨避利害之計較的心理而成立者，此必至率天下而爲不仁之人，大悖孔子之意，所以要反對的。王道雖不行，然中國究鮮功利之習，此中國化之彩色。西洋雖以功利爲尚，與墨子爲一態度，而同時又尚藝術，其態度適得一調劑，故墨子之道不數十年而絕，而西洋終有今日。（附註，藝術用直覺而富情趣，其態度爲不計較的）。

禮運大同說之可疑

說到此處我想起一件事來。我在民國五年夏天的時候，曾把孔家經籍都翻一遍，自覺頗得其意，按之於書，似無不合；祇有禮運大同一篇話看着刺眼，覺得大不對。他說什麼大同小康分別這個不如那個，好言之津津有味，實在太鄙！這還是認定外面有所希望計較的態度，決不合孔子之意。所有孔子的話，我們都可以貫串爲一線，祇有這裏就衝突了。不過我也疏於考證，無法證明他是假的，祇懷疑在心而已。後來才看見吳虞先生給陳仲甫先生一封信說及此事：

『前著儒家大同之義本於老子說。今又得三證：呂東萊與朱元晦書曰「蜡賓之嘆，自昔前輩共疑之，以爲非孔子語。蓋不獨親其親，子其子，而以堯舜禹湯爲小康，其眞是老聃墨翟之論。」東萊以爲老聃之論，直不認爲孔子語。一證也。朱子語類云：「禮運言三王不及上古事，人皆謂其說似莊老。先生曰，禮運之說有理，三王自是不及上古。又問禮運似與老子同，曰不是聖人書。胡明仲云：禮運是子游作，樂記是子貢作，計子游亦不至如此之淺。」朱元晦認禮運非孔子書，且非子游作；而或以爲莊老，或以爲與老子同。二證也。李邦直禮論云：「禮運雖有夫子之言，然其冠篇言大道與三代之治，其語尤雜而不倫。其言曰：大道之行也，天下爲公。人不獨親其親，子其子，而謂之大同。又大道既隱，天下爲家，各親其親，各子其子，如是而謂之薄俗。又，禮儀以爲紀，以正君臣，以篤父子，以睦兄弟，以和夫婦，如是而謂之起兵作謀賊亂之本。以禹湯文武周公之治而謂之小康。鄭氏稱之，又以老子之言爲證。故不道小康之說。果夫子之遺言，是聖人之道有二」也。李氏此論見聖宋文選，其意以爲聖人所以持萬世與天地長久不變者，君臣父子而已，不認大同。三證也。』

吳先生和他所舉諸家的話，其意思不必與我們同，然大家雖各有各的看法，都是覺得這個東西不對是同的。這篇東西其氣味太與孔家不對，殆無可辯。晚世所謂今文家者如康長素之流，其思想乃全在此。他所作的大同書替未來世界作種種打算，去想像一個美滿的境界，他們一班人奉爲至寶，豔稱不勝，我祇覺其鄙而已矣！他們根本不會得到孔家意思，滿腹貪羨之私情，而見解與墨子，西洋同其淺薄。所以全不留意孔子是怎樣大與釋迦墨子，耶穌不同，而一例稱道攪亂一團。而西洋思想進來，脾胃投合，所以能首先承受，競談富強，直到後來還提倡什麼物質救國論，數十年來冒孔子之名，而將孔子精神喪失乾淨！其弟子陳煥章辦孔教會，我們一看所謂孔教者，直使人莫明其妙。而尤使我心裏難過的，則其所為建築教堂募捐啓，細細開列：捐二十萬的，怎樣鑄全身銅像；捐十萬的，怎樣鑄半身銅像；捐五萬的，怎樣建碑；捐幾千的怎樣；捐幾百的怎樣；煞費計算之精心，引逗世人計量我出多少錢買多大的名好呢？我看了祇有嘔吐，說不上話來。哀哉！人之不仁也！

孔子生活之樂

我們再看孔子從這種不打量計算的態度是得到怎樣一個生活。我們可以說他這個生活是樂的，是絕對樂的生活。旁人生活多半是不樂的；就是樂，也是相對的樂。何謂相對的樂？他這個樂是係於物的，非絕關係的，所以為相對；他這個樂是與苦對待的，所以為相對。若絕關係而超對待，斯為絕對之樂。平常人走計算的路，總要由手段取得目的，於是必有所取得而後樂，取不得就苦了。其樂全繫於其目的物，而藉待於外，所以說是關係的而非絕對的。又其樂去苦來，苦去樂來，顯為相對待的；所以說是對待的而非絕對的。孔子則不然。他原不認定計算而致情志繫於外，所以他毫無所謂得失的；而生趣盎然，天機活潑，無入而不自得，決沒有那一刻是他心裏不高興的時候，所以他這種樂不是一種關係的樂，而是自得的樂，是絕對的樂。所謂煩惱這個東西在他是蹤影皆無，而心裏無時不樂。你看他說：『仁者不憂，知者不惑，勇者不懼；』智是惑的反面，勇是懼的反面，這是大家曉得的；你還要曉得仁是憂的反面。你幾時懂得這樂，幾時懂得這個仁。宋明人常說：『尋孔顏樂處』，那是不差的。他祇是順天理而無私欲，所以樂，所以無苦而祇有樂；所有的憂苦煩惱—憂國憂民都在內—通是私欲。私欲不是別的，就是認定前面而計慮，沒有那件事值得計慮—，不但名利，乃至國家世界，秋毫泰山原無分別，分別秋毫泰山，是不懂孔子形而上學的。大學上說：『心有所忿懥，則不得其正；有所恐懼，則不得其正；有所好樂，則不得其正，有所憂患，則不得其正。』胡適之先生看見不得其解，以為這豈不成了木石了？其實不是不許忿懥，祇是不許有所忿懥；不是不許恐懼，祇是不許有所恐懼；不是不許好樂，祇是不許有所好樂，不是不許憂患，祇是不許有所憂患：隨感而應則無所不可，繫情於物則無一而可；所謂得其正者，不傾欹於外也。念念計慮，繫情於物，即便有樂，其樂不眞，若孔子則啼笑不必異人，祇是過而不留，中心通暢，則何時不可以謂之樂乎？論語上說『君子坦蕩蕩，小人常戚戚』，美哉乎，坦蕩也！孔家因為有意打量安排，便礙流行之理而罣於物，所以要立意作樁事情，就是善的也不對。所以論語上敍諸弟子侍坐，孔子問他們各人要怎樣：一個便說要這樣，一個便說要那樣，都是要有所作為的，孔子都不甚許可；祇有曾點說：『莫春者春服既成，冠者五六人，童子六七人，浴乎沂，風乎舞雩，詠而歸』；孔子喟然歎道：『吾與點也。』那麼，孔子就不要作為了嗎？不是的。他很勇猛的作事，祇是不出於打量罷了。所以他自己說：『其為人也，發憤忘食，樂以忘憂，不知老之將至』，旁人就說他是『知其不可而為之者』。據我所見，宋明學者雖都想求孔子的人生，亦各有所得；然惟晚明泰州王氏父子心齋先生東崖先生為最合我意。心齋先生以樂為教，而作事出處甚有聖人的樣子，皆可注意處也。

我們這時候就連帶說到天命一層。天命是孔子和儒家所常常說的，如所謂『五十而知天命』『不知命無以爲君子。』『樂天知命故不憂，』『道之將行也歟？命也；道之將廢也歟？命也。』雖然有孔子罕言命的話，其故蓋別有在而命實孔子說話中很着重的。所謂天命原很難講，大概說去就是指那造化流行而言。這個宇宙大的流行，他的來路非常之遠；惟其遠，其力量亦非常之大，一直貫注下來，成功這個局面，很難轉的。除了我當下這一動是未定的，其餘周圍種種方面情形都在我之外而屬於已成。這周圍已成的局面都可以叫做機會，或機緣—不拘他對於我這一動爲順爲逆。這最多而有力的機會變化方向，殆足以決定我那一動的能否發出，接續表現成功，故曰有命；初不如平常人所謂命定者。樂天者，樂夫天機而動；知命者即是樂天，而無立意強求之私也。無私故不憂。墨家非命，而孔家知命，其對待之根本在用理智與用直覺之不同。在墨子以理智計算，則非非命不能鼓天下之動；然如此之動不能長久不疲，有時而墮矣！孔家一任直覺，不待鼓而活動不息；其動原非誘於外，則不管得失成敗利鈍，而無時或倦。所謂知其不可而爲之，在以理智計算者知其不可則不爲矣；知其不可而爲之，直覺使然也。此時不慮其不動，而轉恐任情所至，有失乎中，故又不可以不知命也。知命而仍奮發，其奮發爲自然的不容已，完全不管得失成敗，永遠活潑，不厭不倦，蓋悉得力於剛。剛者無私欲之謂，私欲本即陰滯而私欲不遂活力餒竭，頹喪疲倦有必然者；無私欲本即陽發，又不以所遇而生阻，內源充暢，挺拔有力，亦必然者。易所謂『天行健君子以自強不息』；又孟子說浩然之氣：『其爲氣也至大至剛，以直養而無害，則塞於天地之間』皆表其剛健的態度。故孔子說知命在他原無弊病，而人之以此怠於作爲者，斯由計算態度而然，孔子不任其咎也。

孔子之宗教

孔子的道理大概是這樣了，我們看他怎樣作法可以使社會上人都得一個仁的生活呢？在這個地方孔子差不多有他的一副宗教。我們不要把宗教看成古怪東西他祇是一種情志生活。人類生活的三方面，精神一面總算很重而精神生活中情志又重於知識；情志所表現的兩種生活就是宗教與藝術，而宗教力量又常大於藝術。不過一般宗教所有的一二條件，在孔子又不具有，本不宜喚作宗教；因為我們見他與其他大宗教對於人生有同樣偉大作用，所以姑且這樣說。我們可以把他分作兩條：一是孝弟的提倡，一是禮樂的實施；二者合起來就是他的宗教。孝弟實在是孔教唯一重要的提倡。他這也沒有別的意思，不過他要讓人作他那種富情感的生活，自然要從情感發端的地方下手罷了。人當孩提時最初有情自然是對他父母，和他的哥哥姊姊；這時候的一點情，是長大以後一切用情的源泉；絕不能對於他父母家人無情而反先同旁的人有情。論語上『孝弟也者其為仁之本歟』一句話，已把孔家的意思說出。祇須培養得這一點孝弟的本能，則其對於社會世界，人類，都不必教他什麼規矩，自然沒有不好的了。要想使社會沒有那種暴慢乖戾之氣，人人有一種溫情的態度，自不能不先從家庭做起，所以說：『君子篤於親則民興於仁』。孝經那書雖然不像眞的，却是『夫孝德之本也教之所由生也』則固不錯。儒家對於喪葬的注重，在墨子看去，以為對於死人何必瞎費許多事，不知這都大有道理，所謂『愼終追遠民德歸厚矣』。節葬短喪所省者都是看得見的利益，而人情一薄，其害不可計量，墨子固不見也。父母在可以盡孝，父母死則送死為大事；既死之後則又有祭祀，使這種宗教的作用還是不斷；於是有祭禮，為禮之最重大者。那麼，我們其次來說禮樂。禮樂是孔教惟一重要的作法，禮樂一亡，就沒有孔教了。墨子兩眼祇看外面物質，孔子兩眼祇看人的情感。因爲孔子着重之點完全在此，他不得不就這上頭想法子。雖然提倡孝弟亦其一端，而祇是這樣提倡，是沒有效的。我們人原是受本能直覺的支配，你祇同他絮絮聒聒說許多好話，對他的情感衝動沒給一種根本的變化，不但無益，恐怕生厭，更不得了。那惟一奇效的神方就是禮樂，禮樂不是別的，是專門作用於情感的；他從「直覺」作用於我們的眞生命。要曉得感覺與我們內裏的生命是無干的，相干的是附於感覺的直覺；理智與我們內裏的生命是無干的，相干的是附於理智的直覺。我們內裏的生命與外面通氣的，祇是這直覺的窗戶，一切色，聲，香，味，觸，法，所附直覺皆能有大力量作用於我們。譬如我們聞某一種香味，即刻可以使浮動之心入於靜謐；又換某一種香味，又即刻可以使人心蕩；乃至飲食滋味，也可有很多影響，平和的是一樣，激刺的又是一樣，而聲覺變化之多，作用之大，尤爲其最。一切宗教家都曉得利用直覺施設他的宗教，即不妨說各教皆有其禮樂。但孔子的禮樂，却是特異於一切他人之禮樂，因爲他有其特殊的形而上學爲之張本。他不但使人富於情感，尤特別使人情感調和得中。你看樂記上說的多麼好，教你讀了心裏都是和樂悅美的有如『夫民有血氣心知之性，而無哀樂之常，應感起物而動，然後心術形焉。是故微志噍殺之音作，而民思憂；嘽諧慢易繁文簡節之音作，而民康樂；粗厲猛起奮末廣賁之音作，而民剛毅；廉直勁正莊誠之音作，而民肅敬；寬裕肉好順成和動之音作，而民慈愛；流辟邪散狄成滌濫之音作，而民淫亂；是故先生本之情性，稽之度數，制之禮義，合生氣之和，道五常之行，使之陽而不散，陰而不密，剛氣不怒，柔氣不懾，四暢交於中而發作於外，皆安其位而不相奪也。』又『…故樂行而倫淸，耳目聰明，血氣和平，移附易俗，天下皆寧。』又『禮樂不可斯須去身：致樂以治心，則易直子諒之心油然生矣；易直子諒之心生，則樂；樂則安；安則久；久則天；天則神：天則不言而信，神則不怒而威，致樂以治心者也。致禮以治躬，則莊敬；莊敬則嚴威。心中斯須不和不樂，而鄙詐之心入之矣；外貌斯須不莊不敬，而易慢之心入之矣：故曰致禮樂之道，舉而錯之天下無難矣。』這幾段話皆其最美的，而到了那沒有斯須不和不樂的地步，便是孔子的『中』與『仁』了。若在別人的禮樂，蓋未有不陷於偏激者矣。而在禮之中又特別着重於祭禮，亦其特異之點；所謂『治人之道莫急於禮，禮有五經，莫重於祭；』『君子之教也必由其本，順之至也，祭其是歟？故曰祭者教之本也已；』是也。大約情欲要分界限是沒有的，然大概可以說情感是對已過與現在；欲望是對現在與未來；所以啟誘情感，要在追念往事；提倡欲望，便在希慕未來。祭禮之所以重，無非永人念舊之情。祭統篇：『夫祭者非物自外至者也，自中出於心也，』表示啓誘情感，何等眞切！祭義篇：『齋之日，思其居處，思其笑語，思其志意，思其所樂，思其所嗜。齋三日，乃見其所為齋者。祭之日，入室，僾然必有見乎其位；周還出戶，肅然必有聞乎其容聲；出戶而聽，愾然必有聞乎其歎息之聲。』又表示念舊何等眞切！他把別的宗教之拜神變成祭祖，這樣鄭重的做去，使輕浮虛飄的人生，憑空添了千鈞的重量，意味綿綿，維繫得十分牢韌！凡宗教效用，他無不具有，而一般宗教荒謬不通種種毛病，他都沒有，此其高明過人遠矣。

我曾以孔家是否宗教問屠孝實先生——他是講宗教哲學的；他說似乎不算宗教。我的意見也是如此，並且還須知道孔子實在是很反對宗教的。宗教多少必帶出世意味，由此傾向總要有許多古怪神祕；而孔子由他的道理非反對這出世意味古怪地方不可。孔子第一不要人胡思亂想，而一般宗教皆是胡思亂想。宗教總要問什麼人生以前怎樣，人死以後怎樣，世界以外怎樣：思前慮後，在孔子通通謂之出位之思；與孔子那仁的生活——祇認當下的直覺生活——大大不合。所以子路以鬼神生死為問，孔子說『未能事人焉能事鬼，……未知生焉知死』這是孔子的態度不可不注意。人必情志不寧而後計慮及此；情志不寧總由私欲，而殷殷計慮又是私欲（惟佛教不然，參看前敍佛教動機便知）種種荒渺之談由是而興，雖有所信奉賴以卽安則又態度傾欹不得其正。論語說『子不語怪力亂神』，中庸說：『子曰索隱行怪後世有述焉吾弗為之矣』，其排斥之情，不既明耶？其實還不但如此，大約孔子是極平實的一個人，於高深玄遠之理似都不肯說的。所以論語上一則曰『子罕言利與命與仁』，再則曰『夫子之言性與天道不可得而聞也』。罕言利是不肯言利；罕言命與仁，以及性與天道不可得聞，不是不去說，祇是平實切近的說法——如對於諸弟子所說的仁——而不及其幽玄處。荀子去孔子未遠，而言性惡，又說：『惟聖人不求知天』，似皆可為孔不甚談的證據。後來宋明人競言性命之學不為無失，而世人更有扯入神祕古怪一團者，則尤為乖謬！

與此相連有中庸之一義，我們略加說明以為講孔家之結束。這與開頭所敍不認定的態度也是相連，因為都是對外面看的一個回省。我們在以前專發揮孔子尚直覺之一義。這也應有一個補訂——非常重要的補訂。譬如純任直覺則一一所得俱是表示，初無無表示之一義；無表示之義，蓋離開當下之表示有一回省而後得之者；此離開當下而回省者，是有意識的，理智的活動。孔子差不多常常如此，不直接任一個直覺而為一往一返的兩個直覺；此一返爲回省時附於理智的直覺又如好惡皆爲一個直覺，若直接任這一個直覺而走下去，很容易偏，有時且非常危險，於是最好自己有一個回省，回省時仍不外訴之直覺這樣便有個救濟大學所謂『毋自欺』實爲孔家方法所在，但此處不及細講；又如孔子之作禮樂，其非任聽情感而爲回省的用理智調理情感，既甚明瞭然孔子尚有最著明說出用理智之處，則此中庸之說是也你看他說：『道之不行也，我知之矣，賢者過之，不肖者不及也；道之不明也，我知之矣，智者過之，愚者不及也』又說舜執其兩端而用中；又說『極高明而道中庸；』這明明於直覺的自然求中之外，更以理智有一種揀擇的求中，雙調和平衡中，都是孔家的根本思想；所以他的辦法始終着眼在這上頭，他不走單的路，而走雙的路；單就怕偏了，雙則得一調和平衡這雙的路可以表示如下：

（一）似可說是由乎內的一任直覺的，直對前境的，自然流行而求中的，只是一往的；

（二）似可說是兼顧外的兼用理智的，離開前境的，有所揀擇而求中的，一往一返的。

像墨家的兼愛，佛家的慈悲，殆皆任情所至，不知自返，都是所謂賢者過之而不肖者的縱欲不返，也都是一任直覺的所以必不可只走前一路，致因性之所偏而益偏；而要以『格物』『愼獨』『毋自欺』爲之先爲之本，卽是第二路；中庸上說過愼獨，才說到中和者此也更須時時有一個執兩用中極高明而道中庸的意思，照看外邊，以自省免致爲『賢者之過』中庸之說實專對賢者與高明人而發者也此走第二路之尤爲顯著者矣亦唯如此走雙路而後合乎他的根本道理；看似與前衝突而其實不然胡適之先生以爲孔子不見得不言利，這我們也有相當的承認；蓋孔子雖一面有其根本態度而作起事來固無所不可，所謂中行是也『不認定』與『道中庸』皆爲照看外邊時所持的態度宋明大儒似均不分清此雙條的路，而尤忽於照看外邊，於是種種流弊毛病，遂由此生；容到後面去說。

以上都是敍孔子的人生哲學；此可爲中國文明最重要之一部，却非即中國人所適用之文化。中國人所適用之文化，就歷史上看來，數千年間，蓋鮮能采用孔子意思者。所謂禮樂不興，則孔子的人生固已無從安措，而況並出來提倡孔子人生者亦不數見乎！然即由其所遺的糟粕形式與呆板訓條以成之文化，維繫數千年以迄於今，加賜於吾人者，固已大矣。我們試來看中國的文化。

中國文化自很古時候到後來，自然也有幾個重要的變動——如封建郡縣之變，然而總可以說自始至終沒有大變。這前後差不多的文化，似乎中間以孔子作個樞紐：孔子以前的中國文化差不多都收在孔子手裏；孔子以後的中國文化又差不多都由孔子那裏出來。孔子的六藝：詩，書，易，禮，樂，春秋，——後謂之六經——都是古帝王經世出治之迹。原來古代設官，官各有史，天子也是一官，也有其史，就是太史；張孟劬先生在他所作的史微上說，中國一切文化學術都出於這些史，如孔子六藝和諸子百家道術，便是由太史和其他各官之史而來的；我頗相信。學術總先是經驗積起來的，各官分掌各事，各有其經驗，其史便是保存經驗所得的地方。據張先生說：孔子本是儒家，出於司徒之官，却是把太史的東西又都拿了過來，於是前聖的遺文都歸孔氏了。諸子百家都是六藝之支與流裔，六藝在孔子，則孔子不是與諸子平列的，而是孔子爲全爲主，諸子爲分爲賓。周秦之際，諸子爭鳴各思以其道易天下；這時候中國文化也許開一不因襲古代的新局面。却是漢興而孔家定於一尊，諸子的思想仍都沒有打動中國人的心而變更局面。這因爲諸子都祇各就一事去講，並沒有全整的人生思想；其中道家雖有的，却又與孔家同一個源頭——太史——不大扞格；墨家雖有的，又過偏而站不住；所以結果還弄成儒家的天下。這似乎孔家的文化要實施了，但其實不然。一則我們認定的孔家在其人生思想方面；六經並非孔子創作，皆古代傳留下來之陳迹，若用孔子之精神貫注起來便通是活的，否則都是死物；而當時傳經者實不得孔子精神。他們漢人治經祇算研究古物，於孔子的人生生活並不着意，祇有外面的研究而沒有內心的研究。據汪容甫考訂漢時所傳之經，其來路幾乎都出於荀卿。荀卿雖爲儒家，但得於外面者多，得於內心者少。他之說性惡，於儒家爲獨異，此固由孔子不談性與天道，所以他不妨與孟子兩樣；但實由其未得孔子根本意思，而其所傳在禮，——外面——所致也。所謂『禮主其減，樂主其盈，』大概禮是起於肅靜收斂人的暴慢浮動種種不好脾氣；而樂則主於啓發導誘人的美善心理；傳禮的自容易看人的不好一面。你看荀卿說性惡的原故，不外舉些好利之心，耳目之欲，若不以禮去節制，就不能好，卽可見矣。其實我們看好利之心，耳目之欲，並不足爲成立性惡論之根據；好利之心，耳目之欲，是我們本來生活，無所謂善，無所謂惡；待好禮以自節乃爲善，其不好禮以自節者乃爲惡；今吾人固好禮而能制禮以自節矣，則何由斷其爲惡乎？從孔子那形而上學而來之人生觀察，徹頭徹尾有性善的意思在內；縱然孔子不言，而荀卿苟得孔子之意者，亦必不爲性惡之言矣。漢人傳荀卿之經，孔子人生思想之不發達固宜；而所謂通經者所得悉糟粕而已。卽此糟粕形式，在那時也不能都用。其政治非王非霸，而思想中又見黃老之活動：實在是一個混合的文化。當時的人生與其謂孔家的，寧謂多黃老之意味，此不但兩漢為然，中國數千年以儒家治天下，而實際上人生一般態度皆有黃老氣。本來孔家道家其最後根本皆在易理，不過孔家則講周易，道家則遠本歸藏，都是相彷彿的一套形而上學。其所差似祇在一個陰柔為坤靜之道，一個陽剛為乾動之道；而中國人總是偏陰這一面的。兩漢孔家思想既未實現，再往下到三國魏晉，愈看見其時人思想之淺薄而無着落。却是這時與孔家不同的人生態度，也得公然顯著的表示出來；不像以前蒙着孔家面目沈悶不動。我們看魏晉人所發表的文藝著作都是看得出來的；其思想之煩悶已極，人生問題大為活動，如列子楊朱篇的放縱思想可以代表一斑。（好多人考訂列子是此時人假作的，大約不錯。）似乎一面是老莊與輸入的佛家啓發打動他們的影響很大；一面是形式的儒家愈到後來愈乾乾淨淨，賸一點形式，他們人人心裏空漠無主，所以才現出這樣。假使這時有個懂得孔子思想的人，一定出來講話，然而我們看簡直沒有人提及。但此思想煩亂實為好現象，蓋此煩亂都是要求人生思想得一個解決的表現，從此乃能產生後來的宋人之學。此魏晉迄南北朝都可以說是孔子思想不但不實現，並且將其形式衝破了的時代，到唐時佛家甚盛，禪宗徧天下。以佛家態度與孔子如彼其異，而不見生一種抵抗，可見孔家思想澌滅殆絕。雖有一個韓退之，略事爭持，而自以為可以上繼孔孟，其實直不算數的。他的人生思想實並未得一解決，看他文集裏讀墨子一篇，有什麼『孔子必用墨子，墨子必用孔子』的話，可見他心裏毫無所得。而詩集中有七古一篇云：

「忽忽乎余未知生之為樂也，願脫去而無因。安得長翮大翼如雲生我身，乘風振奮出六合，絕浮塵。死生哀樂兩相棄，是非得失付閒人。」

這那裏有一點儒家的樣子！若稍能得力於儒家何至說這種話！然自退之而外更無人矣。以擁護孔子之人尚且如此，可見其時孔家的精神簡直沒有人理會了。五代亂世更無可說，經過此非常沈寂時代，到了宋朝慢慢產生所謂宋學。宋學雖不必為孔學，然我們總可以說宋人對於孔家的人生確是想法去尋的，所尋得者且不論他是與不是，即此想法去尋，也已經是千年來未有的創舉了！況且我們看去他們對於孔子的人生生活，還頗能尋得出幾分呢！在旁人從形迹上看他們，總喜說不是孔子本來的東西，而參取道家佛家的思想為多。例如宋學要以周濂溪開頭，而周濂溪之太極圖，據他們考證，即受自釋老者。宋元學案黃晦木太極圖辨云：「考河上公本圖名無極圖，魏伯陽得之以著參同契；鍾離權得之以授呂洞賓；洞賓後與陳圖南同隱華山，而以授陳，陳刻之華山石壁；陳又得先天圖於麻衣道者，皆以授种放；种放以授穆修，與僧壽涯；修以先天圖授李挺之；挺之以授邵天叟；天叟以授子堯夫；修以無極圖授周子；周子又得得先天地之偈於壽涯。」這似乎證據確鑿，很難為諱，其實我看即使如此也不甚要緊。因為孔子的人生出於那一套形而上學是很明的；此種形而上學原不可以呆講，且與道家的形而上學本就相似相通，在道家或孔家均不得獨自據為己有；即使其果受自道家，正亦不妨由是而生出孔家的人生思想。不但受自與孔家一個源頭之道家不足為異，即使與孔老俱不相干而能有見於此道——此種形而上學——也未嘗不可產出孔子的人生。此種形而上的道理與此種人生的道理，是天下之公物，豈能禁人之探討，又豈能不許人之探討有得者與古人有合耶！如西洋古希臘之黑列克立塔斯（Heraclitus）其道理頗有與孔家接近處，我們試考所以能如此者，不外由其講變化的形而上學與此相通故耳。若實際果同，斷不容以東西形迹之隔而不許其同。大家不於實際上——生活上——求宋學孔學之差異，而祇沾沾於其形迹，何其淺薄錯謬！宋初諸家殆莫不先有其講變化的形而上學者：周濂溪，邵康節，固然而前乎此者范魏公人稱其汎通六經，尤長於易；司馬溫公則作潛虛，人各有其學，殊未必同；但所研究對象——變化——同，即爲此種人生哲學開闢出來之機矣。又或批評他們與佛家有關係，陸象山，楊慈湖，被嫌尤重；這也是拘泥形迹的看法。當時受佛的影響祇是引起反動，並非正面有所承受。其語錄的話有甚似禪家者，亦祇是社會風氣使然。所說內容仍不相干。然亦竟有徘徊儒釋者，此則又有別的原故在。蓋佛教爲印度民族之產物，與中國之民族性甚多不合；故佛教入中國之後殆無不經過中國人之變化。除唯識爲印度之舊，餘若禪宗，淨土，華嚴，天台，殆悉爲中國產。禪宗號稱不立語言文字，機鋒話頭無所憑準，故形迹上與他家更少扞格；又則宋學雖慕孔家，却是所走亦復入偏，於是竟使絕相反對之孔子釋迦於後來流裔上迷混難辨；此當時徘徊儒釋者所以紛紛也。故宋學即使有近禪學，不必執爲參合佛家；而況宋學禪學眞實內容初非一事，所近似者仍在外面一點形式耳。但宋學雖未參取佛老，却是亦不甚得孔家之旨；據我所見，其失似在忽於照看外邊而專從事於內裏生活；而其從事內裏生活，又取途窮理於外，於是乃更失矣。將來作孔家哲學時將專論之，此不多說。元代似祇宋人之遺，無甚特色。及明代而陽明先生興，始祛窮理於外之弊，而歸本直覺——他叫良知。然猶忽於照看外邊；所謂格物者實屬於照看外邊一面，如陽明所說，雖救朱子之失，自己亦未爲得陽明之門盡多高明之士，而泰州一脈尤覺氣象非凡；孔家的人生態度，頗可見矣。如我之意，誠於此一派補其照看外邊一路，其庶幾乎！明末出了不少大人物如黎洲，船山……諸先生乃至其他殉難抗清的許多志士，其精神無論如何不能說不是由於此種人生態度的提倡。到清代實祇有講經的一派，這未始於孔學無好處，然孔家的人生無人講究，則不能否認。講經家兩眼都是向外，又祇就着書本作古物看，內裏生活原自拋却，書上思想便也不管，惟一戴東原乃談人生—人說他談性理，我不喜歡用性理的名詞，在孔子祇有所謂人生無所謂性理，性理乃宋人之言，孔子所不甚談者、戴氏之思想對於宋人爲反抗，我們承認確是糾正宋人支離偏激之失。其以仁義禮智不離乎血氣心知，於孔孟之懷蓋無不訢合。自宋以來，種種偏激之思想，固執之教條，輾轉相傳而益厲，所加於社會人生的無理壓迫，蓋已多矣；有此反動，實爲好現象。所以我們對於戴氏亦認爲一種孔家人生的萌動，惜乎其竟不引起影響也。此後講經家中有所謂今文家者出，到康長素，梁任公益呈特彩。蓋於治經家向無人生態度可見者，而到了他們却表出一種人生態度。他們這種人生態度自己也很模糊，不知其不合孔子；而假借孔經，將孔子精神喪失乾淨，歡迎了反乎孔子的人生態度思想進來。他們把孔子，墨子，釋迦，耶穌，西洋道理，亂講一氣；結果始終沒有認清那個是那個！然非其雜引攪擾之功，亦不能使中國人數千年來成了人生態度混亂的時代，不有此活動混亂的時代，亦不能開此後之新局—如我所測，或者中國人三數年間其不能不求得一新人生路向耶！

試說從來的中國人生活

孔子的人生，既未實現，於是我們要看中國人生大概是怎樣呢？大概言之，卻都還是我們所謂人生第二路向。蓋其間雖有印度態度輸入，卻未引起中國人生的變動，而轉為中國民族性所化，及最近變法維新以後雖西洋態度輸入而為時甚暫，均可不計外，大體上中國人生無論是孔是老，非孔非老，要皆屬於第二路者。試從生活三方面略說一說：

（一）物質生活方面　中國人雖不能像孔子所謂『自得』，卻是很少向前要求有所取得的意思。他很安分知足，享受他眼前所有的那一點，而不作新的奢望，所以其物質生活始終是簡單樸素，沒有那種種發明創造。此在其結果之不好的一面看，則為物質文明之不發達，乃至有時且受自然界之壓迫——如水旱種種天災。蓋此種知足的容忍的態度，在人類初期文化——前所謂第一項問題（見第三章）還未曾解決時，實在不甚相宜，因為在此時是先要圖生存的，當然不能不抗天行；又且物質上的不進步並不單是一個物質的不進步，一切的文物制度也都因此不得開發出來。此其弊害，誠不勝說。然在其結果之好的一面看，則吾人雖有此許多失敗，而卻有莫大之大幸。因為從此種態度即不會產生西洋近世的經濟狀況。西洋近百年來的經濟變遷，表面非常富麗，而骨子裏其人苦痛甚深；中國人就沒有受著。（西洋人所受的苦痛後面去說）雖然中國人的車不如西洋人的車，中國人的船不如西洋人的船，……中國人的一切起居享用都不如西洋人，而中國人在物質上所享受的幸福，實在倒比西洋人多。蓋我們的幸福樂趣，在我們能享受的一面，而不在所享受的東西上，——穿錦繡的未必便愉快，穿破布的或許很樂；中國人以其與自然融洽游樂的態度，有一點就享受一點，而西洋人風馳電掣的向前追求，以致精神淪喪苦悶，所得雖多，實在未曾從容享受。

（二）社會生活方面　孔子的倫理，實寓有他所謂絜矩之道在內，父慈，子孝，兄友，弟恭，總使兩方面調和而相濟，並不是專壓迫一方面的，——若偏欹一方就與他從形而上學來的根本道理不合，却是結果必不能如孔子之意，全成了一方面的壓迫。這一半由於古代相傳的禮法，自然難免此種傾向，而此種禮法因孔家承受古代文明之故，與孔家融混而不能分，儒家地位既常藉此種禮法以爲維持，而此種禮法亦藉儒家而得維繫長久不倒；一半由中國人總是持容讓的態度，對自然如此，對人亦然，絕無西洋對待抗爭的態度；所以使古代的制度始終沒有改革。似乎宋以前這種束縛壓迫還不十分利害，宋以後所謂禮教名教者又變本加厲，此亦不能爲之曲諱。數千年以來使吾人不能從種種在上的威權解放出來而得自由，個性不得申展，社會性亦不得發達，這是我們人生上一個最大的不及西洋之處。然雖在這一面有如此之失敗不利，却是自他一面看去又很有勝利。我們前曾說過西洋人是先有我的觀念，才要求本性權利，才得到個性申展的，但從此各個人間的彼此界限要劃得很清，開口就是權利義務，法律關係，誰同誰都是要算賬，甚至於父子夫婦之間也都如此；這樣生活實在不合理，實在太苦。中國人態度恰好與此相反：西洋人是要用理智的，中國人是要用直覺的——情感的；西洋人是有我的，中國人是不要我的。在母親之於兒子，則其情若有兒子而無自己；在兒子之於母親，則其情若有母親而無自己；兄之於弟，弟之於兄，朋友之相與，都是爲人可以不計自己的，屈己以從人的。他不分什麼人我界限，不講什麼權利義務，所謂孝弟禮讓之訓，處處尙情而無我。

雖因孔子的精神理想沒有實現，而祇是些古代禮法，呆板教條以致偏欹一方，黑闇寃抑，苦痛不少，然而家庭裏，社會上，處處都能得到一種情趣，不是冷漠，敵對，算賬的樣子，於人生的活氣有不少的培養，不能不算一種優長與勝利。

（三）精神生活方面　人多以爲中國人在這一面是可以比西洋人見長的地方，其實大大不然；中國人在這一面實在是失敗的。中國人的那般人與自然渾融的樣子，和那從容享樂的物質生活態度，的確是對的，是可貴的，比較西洋人要算一個眞勝利。中國人的那般人與人渾融的樣子，和那淳厚禮讓的社會生活態度，的確是對的，可貴的，比較西洋人也要算一個眞勝利。至於精神生活乃無可數：情志一邊的宗教，本土所有，只是出於低等動機的所謂禍福長生之念而已，殊無西洋宗教那種偉大尚愛的精神；文學如詩歌詞賦戲曲，雖多聰明精巧之處，總覺也少偉大的氣概，深厚的思想和眞情；藝術如音樂繪畫，我不甚懂，私臆以爲或有非常可貴之處，然似祇爲偶然一現之文明而非普偏流行之文化。知識一邊的科學，簡直沒有；哲學亦少所講求，即有甚可貴者，然多數人並不作這種生涯；社會一般所有，祇是些糊塗淺拙的思想。所以從種種看去，這一面的生活，中國人並沒有作到好處。祇有孔子的那種精神生活，似宗教非宗教，非藝術亦藝術，與西洋晚近生命派的哲學有些相似，或者是個作到好處的；惜乎除中間有些萌動外，沒有能够流行到一般社會上！

中國的文化大概如此，既非西洋，亦非印度，而自成其爲第二路向。不過在這條路向中，數千年中國人的生活，除孔家外都沒有走到其恰好的線上。所謂第二路向固是不向前不向後，然並非沒有自己積極的精神，而祗為容忍與敷衍者。中國人殆不免於容忍敷衍而已，惟孔子的態度全然不是什麼容忍敷衍，他是無入不自得。惟其自得而後第二條路乃有其積極的面目；亦惟此自得是第二條的唯一的恰好路線。我們說第二條路是意欲自為調和持中，一切容讓忍耐敷衍也算自為調和，但惟自得乃眞調和耳。

我們走這條路是怎樣走上去的呢？關於此層我所得甚少，不如西洋與印度那樣顯而易見。有人說中國人的態度由於地理的關係，他那一片平原大陸與西洋印度的形勢各不相同；這種客觀的關係自亦有的。又民族的性質也有關係，不過都不十分清楚，我也沒有十分去用心考求。我有一個私意：一個社會實在受此社會中之天才的影響最大，天才所表出之成功雖必有假於外，而天才創造之能力實在無假於外。中國之文化全出於古初的幾個非常天才之創造，中國從前所謂『古聖人』，都祗是那時的非常天才。文化的創造沒有不是由於天才的，但我總覺得中國古時的天才比西洋古時的天才天分高些，即此便是中國文化所由產生的原故。我總覺得墨子太笨，我總覺得西洋人太笨，而中國自黃帝至周公孔子幾個人太聰明。如果祇有平常的天才，那麼，道理可以一點一點的接續逐漸發明，其文明可以為積累的進步不已；若開頭是個非常大天才，其思想太玄深而緻密，後來的天才不能出其上，就不能另外有所發明，而盤旋於其範圍之中。西洋是前一個樣子，中國是後一個樣子。你看西洋文化不是積累起來的，而中國文化不是一成不變的嗎？所以一成不變的原故，根本在中國古聖人由其觀察宇宙所得的深密思想，開頭便領着大家去走人生第二路向，到老子孔子更有其一般哲學爲這路向作根據，從此以後無論多少聰明人轉來轉去總出不了他的圈；而人生路向不變，文化遂定規成了這等樣子不能再變。又且周公孔子替我們預備的太周到妥帖，愈周到妥帖愈維持的日子久，便倒不能進步了。如其不周到妥帖，則非掉換一個不可，所掉換的維持一時，又非掉換一個不可，那麽就進步了。所謂孔子太周到妥帖的，不是別的，就是他那調和的精神；從這精神出來的東西是最能長久不倒的，却由此就耽誤了中國人。中國文化只是由於出了非常的天才，沒有什麽別的原故。

西洋人生哲學

我們說中國文化姑且至此爲止，以下稍說一點西洋的人生哲學是如何情形就可以把三方的思想——宗教，哲學之形而上，知識，人生三部，——作個結束了。

我們已說過西洋哲學是偏於向外的，對於自然的，對於靜體的一面特別發達，這個結果就是略於人事；所以在他人生哲學好像不是哲學的正題所在，而所有其人生哲學又自古迄今似乎都成一種特別派頭。什麽派頭？一言以蔽之，就是尙理智：或主功利，便須理智計算；或主知識，便須理智經營；或主絕對又是嚴重的理性。但在未走出一定路子來的時候，自然也是向各方面發展的，如黑列克立塔斯 (Heraclitus) 因爲講變化的形而上學，所以他的人生思想很與中國有些相似；却是以後再沒人接續走這講變化的一路，所以這種思想也就無所發展了。底下的詭辯學派，祇是一種懷疑破壞的態度，覺得沒有什麽道理可憑，但他有一點意思就是憑個人的主觀於我有利無利——這似可算西洋派的萌芽。梭格拉底出來反對他們，以爲是有眞理可憑的。人所以行事不對祇爲不明白，能有知識就好了，所以他說「知識即是道德」假如有人自知不好而不能節制，是他不能認明現在之快樂與自此而生之未來苦痛的比較價值，卽還是無知識；所以最重要在知識——這又是西洋派的開端。梭格拉底以後分成四派，說法不同，却有一個共同點，卽還是重知識。其基利內派（Cyrenaie）更置重於幸福，以為人應當多得快樂，多避苦痛，知識是能使我們行為達到利益之目的者。柏拉圖則有其「善之觀念」說為一切觀念所從屬而是實在的；我們要去實現這個善就是德，而必須受真知識之指導才能行。他的弟子亞利士多德便稍不同，以為不是祇有知識卽成的，還得要有強的意志養成習慣。他還有一個意思就是他所謂中庸，以為一切的德都是中庸而不是偏於一極端者；而人的情欲總容易走極端，所以他主張要由理性統馭調節一切欲望才有這個德——中庸。這理性統馭的態度又是西洋派。這以後則有斯多噶派（Stoics）伊壁鳩魯派（Epicurus）前一派要絕情念而安靜退隱，不看重生活。後一派就倡快樂主義，說我們常要思慮分別，擇那最多與吾人以快樂者去作；知識道德都為此始有價值。看似他這要安靜無苦痛與斯多噶派有點相似，然他這個安靜是從計算利害來的，與那派根本不要存利害的心實在相反。羅馬人不過折衷各種思想可以不說。以下為基督教倫理時代，自為不看重人生者，惟其最可注意處，當為博愛之一義。在從前亞利士多德列舉種種之德，其中並無博愛一目，而至此則為主要之德，以迄於今西洋人得他的影響好處非常之大。到文藝復興人生思想脫宗教而獨立，回到現世時，大概可以粗判為英國，大陸，德國三派。英國派始終是主功利的，無論什麼幸福說，快樂說，為我說，利人說，總都是一路氣味。開頭如倍根，霍布士，洛克，哈特烈（Hartley）休謨等等都是這樣；其間自然也有反動，但總無大勢力，一直到後來如邊沁，穆勒，斯賓塞，其精神益著。大陸派可以說是主知識的一面，因他排感覺不重經驗，所以較少功利氣味而看重知識。如笛卡爾的意思，道德是與明白的知識為一致，有了知識，由意志統馭著作就成了道德。馬爾布蘭西（Nicolas Malebranches）說吾人能辨別事理，由吾人分有神之知識才成功道德。斯賓諾莎（Spinosa）說人要不明白則常為感情所左右而非自由動作，因此照他意思，道德一面與明瞭之知識一致，一面與活動自由之動作一致。凡此諸人皆同倡主知主義者也。德國派稍與英國和其他大陸思想不同；他的意思以道德為我們義務而不應當有所為，這與功利主義適為反對，亦與主知者非一。這派主人就是康德。他以為要是有所為，不論是出於感情是出於欲望不論是為己為人，便都不得謂之道德，而且是正相反的；要無所為的直接由理性來的命令才算道德。從前一種不過是因利害的計算才去作，那麼他這種命令以有利為假定，無利就可取銷，祇名為『假定的命令』；從後一種便是無條件的絕對應行之義務，乃名為『無上命令』。所以照他這意思便是由惻隱之心而為恤人之舉，也都非道德了。這自然對於西洋派很不隨羣，却也與中國派頭不一樣；因他雖說無所為與我們相似，然我們所說的無所為並不像他這樣不容留感情。非希特（Fichte）亦以道德之自身即為目的，非他物之方便，凡別有所為者，不得為道德；純粹道德之衝動在眞正的自我滿足。黑知爾（Hegel）略有不同，以為道德應求客觀之標準，不單從個人之良心而定；但他也說意志自由，而意志從乎理性以為活動。到後來李布斯（Theador Lipps）要算是這德國派進步到好處，很高明的一個人。但這一派總不能居重要地位，就連主知派勢力也不大，而且德國和其他大陸都還不少功利派，所以西洋思想竟不妨以功利主義將他代表了。最近的什麽實際主義，人本主義，工具主義，實驗主義，總是講實際應用意思都差不多。杜威先生說他們實驗派的方法是能使人生行為格外根據於有意識的態度，受知識之支配，不去作無意識的事；是世間人類幸福的唯一保障。此其要把人生行為都化成有所為而為，而着重於知識，絕不異於古，殆可以算西洋派進步到最圓滿的產物。然而現在西洋風氣變端已見，前此之人生思想此刻已到末運了！

三方生活之真解

現在西洋印度中國三方文化俱已說明，我們試列一比較以明觀察所得之結果：

(一)西洋生活是直覺運用理智的；

(二)中國生活是理智運用直覺的；

(三)印度生活是理智運用現量的。

這話乍看似很不通，感覺直覺理智三者，我們何時能有用有不用的呢？但我為表我的意思，不得不說這種拙笨不通的話，待我一一說明，或可解惑。我們覺察得的西洋人近世理智的活動太盛太強（見第三章）對自然是從我這裏劃開，而且加以剖析，把他分得很碎很碎，而計算操縱之，此一方面的生活，不是理智去作嗎？人對人也是劃界線而持算賬的態度，成了機械的關係，這一方面的生活不又是理智去作嗎？至於精神生活一面，也是理智壓倒一切，宗教之倒，形而上學之倒，不是理智為之嗎？知識方法之闢出，多數科學之成就，不是理智為之嗎？乃至藝術為直覺之事，而亦成了科學化，不是理智為之嗎？總而言之，西洋人所作的生活以理智為其唯一重要工具，此甚明白之事。然此時有不可不提醒的一點：理智是無私的，是靜觀的，自己不會動作而祇是一個工具，則此所謂理智作用太強太盛者，是誰在那裏役使他活動呢？此非他，蓋一種直覺也。我們已說過西洋人自文藝復興認識了『我』才大活動起來；一切西洋文化悉由念念認我向前要求而成。這『我』之認識，感覺所不能爲，理智所不能爲，蓋全出於直覺所得。故此直覺實居主要地位；由其念強，才奔着去求，而理智則其求時所用之工具，所以我們說西洋生活是以直覺運用理智的。讀者幸善會其意而無以詞害意。

其次說中國。中國人初不曾像西洋那樣認淸了『我』，初不曾像西洋那樣人與自然分離對待，初不曾像西洋那樣人與人劃淸界限，更不像西洋有那樣的知識（科學）發達成就而依之以爲生活，其理智無甚作用是很明的。而照我們前幾章所說他那人與自然的渾融不是由直覺嗎？其社會生活上人與人的尙情感而鮮計較，不是用直覺嗎？其所依以爲生活之一切學術莫非玄學化，藝術化，不都是用直覺的嗎？這稍不細心未嘗不可看成別的生物或什麼野人靠着本能爲生活的一般，但實不爾。這實由中國很早的時代就想成功那極高的文化，爲其聖人——天才——領着去作以理智運調直覺的生活，却其結果祇成了這非高非低渾沌難辨的生活，文化。中國古代那很玄深的哲理實是由理智調弄直覺所認識的觀念，不單是直覺便好；孔子和孔子所承受的古化都是教人作一種憑直覺的生活，而以調理直覺爲之先，如我們所敍孔子走雙路和禮樂等制度其以理智運直覺而行亦旣甚明。不過這古聖人的安排在那時事實上是難行，行也維持不久，或形式徽具，原意浸失，結果只弄成理智的不發達，似乎文化很低的樣子了。其實這憑直覺的生活是極高明的一種生活，要理智大發達之後纔能行的。所謂以理智運直覺的其實是直覺用理智，以理智再來用直覺，比那單是直覺運用理智的多一周折而更進一層。一切生活都由有我，必有我才活動才生活。孔子的生活只是毋我的生活，只是不分別執我，初非眞破了我執，其直覺的認我依舊有的，然亦唯只直覺的我，更無其他我執。西洋人的『我』是就着直覺認的我又加以理智的區劃分別者，而孔子則只直覺中的我而已；一般人悉有分別我執，唯不如西洋人之明且強，又不如孔子之無分別執；其實莫不有我，不過一淸楚顯着，一則渾若無，一則迷離。分別我執不經破除是不能無的，此破除之功全假理智；他蓋由理智分別而立，由理智分別而破。孔子的直覺生活實以理智爲之先，此不可不知也；其理智之運用仍由直覺爲之主，此不可不知也。所以我們說他是多一周折的，更進一層的，中國人雖走他這路沒走到好處，然既原要走這路，卽仍不妨這樣說。我們省略着說，就說中國生活是理智運用直覺的。這許多話很拙笨不通，但我不如此說，不能見我意。

再其次說印度。我們說印度其實是指佛教，因爲唯佛教是把印度那條路走到好處的，其他都不對，卽必佛教的路才是印度的路。這條路最排斥理智和直覺——他們所謂比非量。皆排斥比非量外，佛教更無其他意旨；其比非量卽理智與直覺。這其間理智只是虛，還不妄，所以有時也可以承認。唯識道理卽全出於現比量，而因明學卽專講比量者——理智。作這條路的生活就是用比量破一切非量——包直覺及似比似現——而現量如實證比非量之全不如實，現量之用大爲開發而成功現量生活。所以姑且就說印度生活爲理智運用現量。

以上是三方生活之眞解釋，以下我們所以說中國化要復興的，卽因爲我們看未來世界人的生活要成功以理智調理直覺那樣子。

第五章　世界未來之文化與我們今日應持的態度

我們推論未來文化的態度

我們講未來文化，並不是主張世界未來應當用某種文化，祇指示現在的情形正朝着某方面去走。完全就客觀的事實來看，並沒有一些主觀的意見在內；個人的主意是無效的。我們從客觀的觀察所得看出為現在全世界嚮導的西方文化已經有表著的變遷，世界未來的文化似不難測。此刻可分三方面去說從此三方面的變遷指示未來的文化。所謂三方的就是：事實一面，見解一面，態度一面。

事實的變遷

第一先說事實一面如何變遷。我們所謂事實一面的就是指着經濟現象說因為在現今這是事實所在。在三種變遷之中這事實的變自然是頂重要的；由此事實的變而後文化乃不得不變，試看下文就知道了。於是我們來略敘西方的經濟變遷。原來西方在中世紀時各地處都漸成了所謂自由都市。這自由都市便是經濟的單位，也是政治的單位；到後來經濟變遷，政治單位才也隨着大了，成功近世的國家。在這種自由都市裏面的經濟，自其生產言之，都是手工業，雖亦有器械來幫助，但以人為主；又都是家庭工業，雖亦有夥計傭工來幫助，但以家為主；總是小規模的生產就是了。這些小工業其同一行業的各有一種組織謂之『同業組合』(guild)這同業組合實為自由都市的基礎；他有對於組合內部的獨立裁判權和獨立行政權。由此同業組合為生產組織的單位，其生產與消費的關係總是以消費為本位——看要消費多少才生產多少，生產以與消費適相當為止。所以此種經濟情況叫做消費本位的經濟；為消費而生產，不同後來為生產而生產。這個樣子的經濟是很合理的，使人的生活很太平安全從容享樂，而後來卻破壞了。從這破壞到成功現在的經濟樣子，自是種種緣故湊起來的，舉其最重大者言之，約爲三事。頭一樁便是機械的發明。機械實在是近世世界的惡魔；但他所以發現的，則爲西方人持那種人生態度之故。從西方那種人生態度下面定會發生這個東西。他一面要求物質幸福，想利用自然征服自然，一面從他那理智剖析的頭腦又產生科學，兩下裏湊合起，於是機械就發明出來。自有機械以代人，於是手工的生產就變爲機械的生產。起初機械還待人去發動，等到有汽機電機，那麼差不多做什麼都用汽機電機便好，更用不着人了。此時完全以機械爲主，機械愈大，益非大資本不可，又非多數工人不可。於是情形大變，當初工業是手工的，家庭的，小資本的，現在通成了機械的，工場的，大資本的。總而言之，小規模的生產組織破壞，而大規模的生產勃興，同業組合於此破壞，自由都市於此破壞，資本主義的經濟與近世的國家由此而興。這時又有一樁事助成這個變局的便是分工之說。斯密亞丹倡合力分工之說，以爲工愈分愈好，力愈合愈好。譬如一個針要始終由一個人去做，便做的慢而且不精好，若一人引絲，一人磨尖，一人穿孔，……如是分開各專一事，那麼便做的快而且精好。所以最妙是大家合力來作一事，而卻要分任工作。分工於生產有非常的好效果，自然都盛行起來，那麼工場規模遂愈大，資本遂愈合併集中。這時更有一樁事於促成現今經濟局面力量非常之大的，便是自由競爭之說。當中世紀時那樣的生產組織，於生產的量或質以及工人待遇等許多事，不論鉅細，都有管理保護的種種規矩法律。待那組織破壞而這種習慣還遺留未改——還持干涉保護的態度。於是就有許多學者如斯密亞丹，斯賓塞等等力倡自由競爭之說，他們以爲人都要圖自己利益的，這個心——利己心——是很對的；人的行爲活動都爲自己利益的，這個行爲——利己行爲——

也非常好的，其結果增進了他個人利益幸福並且增進社會大家的利益幸福。社會上大家彼此幫助的地方很多，但這都非出自慈惠利人之念，而實出於各爲其利而自然行之的。許多人在一社會所以都能很好的去生活，社會所以得繁榮進步，初不要待干涉鼓勵；而干涉鼓勵或未必行的。他自己會弄得很妥當很好，而干涉管理反要弄得不妥當不好了。因此他們就反對產業上保護干涉的辦法，而主張聽着人人各競其利。人人各競其利，產業就會非常快的發達起來，這也是誠然的。大機械有利，就競着發明采用大機械而機械愈新；大資本有利，就競着收合大資本而資本愈集中。於是這個變局因爲沒了管束羈勒，越發變的急驟猛烈而成了今日的樣子。今日的樣子是什麼樣子？就是全不合理的一個經濟現象。當機械發明，變動相逐以來，小工業一次一次的破壞，那些在小工業居主人地位的——小資本家——便一次一次都夷爲隸屬的工人，到大工場去做工乞活。這個結果除少數善於經營而有幸運的人作了資本家，其餘的便都變成了工人，社會上簡直劃然成兩階級，貧富懸殊的不合理還在其次。資本家與工人的關係看着是自由契約，一方要招他作工，一方願意就招，其實資本家可以完全壓迫工人制其死命，而工人則除你願意餓，可以自由去餓之外，沒有別的自由。因爲你不作工就沒有飯喫，要作工就得聽命於他。這權操自一方的不合理還在其次，最不合理的是：求這樣安於被制的工作而不可得，時時有失業的恐慌，和一方生產過剩膏粱錦繡堆積起來而一方人還是凍餒。原來自從一味提倡鼓勵生產以後，（機械，分工，自由競爭，都是提倡鼓勵生產的）生產卻是非常發達了，而這時的經濟就變成以生產爲本位。生產不是爲社會上大家消費而生產的，只是要多多的生產，個人好去營利就是了。個人競利在這時是天經地義資本家各自佔着生產機關他去生產原是爲營利，生產愈多愈有利，便只求多多生產，弄成爲生產而生產的局面。這時就有所謂『市場』這個東西爲銷貨辦貨兩方折衝所在，生產出來的東西都到那裏競爭求售。而消費方面究竟怎樣一個需要，事前不曉得，只顧生產，每每到了那裏銷售不去。這情形便謂之『生產過剩』而同時工人就起了失業的恐慌。因爲生產過剩，資本家就得賠錢，若再生產豈不更賠累，所以自然要停工，而工人無工可作，就無所得食。這樣的事是常常有的，所以工人的生活不但是困苦受制，並且連這點生活還時時恐慌擾攘不寧。這個樣子實在太不合理！尤其怪謬不合的，我們去生產原是爲消費——織布原是爲穿衣，生產的多應當大家享用充裕，生產的少才不敷用，現在生產過剩何以反而大家享用不着，甚至不免凍餒？豈非織布而不是爲給人穿的了嗎？然而照現在的辦法竟然如此，這樣的經濟眞是再不合理沒有了！這種不合理的事決敷衍不下去。這全失我們人的本意，人自然要求改正，歸於合理而後已。就是把現在個人本位的，生產本位的經濟改正歸到社會本位的，分配(消費)本位的。這出來要求改正的便是所謂社會主義。西方文化的轉變就萌芽於此。

經濟改正之必要

社會主義發生到現在很久了，其間派別自不勝數。然而我們看去，像是最初可說宗教氣味的，此指聖西門一流；後來可說科學氣味的，此指馬克思一流；於今則有些可說哲學氣味的，此指羅素，基爾特主義一流。這其間最後一派尤見出西方化的變動，我們在後面還要另自細談。許多人總覺得他們都是空想；雖然最初那種不免爲激於感情而生之空想；就是科學氣味的其所推測到今也多未中，而階級爭鬪社會革命固未見就崩裂出來最後頗切實際也有許多理想然而無論如何這改造要求是合理那事實必歸於合理而後已。而況如此的經濟其戕賊人性—仁—是人所不能堪無論是工人或其餘地位較好的人乃至資本家都被他把生機斲喪殆盡；其生活之不自然，機械，枯窘乏味都是一樣。現在的工人全與從前的夥計傭工情形大異。從前的與主人仍是朋友關係，彼此共同操作很有些情趣，遇事也有些通融。現在的資本家或工廠管理對工人就不能再這樣。簡直一點情趣，一點情義沒有：從前手工時代有點藝術的樣子，於工作中可以含些興味。現在一概都是大機械的，殆非人用機械而成了械機用人。此其工作非常呆板無趣最易疲倦，而仍不能不勉強忍耐去作，眞是苦極！又一件東西非復成於一二人之手，沒有那成功完就的得意心理，是好是歹也全沒興味，眞是乾枯已極！作一天這樣乾枯疲悶無聊的工，得些錢自要尋樂。樂要待尋樂卽是苦。而況要急尋，則無非找些刺戟性的耳目口腹男女之欲：淫聲，淫色，淫味：總之非淫過不樂；這境界眞慘極！人的家庭之樂是極重要無比的，他最能培養人心，並且維繫了一個人生活的平穩。而這時則工人的家庭多半破壞了；且亦不敢有室家。因爲這時婦女兒童也都各自要去作工，一家都分散了，家庭的樂趣就失掉。又因生活困難，娶妻生子更負擔不起而男女各能依工爲活，獨身很覺自如，誰也不想嫁娶，所以多無家。既失其培養維繫，又無聊尋樂，那風紀的紊亂，酗酒鬧事，自殺殺人種種情形於是就不可勝言了。倘使不合理的經濟沒有改正，無論如何想法子，這問題總不得根本解決。這種不可堪忍的局面斷不會長此延留！就是較好地位的人其生活也是機械的無生氣的。因爲是無論什麼人—自低等至高等地位—都要聚精會神在經濟競爭上小心提防失敗，貧困，地位低降，而努力刻意營求財貨時時刻刻算帳並且抑制活潑的情感而統馭着自己去走所計算得那條路。他不敢高狂，不敢狷介，不敢慷慨多情乃並不敢戀愛總之不敢憑着直覺而動。這便是羅素所爲最歎息傷痛的：『人類的祖先不因地獄之火的恐怖而抑制感情乃至今日人類反極力抑制感情，是因爲一個更惡的恐怖——恐怕零落在人間。』又『…但是他們一切自制不是用於創造，祗是使裏面生命的源泉日即於乾涸，而使他們日即於柔弱，無情，凡庸。』這生活實在太苦。羅素也說：『不管道德家怎樣說法，不管經濟上怎樣必要，依賴意志去完全抑制衝動是可以不必的；排去衝動，用目的與慾望統御着的生活，眞是苦惱的生活。』其實其苦惱還不在抑制統御，而在抑制統御之後所生煩悶倦疲，人生空虛之感。這才是大苦惱，人當此際簡直會要潰裂橫決斷不會容他長久如此。因此而呼求經濟制度的改正，眞乃出乎不容已。

因經濟改正而致文化變遷

我們雖不能說現在經濟將由如何步驟而得改正，但其必得改正則無疑，且非甚遠之事。改正成功什麼樣子，我們也不便隨意設想，但其要必歸於合理，以社會爲本位，分配爲本位是一定的，這樣一來就致人類文化要有一根本變革：由第一路向改變爲第二路向，亦即由西洋態度改變爲中國態度。這是爲什麼要這個樣子呢？這不爲別的，這只爲他由第一種問題轉入第二種問題了。（參看第三章）人類頭一步問題是求生存；所有衣，食，住，種種物質的需要都是要從自然界取得的，所以這時態度應當是向前要求的，就着前面下手的，對外改造環境的，以力征服障礙的。若不向前想法子而就着自己這面想法，那就不成功；譬如饑渴而不向前覓食，卻自己忍饑，那麼就不得生存了。近世以來西洋的人生都是力持這態度；從這態度就有他那經濟競爭，——人與人之間的生存競爭；從這經濟競爭結果將得個經濟不競爭而安排妥協，——人與人沒有生存競爭；從這經濟不競爭將不復持這態度，——這種人生態度將隨生存問題以俱逝。當西洋人力持這態度以來，總是改造外面的環境以求滿足，求諸外而不求諸內，求諸人而不求諸己，對着自然界就改造自然界，對着社會就改造社會，於是征服了自然，戰勝了威權，器物也日新，制度也日新，改造又改造，日新又日新，改造到這社會大改造一步，理想的世界出現，這條路便走到了盡頭處！所謂生存問題逝去者，不是說這時便不生存，是說生產分配既有安排，則生存不成問題，人心目中的問題不在生存，而在別處了。在生存競爭中不能不持這態度，生存問題既逝即失其必要；而他種問題之興，並有其變更之必要。所謂這條路——就前面下手改造環境以求滿足的路——已走到盡頭處，固謂改造到這一步無可更改造，亦謂到這一步將有新問題，這個辦法不復適用。蓋人類將從人對物質的問題之時代而轉入人對人的問題之時代。——前所列第二種他心問題之時代。（附注第三期可說為個人自己對自己問題之時代）而征服自然那種態度不能用在人與人之間；他心是完全在我範圍之外的，就前面下手以求滿足未定可得，鄙者之滿足求諸外求諸人，這時只得還而求諸內，求諸己。所謂人對人的問題不一，而男女戀愛問題為其最大者；我們很可以看出生存有了安頓之後，則男女戀愛將成為彼時人第一問題，亦即為彼時社會頂煩亂困難問題。又以前社會上秩序治安的維持無論如何不能說不是出乎強制，即是以對物的態度對人。人類漸漸不能承受這態度，隨着經濟改正而改造得的社會不能不從物的一致而進為心的和同，——總要人與人間有真妥洽纔行。又以前人類似可說在物質不滿足時代，以後似可說轉入精神不安寧時代物質不足必求之於外精神不寧必求之於己又以前人類就是以物質生活而說像是只在取得時代而以後像是轉入享受時代—不難於取得而難於享受！若問如何取得，自須向前要求，若問如何享受，殆非向前要求之謂乎？凡此種種都是使第一路向西洋態度不能不轉入第二路向中國態度之重大情勢；其如何轉變將於後面試說之。我前於第三章剖看文藝復興後的西洋人精神，心理時曾說道：『第一要注意重新提出這態度的重字。這態度原來從前曾經走過的，現在又重新拿出來，實在與從前大有不同了！頭一次是無意中走上去的；而這時—從黑暗覺醒時—是有意選擇取捨而走的。他撇棄第三條路而取第一條路是經過批評判斷的心理而來的。在頭一次走上去的人因為未經批評判別，可以無意中得之，亦可以無意中失之；而重新採取這條路的人，他是要一直走下去不放手的，除非把這一條路走到盡頭不能再走，才可以轉灣。』無論如何，中國人態度或印度人態度都不會輕易為近世的西洋人所接納使用，除非真到有其必要的時節。雖然轉灣還是由自己轉灣，卻非事實變遷擺在前面，他不轉的。

見解的變遷

其次我們要說見解的變遷，或科學的變遷。如果單是事實變遷了，而學術思想沒有變遷，則文化雖有轉變之必要，而人或未必能為適當之應付。然西洋人處於事實變遷之會，同時其學術思想亦大有改變，進給他們以很好之指導以應付那事實上的問題，而闢造文化之新局。這學術思想的變遷，我們分為見解的變遷或科學的變遷與態度的變遷或哲學的變遷之二種；今說前一種，其後一種於第三段說之。我所謂見解的變遷就是指着心理學的變遷說。這是其最重大的根本的，其次尚有些別的見解變遷。差不多西洋人自古以來直到最近變遷以前，有其一種心理學的見解，幾乎西方化就建築在這個上邊；現在這個見解翻案了，西方化於是也要翻案。西洋人這個見解其實我們已敍說過，就是在前章敍西洋的人生思想和本章前段敍經濟變遷一原因——自由競爭之提倡——兩處。這見解的根本所在，就是只看人心理的有意識一面，忽卻那無意識一面；於是差不多就有以有意識心理爲全個心理的見解，而種種誤謬見解悉從此生。不曉得有意識一部只是心理的淺表而隱於其後無意識之部實爲重要根本。在先心理學沒十分研究固易有此誤，就是把心理作專門科學加以十分研究了，還是不能發露出這個錯誤。因其方法有缺憾：只作還而自省之靜的看法，分析了，來敍述，以致所研究殆限於個人的靜止的精神狀態，而常偏在唯知主義(Intellectualism)。那大大發覺這個錯誤而盛作翻案文章的是近來些研究社會心理的書。這因爲方法不同，所研究的不同，又所受進化論以來生物學影響爲前此所沒有。因爲生物進化的研究，第一先把人與其他生物的鴻溝泯沒了而知其相通，不難從生物的研究而啓發了許多人的研究。所以自動物心理學的研究起來就使人的心理學有重大變化。蓋動物多是本能的生活，很少是有意識的生活，其心理上知的作用自不能置重，而要置重於其情的作用意的作用以爲研究；那麼，就發見了人類心理的重要部分也是不在知而在情和意。又那靜的看法改從動的看法，着眼在靜止狀態的改從着眼在行爲活動，個人自省的改從從旁看大衆；那麼益發見出以前種種見解的都不對了。以前的見解都以爲人的生活盡是有意識的，盡由知的作用來作主的，盡能揀擇算計去走的，總是趨利避害去苦就樂的；……如是種種，於是就以知識爲道德，就提倡工於算計的人生，自古初梭格拉底直到一千九百年間之學者，西洋思想自成其一種味調態度深入一般人心形著而爲其文化，與中國風氣適相反對者，蓋莫不基於此。關於政治，法律，經濟，教育……種種之學術多少年來通通以這種心理學的見解爲基而建築於其上——自由競爭之主張其一端——到而今這些隨便假定的道理全翻，那一切學術通要打根柢上從新做過！（看麥獨孤所作社會心理學 McDougall's An Introduction to Social Psychology 便知）人的生活那裏都是有意識的，他同動物一般也是出於本能衝動；知的作用那裏能作主，他不過是工具而居於從屬；人那裏都是揀擇算計才來動作，亦何嘗會趨利避害去苦就樂；常時直不容他揀擇算計，或所謂揀擇算計只是自己替自己作飾詞；利害雖經算計未能就左右行爲；苦樂固易覺得，卻難得到去苦就樂，他很可以趨害就苦而不辭。羅素就從此次大戰而很有見於此，他的社會改造原理第一章第一段劈頭就說：『我此次所獲得的第一件見解即什麼是人類行爲的源泉……；』而所有他這一面的——人事一面的——哲學道理主張也就全出於此。這便是他頂新鮮的道理而著力發揮的所在，所以他就說出：『人類一切活動發生於兩種源泉——衝動與慾望。慾望的位置已經很爲人所重視。（中略）這等見解都很尋常，而且從來的政治哲學已經差不多完全立足在「慾望是人類行爲源泉」的上面。然慾望祇能支配人類行爲的一部分，而且他所支配的並非最重要的，乃爲較有意識的明瞭的開化的一部分。』不但羅素，現在所有這面學問——社會科學或社會哲學——諸名家學者通看到此點；雖各人說法不盡同，着意所在不一，然其爲西方人眼光從有意識一面轉移到另一面則無不同。於是西方人兩眼睛的視線漸漸乃與孔子兩眼視線所集相接近到一處。孔子是全力照注在人類情志方面的；孔子與墨子的不同處，孔子與西洋人的不同處，其根本所爭只在這一點！西洋人向不留意到此，現在留意到了，乃稍稍望見孔子之門矣！我們所怕者，只怕西洋人始終看不到此耳，但得他看到此處，就不怕他不走孔子的路！此話自非一言能盡，然亦不妨簡單說兩句：頭一層，他既看到人類生活本來是怎麼一回事，則他將不能不順從着生活本性而任聽本能衝動的活潑流暢，一改那算帳而統馭抑制衝動的態度；第二層，他既看到人類生活本來是怎麼一回事而不能統馭抑制衝動了，則他不能不有一種先事的調理，俾衝動發出來就是好的，妥洽的，沒毛病沒危險的，那就不外乎要養得一種和樂恬靜的心理纔行；即這般活潑和樂的生活便是「仁的生活，」便是孔子的生活，孔子的生活要去說明，只這麼兩層，初無他義。而所有孔子那一套學問和其一套辦法通不外要自己作這般生活且教人作這般生活的，其內容也完全就是這麼兩層，於是我就一言斷定不怕他不走孔子的路。我再放寬一步去說：那關於心理之見解變遷是現代一椿非常重大的變遷，從這個變遷將使西洋人另換過一副眼光，指導着他們很得當的應付那事實問題而闢出一人生生活新途徑，根本變更了從來的西方文化，是無論如何不能否認的。這人生新路途不是別的，是我所謂第二條路；不單是事實變遷要他革去從來所走第一路向而去走第二路向，並且從見解變遷上也要他革去從來所走的第一路向而去走第二路向。因為自有所取得的態度，算計着走的路子，一改而為無目的，無所為，非算計着走，即不說為孔子的路，無論如何也是第二條路了。

此外還有一些見解的變遷，也於文化變遷上很有力量的，諸如克魯泡特金互助論對以前進化論家見解之修正，近來學者關於社會是怎樣成功，怎樣圖存，進步等問題的說明對從來見解之修正。所有這一類見解的變遷，扼要的一句話就是看出了人類之『社會的本能』以前的進化論家看出了生物界的生存競爭，是他們很大的發見；卻是頭一回所見總不能很周到，似乎只看以競爭圖存的一面，不留意內中還有互助圖存的一層。克魯泡特金從一切鳥獸蟲豸尋見其許多互助的事實，證明互助在動物生活上的重要，指出他們都有互助的本能。從這種本能纔有社會，後來人類社會不過成於這個上邊，所謂倫理道德也就是由這『社會的本能』而來的。由以前的那不留意就生出處處都是互競相爭，互競相爭為自然界的法則，唯互競相爭乃可圖存，唯互競相爭乃得進化，乃至同類本族自相爭殘都是進步的條件種種誤解，把動物界單看成了弱肉強食的世界。現在曉得這殊非事實；動物很靠着同族類間的互助以營食求活，以殖種蕃息，以為衛護；互助的存留，不互助的淘汰，互助也是天擇作用留下而要他發達的一種本能。他們又把那副眼光來觀看人類社會，就以為物競天擇的法則將因人類知識之高而近於停止。達爾文以為『我們文明的人。皆盡我們的力阻止天然鋤弱的作用：我們為愚癡的人，肢體不全的人，有病的人，建築養護的院所；我們制定救貧的法律；我們的醫家盡其力量以救各人的生命，直到最後一分鐘而猶不息。』所有這種事體使鋤弱留強的天擇作用不能自由活動，所以說在人類社會之中天擇作用差不多是停止，而有不得進化之憂。瓦來司以為『在一個人的智慧的，道德的，本性中有幾部分不是被天擇作用發展出來的。』又說『我們人類有好幾種才能如數學的，美術的，哲理的，才能在生存競爭中實在沒大用處而且不能拿天擇的道理說明。』赫胥黎以為進化要分作兩部：

一是倫理的進化，一是宇宙的進化；而天擇等說唯於宇宙的進化之處適用，人類社會多不適用，並且人類社會的進化就是步步遏阻宇宙的進化，而用倫理的進化來代他的意思。繙種學的創始者葛爾敦所定改善人種的標準只是健康精神充足，聰慧，勇敢等等而不及於德性。諸如此類，在近來的學者如頡德（Kidd）康(Conn)等都加駁正而代以新見解。頡德一語道破他們的致誤所在是以觀察動物界中個體與個體間的生存競爭的眼光來看人類社會。其實個體與社會應當分別來看，而況人類社會裏現象尤複雜，不能那樣簡單的看法。於是他就分別有個體的適性和社會的適性之二種。以前總是單着眼在個體的適性—卽利於此個體和別的個體生存競爭之點，而社會的適性—利於此社會與彼社會生存競爭之點—不見得就是個體的適性，有時且似相乖悖，於是就說不通而不得其解了。像是公正無私的精神，舍己爲人的精神，和種種德行都是在單看個體生存競爭上不得其解的，因其無好處於個體的競存，甚且還要乖悖；但如其曉得社會的適性一層，那麼就可以明白了。達爾文所說社會上那些救恤養護事體，瓦來司所說道德藝術的幾種高貴才能，赫胥黎所說遏阻宇宙進化之倫理的進化，葛爾敦所不計入改善人種條件之德性，都是所謂社會的適性；在他們單看個體就以爲這都出乎生存競爭的原意，而天擇的自然法則不得施其用；其實還完全是天擇作用，還是『適者生存，』不過要在社會整體上看罷了。又以前因這『社會的本能』不曾留意看出的緣故，就以爲人所以結成社會的是出於自利心的算計要交相利纔行，社會所賴以維繫的是由人類的理性講到倫理上的利他心。總喜說是由自利心經過理性而推廣出來的；像霍布士等一般說法都是這樣。現在大家都曉得不對；

康氏在他社會的遺傳與社會進化論(Social Heredity and Social Evolution)說明人類所以異於其他動物的在其精神方面文明人所以異於野蠻人者在其社會組織精神不外智力本能二部若問社會是怎樣組成的，則實基於本能而非基於智力；『智力與思辯與其謂能促社會組織趨於鞏固寧謂之促個人主義之發達。』我們觀於近世西方文化其精神方面理智之發達其與社會上個人主義之發達則知康氏之言是不錯的。頡德也說理性是自顧的情緒(self-regarding emotions)的最高形式；『理想的情緒』是照顧他人的情緒(orther-regarding emotions)的最高形式。他又指出各個體爲自己的生存與利益而競爭是個體完成的進化的趨勢，在這個體完成的進化凡是最富於這種自拓的適性的最有『能力』。因此在這歷程注重個體現實的福利而其重心在現在。社會完成的進化則與此大不相同。因在社會完成的進化各個體有把其利益與生存從屬於社會的趨勢，凡是最富於犧牲的適性的最有『能力』；而社會完成的歷程其重心在未來。在個體的完成上，個體要自顧自己，重於理性的分別計算；在社會的完成上，個體須照顧他人，重於感情的舍己爲人。近世以來，西方人專走個體自拓一路，其個人也各自自拓，其國家也各自自拓，纔有其社會上種種罪惡痛苦，纔有此次大戰的創害，把個體的生存競爭眞演的烈！我們雖不敢就說都是以前進化論家單講個體生存競爭之所影響，然而這種見解的修正其有影響於未來文化則可以說的。他可以指導人注重到社會完成的進化上來；可以祛除旁人致疑改正經濟後弭去個人間的生存競爭爲逆抗自然阻滯進化之惑；可以從此相信全不假強力而自結社會共營生活之能得妥洽；這都是很關係重要的；而尤有提總一句：以前所作的生活(指西洋近世)偏靠着理性，而以後將闢的文化則不能不植基於這社會的本能之上，所以這『社會的本能』之發見就是發見了未來文化的基礎，其關係爲何等重大呢！又這類的見解變遷以來適當這要求社會改造之會，於是大提倡與以前相反的學說。以前提倡個人的，爲我的，計較利害的，現在完全掉換了；他們宣言現代思想的潮流是倫理的色彩，不是個人主義。近世西洋文化的發展都出於爲我而用理智，而中國則爲倘情毋我的態度，是已經證明的；那麼這不是由西洋路子轉入中國路子是什麼？俞頌華君在『解放與改造』上敍述頡德和康氏學說後而自申其意道：『…依此而言，故在社會完成的進化，情緒的「能力」最大。故一般的情緒一致的趨於理想的標準，卽所謂「理想的情緒」是共同爭存於世界的最高原則。今後文明的「能力」不基於理性而基於情緒。社會不基於智慧，康氏也頗有詳細的說明，我已介紹過。寫到這裏，我又覺得在人類社會統御感情的機關實在是必要的。卽是保爾文(James Mark Baldwin)也主張關於感情的制度是根本的。我常懷抱一種見解以爲宗教是我們所需要的。今雖不貿然主張宗教的必要，却敢斷言陶養感情的制度與機關是不可缺的。若說美術可以代宗敎，則宗敎必須有了美術方可廢掉，不是陶養感情的制度有必要的一個證據嗎？』其實宗教不合宜，美術也不成功，唯一不二便是中國的禮樂！禮樂在未來文化中之重要是我敢斷言的，此且不細說。

態度的變遷

再其次，我們要說西方之態度的變遷或哲學的變遷。在前所說事實變遷，見解變遷，都不過說從那些變遷上將見西方化隨之以變；至此所說態度變遷則就是說西方化已經在那裏變遷了，因爲我們所謂西方化原是指他那一種態度我這話就是指着西洋近些年來爲其領路的思想界是怎樣不知不覺變了方向，並且怎樣很明白的要求改變人生態度而說。拿西洋現在這些家數的哲學對他從古以來的哲學而看其派頭風氣，方向簡直全都翻轉過來：從前總是講絕對現在變了講相對；從前主知現在主情意；從前要用理智現在則尙直覺；從前是靜的現在是動的；從前只是知識的現在是行爲的；從前是向外看的現在回轉其視線於自己，於生命。雖有如是種種，大約其根本關鍵只就在他向外的視線回轉過來；然其向外視線何由而回轉呢？大約是：唯其向外爲靜的觀察纔有唯理科學，唯其有這唯理科學纔有經驗科學，唯其有了這兩種科學纔有科學方法，唯其有了科學方法纔產生進化論，纔有由進化論來的一些科學哲學。於是一雙向外的視線從看天文地理一切物質而看到動植一切生物，由看到生物而看生命，繞了一個周圈，不知不覺回轉到裏向來。像尼采，詹姆士，杜威，柏格森，倭鏗，泰戈爾等人大致都是這樣，而柏格森和倭鏗尤其表著的。東方人從來不那樣向外爲靜的好知的觀察，而總是行爲的，主情意的，尙直覺的派頭，所以在中國就絕對產生不出科學，在印度則因有一點相似——問題相似，排直覺相似——也就萌露一點科學，但是到此刻他們西洋人經過了那科學路也轉到這邊路上來。——此刻西洋哲學界的新風氣竟是東方采色。此無論如何不能否認的。東方人講哲學都是想求得一個生命，西方人只想求得知識，但此刻則無不走入求生命一路了。杜威先生說西方哲學偏於自然的研究，東方哲學偏於人事的研究，而希望調劑和合。（此杜威前年某晚在北京大學哲學研究會說的話，當時張申甫擬譯作『天人合一』似不甚好）其實今日的西洋哲學已都是歸本人事。雖羅素哲學不受進化論影響，仍舊向外研究自然，竟也要另有其研究人事的哲學，而成了兩不相涉的兩部哲學；並且他關於這面的眼光見解也很同生命派意思相合。照我的意思人類文化有三步驟，人類兩眼視線所集而致其研究者也有三層：次先着眼研究者在外界物質，其所用的是理智；次則着眼研究者在內界生命，其所用的是直覺；再其次則着眼研究者將在無生本體，其所用的是現量；初指古代的西洋及其在近世之復興，次指古代的中國及其將在最近未來之復興，再次指古代的印度及其將在較遠未來之復興。而此刻正是從近世轉入最近未來的一過渡時代也。現在的哲學采色不但是東方的，直接了當就是中國的——中國哲學的方法為直覺所着眼研究者在『生』。在此過渡時代還不大很同樣，愈往下走，我將見其直走入那一條線上去！

並且在這種方向轉變之外，現今西方思想界已彰明的要求改變他們從來人生態度；而且他們要求趨向之所指就是中國的路，孔家的路。我們先要曉得從西洋那態度走下去，到現在他們精神上是怎樣受傷，生活上是怎樣喫苦。大約一態度或一方向初走時不見得有什麼不妥當，持續走到中途大半截路上一定還覺得很好，很見出許多成就，卻是順着走下去到後來愈入愈深愈轉愈遠便全都不對了，毛病百出，苦痛萬狀，從前覺得他種種都好，現在竟可覺得他種種都不好。今日的西洋人便是這個樣子。我們在第三章時曾指點給大家看，西洋人自秉持為我向前的態度，其精神上怎樣使人與自然之間，人與人之間生了罅隙；而這樣走下去，罅裂愈來愈大，很深刻的劃離開來。就弄得自然對人像是很冷而人對自然更是無情無復那古代以天地擬人而覺其撫育萬物，像對人類很有好意而人也恭敬他，與他相依相親的樣子；並且從他們那理智分析的頭腦把宇宙所有納入他那範疇悉化爲物質，看着自然只是一堆很破碎的死物，人自己也歸到自然內只是一些碎物合成的，無復囫圇渾融的宇宙和深秘的精神。其人對人分別界限之淸，計較之重，一個個的分裂對抗，競爭，雖家人父子也少相依相親之意；像是覺得只有自己，自己以外都是外人或敵人。人處在這樣冷漠寡歡，乾枯乏味的宇宙中，將情趣斬伐的淨盡，眞是難過的要死！而從他那向前的路一味向外追求，完全拋荒了自己，喪失了精神；外面生活富麗，內裏生活卻貧乏至於零！所以此刻他們一致的急要努力擺脫理智所加於他們的逼狹嚴酷世界，而有識者所爲一致的警告就是喪其精神，什麼宗教的復燃藝術的提倡，『愛』的普遍觀，靈肉一致的理想，東奔西突，尋不得一個出路。這時唯一的救星便是生命派的哲學。雖則種種的想法子都是要改變從來態度，而唯有生命派的哲學具改變態度的眞實魄力和方法。因爲唯有生命派的哲學有把破碎的宇宙融成一整體的氣魄，而從他的方法也眞可以解脫了逼狹嚴酷，恢復了情趣活氣，把適纔化爲物質的宇宙復化爲精神的宇宙。蓋本無所謂物質，只納入理智的範疇而化爲可計算的便是物質，在理智盛行之下，把一切所有都化爲可計算的，於是就全爲物質的。若由直覺去看則一切都是特殊的意味，各別的品性，而不可計算較量，那麼就全成爲非物質的或精神的了。至那些隨理智而來的逼狹嚴酷乾燥乏味都一概可以由直覺變過來，更不須說。而這派的方法便是直覺，現在的世界直覺將代理智而興，其轉捩即在這派的哲學。理智與直覺的消長西洋派與中國派之消長也。這且都不說。我們且看他們怎樣彰明的主張改變態度，那麼最好便看倭鏗的說話。

倭鏗的哲學除了要改變從來西洋人生態度沒有別的意思。他所說的話不外批評從來的人生而提出一新人生。他就是問大家是甘於這種衝突，狹隘，鄙俗，空洞，疲乏的人生而長此失望呢，還是去根本的改變人生？他所要作到的人生就是獨立整體，內容充實，可以說把生活作成『絕對』。那麼他就要改變人與自然對抗的態度而融萬物為一體，所以他說在自然生活 Naturleben 中人是與自然對抗的，在精神生活 Geistesleben 中人是與自然融和的，就是藝術家當其創作或賞鑒時也絕無內外的分別。這樣一來就解免了衝突，開脫了狹隘，增進了趣味。西洋人向前逐物，作那理智算計的生活，分別目的和手段，結果把自己生活全化為一截一截手段，而大大貶損了人生價值；在倭鏗以為不應該這樣分為手段與目的，將整個的生活打斷了，而都弄成有所為而為，他說：『在獨立的精神生命裏，活動的協力不僅幫助活動在特別方向上去發展，首先就要組織成為一個獨立體。例如以正義看作單純尋求幸福的手段時，——不論是個人的幸福還是社會的幸福究竟沒有根本的不同——正義就失卻一切特別的色彩。他再不能使我們從他本身的立足點去觀察生命；他再不能改變已經存在的情形；他再不能用原始感情的力去震動我們的心思；他從此屈伏於結果的計慮，反對強烈精神的緊張。他流為功利的和順奴僕，他適應功利的要求，結果就毀滅了一切內性。他要維護自己，祇能在他成為精神生命所洩露的物品時，祇能成為高尚的物品，而超越了一切利益的計較時。』諸如此類的話不能具引；總而言之，一反西洋的路子，墨子的路子，而為中國的路子，孔子的路子。在他說明他所謂『精神生活』的時候，頂可以見出他怎樣要把從來西洋人生傾欹在外的重心收了回來，頗與孔子意旨相同。據他所見照現在的情形，『人生所忙碌的，不過是些身外的利益，並非自己所本有的沒有裏的問題，沒有裏的動機。』他最反對向外逐物，很有『返身而誠』和『自得』的精神；不但走的是人生第二路，而且在第二路中是很高超很得法之一路。西洋人此刻固受第一路的痛苦，其東奔西突為第二路的思想者原已成一時風氣，但總不免苟且的拿直覺代理智，敷衍自慰，唯有倭鏗很稱得起是剛大乾健的。他說：『我們又反對現代汎神論的傾向，因為汎神論的模糊的主情主義，祇能掩飾重大的衝突而不能超越重大的衝突；我們又反對浪漫主義(Romanticism)因為浪漫主義把人生銷溶在夢想，銷溶在消極的自己否定中，減少了道德的能力，傾向於洗練過的肉慾，而不能達到他所想像的最高精神，最後我們又反對把人格當作口頭禪，當作包醫百病的神方，因為人格必須先有個內質，有個宇宙的根據。』又他說：『凡此等等，無論他如何宣言他將順從理想的目的，順從理想的感情，然而處處都顯出裏面的不純潔，顯出對付的虛偽，顯出精神的遜服與精神的空洞。』這的的確確，孔家『自強不息』的精神，很得着點第二路的積極面目，非同泛泛。蓋走第一路——向前對外的路，有所為而為的路——要強勇，要奮發是不難的，若變更去走第二路，那麼大家就只會收回向前，休歇作為，再不曉得怎樣強勇奮發法。不向前而強勇，無所為而奮發，他便不會，在第二路中，他只賸下了輭與惰。唯孔子自強不息是作到第二路的恰好處，唯倭鏗能彷彿之。什麼煩悶，疲倦，一掃而空，對於途窮的西洋人，真可有回天腕力，可以從此奠定了人生。

羅素的態度

說一句並非鄙薄人的話，西洋實在不曾見有什麼深厚的人生思想。現在祇為情景顯露，問題逼來，因而纔見得深一層，所以這尋到第二路上來固屬易易，便是尋到孔子的路上來的也就不止一家。舉其尤者如羅素，如克魯泡特金都是的。羅素隨便拉了老子『生而不有，為而不恃，長而不宰』幾句話比附他排斥佔有衝動開導創造衝動的主張，大家聽了，便也跟着這樣說；其實兩家通體的大旨趣果即相同否，恐尙難言。他實在和孔家有同一的旨趣，卻無人講。他的旨趣只是『自由生長』一句話，而孔家要旨也只在不礙生機。講到世法，孔家所以値得特別看重，越過東西一切百家的，祇為唯他圓滿了生活，恰好了生活，而其餘任何一家都不免或多或少窒礙，斲戕，頽敗，攪亂了生活。那麼怎樣不要傷害生機自是根本必要的；羅素於此總算很能有見於往者孔子着眼所在而抱同樣的用心，所差的孔子留意乎問題於未形，而羅素則為感着痛苦乃始呼求能了。羅素所感的痛苦便是他們的社會那些組織制度情勢——經濟一面自尤其根本的——所加於他們的；這在前面我已稍敍過。他們社會那些組織制度情勢是沿着他們那種人生態度路向而走出來的，還而從這些組織制度情勢又領導着脅迫着他們非更嚴格的作那種態度的生活不可，簡直太不自然，太不合人類本性，無情趣，易疲乏，鄙吝，窘隘，煩悶，空虛·種種具足，根本的斲喪戕賊人的生機；此即羅素痛苦所在。所以羅素之要改造社會很富於哲學的意趣，是要求改闢較合理的一條人生的路。你看他怎樣再三再四着意的去說：

『不管道德家怎樣說法，不管經濟上怎樣必要，依賴意志去完全去抑制衝動是可以不必的，排去衝動用目的與慾望統御着的生活眞是苦惱的生活。這種生活消耗活力，到後來，使人對於他所追求的目的也冷淡了。』

『近代產業主義與社會制度，常常使文明國民不得不排除衝動，而單靠目的以爲生活。此種態度的生活之結局，必使生活的源泉涸竭……』

『社會的制度對於個人能盡最大的義務，卽是讓各個人去自由的活潑的生長』

『我要指明崇拜金錢是活力減少的結果，亦是活力減少的原因；我要指明現時的制度可以改造一番，好使金錢的崇拜減少，好使一般的活力逐漸增加。』

『這樣，世界才能成爲少年的美麗的而常富於蓬蓬勃勃的活氣。』

像這類話在他書中到處都是。還有更精粹的話，就是他見出人所以有不好的行動非出自本性而正由生機受了傷。如他說：

『如果自然的衝動不能得相當的發洩，所產生的結果，不是活氣的缺乏，卽是暴戾的戕生的新衝動。』

『但是對於別人有害的衝動，多半是由於生長受了妨害，在本能得以順暢發展的人，此等事很少很少。』

『無論什麼理由，若是他的生長受了妨害，或者被迫長成一種紆曲不自然的形態，他的本能必定仇視環境，而且渾身都是怨恨。』

這完全與孔家的見解一樣（參看第四章）。因此他很以懲罰的方法爲有缺點；因爲於衝動沒有好影響，只有壞影響；這又是孔家的主張。又他如此的要衝動活潑流暢而反對理智的算帳，已經是變更向外逐物的態度了，並且他還頗明白向外尋求樂趣是人們的錯誤。他說樂趣就在自己活動上，而不在被動的享受於外界；照現在生活路子只能有後一種樂而且是很小量的，要改造出容我們自由活動的路子，才有眞樂趣。他又有分別本能，理智，靈性三種生活，而說整個最好的生活在三者之諧調的一篇議論。雖然他這種分別不很好，（大約只分個本能和理智，不要另外分一靈性爲宜；有人以羅素說宗教根據在靈性，便歡迎這個說法，其實如果這樣倒使宗教無根據了）。但我們略去這名目而看他意思所指，則很不錯。他說靈性生活以無私的感情爲中心，宗教道德都屬於這一面，藝術則起於本能的生活而提高到靈性裏去的。有人單偏在靈性，就抹煞一切本能而成爲禁慾家有人又單偏在本能，就聽憑本能去恣意橫行又惡劣成了旁的生物一般；有人又單偏在理智，就要批評破壞一切，結果使人極無人情而流於玩世主義；這都不能使人生繼續保存其活氣。唯藉靈性把本能洗練提高唯藉靈性救濟理智的危險，而三者得到諧調，均衡，融貫去生活是最好的。他說，然而現在的文明人都沒有作到，總是偏枯或交戰的；又說在近代靈性的生活毀敗殘傷極爲難堪。此其意向，排斥印度的第三路是很明的，因他單偏靈性；又排斥西洋近世第一路是很明的，因他只爲本能的理智的所指望理想的明是適當的第二路，而要現在的人向這條路走。試看他自己的話便知：

「在近代，靈性的生活毀敗殘傷，極爲難堪，是因爲他與因襲的宗教結合了，是因爲他對於理智的生活發生了顯明的嫉惡，是因爲他好像集中於克己節慾。靈性的生活在有必要時，亦卽立刻要求克己節慾，但是他的本質是積極的。他能依着理智與本能的眞態去充實個人的生存。件隨着他來了對於幻想的愉快，對於宇宙神妙的愉快，對於人生瞑想的愉快，特別的是對於普遍之愛的愉快。靈性生活使人解脫個人的情慾與漂浮的勞苦，而逃脫他們的桎梏；他使人類的感情思想以及與別人的一切關係都成爲自由的，寬厚的，美麗的，他使種種懷疑都得個解決；他使種種虛空之感都得個歸結；他恢復本能與理智的調和；他使散漫的個人回到個人在人類生活中的本來位置。一經入了理智世界的人，就祇有藉着靈性才能恢復快樂與平和。』

社會主義之變遷

此處可以聯帶一說輓近社會主義—如基爾特社會主義等—怎樣變他的態度而含有多少哲學氣味。大約此刻大家的思想都不像以前那樣簡單樸陋要改造社會的人也可以把他向來對於人生很簡單的看法改進於深複。在以前他們眼中的人生實在是祇有很低等價值的人生；他們以爲圓滿了物質生活，就圓滿了人生；但要經濟情形如他們理想得到改善，人類就得到豐美的生活，就成了黃金世界。這全爲他們兩眼只向外看，不留意自己人性是怎麼一回事，只認得外界的問題，只想如何改造外境，誤以爲生活的豐美滿足在被動的享受上，其實生活的豐美滿足是只能得之於內，不能得之於外的；誤以爲外境一經圓滿改造，就沒問題，其實那裏便沒問題，問題正多的很！但是現在他們的眼光都已從物質進到精神，從外界轉到內界，曉得沒有那樣簡單的事，並且很知道必要怎樣提高了人生纔行。改造社會爲的是改換一種人生，不單在取得較多享用；只想去登一新的人生道路，不再想從此得滿足。這般意思的變轉，沿着西洋軌轍而走出來的社會主義已經掉換方向到東方的軌轍上去。我從李守常先生拿得一本基爾特主義的書(Sterling Taylor: The Guild State Its Principles and Possibilities)其末一章講他們那派所抱人生觀更可代表現在的西洋人是如何屏斥一味向前逐求的人生，而所嚮慕則在雍容安嫺的中國態度。他說他們西洋人盡是事事求快，『這種什麼都是要快的欲求，就表示現在的人稱量一切事物是只問多少不管好壞，比如他們能有兩個，他總覺比有一個強；他所最不幸的是限於一張嘴，一個胃口，一天只二十四點鐘罷了！』又說：『正當的人生是安息的，不是跑的；是恬靜的，不是忙亂的；他享受所臨到他們前的，而不去尋逐所沒在這裏的。模範的人沒有野心；他不渴想去圖一大的幸運，或戰勝或管着旁人。他可以是不點靈的，或不強幹的，或更確當是只在好的氣味與好的態度』誰敢否認這不是中國態度將代西洋態度而興？

克魯泡特金的態度

克魯泡特金眞可說是一個大賢；就在見解上也比羅素對些，而逼近於孔家。羅素說無私的感情擡出一個靈性來，實不如克氏說無私的感情只是一種本能爲合於孔家道理。我朋友葉麐給我一本克氏作的他們無政府主義的道德觀 Anarchist Morality 我覺得充滿了中國人的風味與孔家的氣息。他最對的地方卽在不拿道德爲什麼特別的神祕的，絕對高不可攀的，不過是人類所本有的『才』(Faculty)；這在孟子就說爲才，其精粹的話就是說這與人類所有的味覺觸覺原一般樣；(The moral sense is a natural faculty in us, like the sense of smell or of touch.) 豈不是孟子口之於味目之於色的比喻，所謂『禮義之悅我心猶芻豢之悅我口』麼？因此他所以就主張性善論，同孟子一樣。中國人一向是很濃厚的性善論色調，而西洋人雖不就是反對性善論的，然而從不聞人倡導，到他卻大唱起性善論來。因此他主張無政府主義，認定人自己都會好的，不必叫別的力量來支配。人自能得到妥洽，這件事不但是可能的，並且是很順的。人所以有不好的行動完全因爲情感方面受了一種暗傷。社會上這些不好的事都是不自然的，都是種種力量弄得錯亂弄出來的，把這些通通解除就好了。他頂反對刑罰制度。比羅素更見得眞切。假使我們用從前分辨王霸的舊話去說：那麼西洋的態度路子就一向都是霸道，而中國態度孔家路子則爲王道，但現今西洋處處都露出要求變革霸道而傾向王道的樣子。

泰戈爾的態度

還有印度的泰戈爾非常受西洋人的歡迎崇拜，也是現代風氣之一例。彷彿記得某雜誌說泰戈爾到英國去，英國的高官貴族開會歡迎他，都行一種印度禮，抱他的脚，——佛經上所謂阿難頂禮佛足。他的本領就在恰好投合現在西洋人的要求。西洋人精神上受理智的創傷痛苦眞不得了，他能拿直覺來拯救他們。若照他的哲學原本於婆羅門，和西洋往時的斯賓諾莎相彷，很不配在西洋現時出風頭。他的妙處就在不形之於理智的文字而拿直覺的文學表達出來；所以他不講論什麼哲學而祇是作詩。他拿他那種特別精神的人格將其哲學觀念都充滿精神，注入情感，表在藝術；使人讀了之後，非常有趣味，覺得世界眞是好的，滿宇宙高尙優美，溫和的空氣隨着他而變了自己的心理，如同聽了音樂一般。這樣，人都從直覺上受了他的感動，將直覺提了上來，理智沈了下去；其哲學在知識上的錯誤也就不及批評，而反倒佩仰他思想的偉大了。他唯一無二的只是個『愛』；這自然恰好是西洋人的對症藥。西洋人的病苦原在生機斲喪的太不堪，而『愛』是引逗生機的培養生機的聖藥。西洋人的宇宙和人生斷裂隔閡，矛盾衝突，無情無趣，疲殆垂絕，他實在有把他融合昭蘇的力量。原來的婆羅門教似並沒有這樣子，他大約受些西洋生命派哲學的影響；所以他這種路子，不是印度人從來所有的，不是西洋人從來所有的；雖其形迹上與中國哲學無關聯，然而我卻要說他是屬於中國的是隸屬於孔家路子之下的。

我們看見西方的見解態度有這種的變遷，還有一個很好的例，就是中國秉持西方思想的人也恰好有同樣的變遷。我這話就是指陳仲甫先生而說。他是頂能認淸而秉持西方化的，他最近比較以前很有些變動。這個變動不知不覺與西方那種變動一樣。我們看他所做的新青年，從一卷一號起直到最近，前後意思頗不一樣。前幾號便全都是與西方十八九世紀思想一般無二。如他開頭『敬告青年』一篇，列舉五個意思：自主，實利，進取，…又汪叔潛『新舊問題』一篇說維新三十年從未體認新舊根本之異，甚於水火冰炭之不相容；第二號他自己『今日教育之方針』一篇，列舉現實主義，唯民主義，職等主義，獸性主義；同號高一涵『共和國家青年之自覺』一篇，說須取自利利他主義，這自利利他主義即以小己主義爲之基而與犧牲主義慈惠主義至相反背者也。又同號李亦民『人生唯一之目的』一篇，說目的在求生，爲我，說人總要有欲求，若無欲求則一切活動立時滅絕；還有第二卷第一號高一涵『樂利主義與人生』一篇，陳聖任『青年與欲望』一篇，看他題目其意思已可見。第一卷第二號他自己『人生眞義』一篇，結論是：『執行意志滿足欲望（自食色以至道德的名譽）是個人生存的根本理由。個人生存的時候當努力造成幸福，享受幸福，並且留在社會上，讓後來的個人也能享受，遞相授受，以至無窮。』我們從這些篇文章裏可以看出他們的態度是怎樣與我們所指明西洋人近世來所持的態度——人生三態度之第一態度——相合。陳先生向來不承認有永遠不變的眞理，但到此處，他說他所說的人生眞義是始終不變的，只有此處可以說天不變道亦不變。（見人生眞義一篇）其實我敢說是一定要變的陳先生實在是信道不篤——信沒有不變的眞理不篤及至我們翻到後來的幾本新青年，陳先生自己的變動已經不可掩了。後來某卷裏他有論自殺的一篇，開列一個表，上頭開列近代思想是怎樣怎樣，下面開列最近代思想是怎樣怎樣，而比較其不同。他說，最近代思想是很像要復古，但他相信是不會復古；不過其與近代思想多相反，則他承認的。我們看，他以前的思想就是他此處所說的近代思想，那麼陳先生思想的變動不是已經宣布了嗎？又後來他有「基督教與中國人」一篇，和他到上海同張東蓀的談話（見時事新報）都表示他最近的感想覺得人的情感之重要，而以前單去開發人的思想理路之做法不對；因此他著眼到能作用的情感的宗教而想來提倡基督教。在這篇文中很見出他覺悟了人類行爲的源泉所在，與西洋人近來的覺悟一樣——如我在前面講西洋見解變遷中所敍的。他引了我幾句在李超女士追悼會的演說辭（見晨報）而說道：『梁漱溟先生說「大家要曉得人的動作，不是知識要他動作的，是情感與欲望要他動作的」這話極有道理。』我那次演說是在民國八年秋冬間，其內容意思便是我研究東西文化問題而得到我們應持的態度的結論之摘要發表，現在我要對大家發表的結論，還是那個意思，藉這機會特把他照錄在下面：

『我現在有幾句話不得不說一說：譬如適纔幾位先生所說的話多半是指點出問題給大家看，要大家去想法子解決；（胡適之君的傳，蔡孑民蔣夢麐李守常諸君的演說多如此）這種指點固是不可少的，但是我們怎樣方感覺這樁事成個問題呢？怎樣方覺得急迫非想法子解決不可呢？這是要注意的，我所以要說一說。又譬如前些日子北京大學林德楊君自殺的事出來，報上評論多拿什麼「曾國藩事業成功不成功」「什麼有補無補」「有益無益」那些計算的去批評我實在不耐聽，我所以要說一說。又譬如適纔陳獨秀先生演說反覆講說人類的佔有性爲一切作惡的根源，男子壓束女子，資本家壓束勞動家，日本人壓迫中國人，都是如是；這話是不錯的，但我們省克自家的佔有性固是必要，我們於這負面的消極的之外，可有個正面的積極的路子麼？這是我要說的。又譬如今天李女士追悼會，論理應當女子多來些，現在卻男賓多於女賓，女賓也是本校同學居多，這是什麼道理？又如蔣夢麐先生說的許多女子穿戴華麗闊綽，坐着汽車在街上逛，而於什麼「婦女解放」問題卻沒理會；現在婦女解放還是別人先倡說，女子卻沒什麼動作，這是爲什麼？大家都應着眼，都應發問，我便是說說這個而來。

大家要曉得人的動作，不是知識要他動作的，是慾望與情感要他往前動作的。單指點出問題是不行的，必要他感覺着是個問題纔行。指點出問題是偏知識一面的，而感覺他真是我的問題，卻是情感的事。舉個例，譬如我們告訴一個婦人道：「你兒子將成不治」，這便點醒問題，那婦人如果具一般婦人愛兒子的情感，自然忙着去想法子求醫；如果是多情的慈母一定還要急的哭出來，但如果是特別不疼愛兒女的寡情婦人或者竟不理會我們的話呢！所以情感這樣東西是重要的，大家不要忽略過去。並且我的意思我們要求如何如何，不是因所要求的東西而要求，是感覺着問題不得不要求，這句話怎麼講？就是說：我們的要求不是出於知識的計算，領着慾望往前，是發於知識的提醒，我們情感要我們如此作的要求。

自由，不是計算自由有多大好處便宜而要求的，是感覺着不自由的不可安而要求的；我願意大家的奮鬪不出於前一種而發於後一種。奮鬪而死的或者多是後一種，論者卻夾七夾八替他計算，我不耐聽！並且自殺的人都是情感激越，凡情感激越或欲望盛張的時，知識的計算是沒用的。你說的話同他全不相干。況我們遇情感動人的事，應當動點情感。情感便是佔有性的對頭；能使情感豐富，那佔有性便無猖獗之患了，陳先生省克人類佔有性是消極的法子，這涵養與發揮情感是積極的道路。北京的婦女不來弔一弔李女士，卻華裝麗服坐汽車去滿街跑，許多婦女並不要求婦女解放，這都是麻木。麻木就是處於情感的反面。他自己既不要求，你便怎樣指點問題，乃至把解決問題的道路都告訴他，他只是不理會！簡直全不中用！現在重要在怎樣使婦女界感覺他們自身種種問題？有了迫切的要求自然會尋覓路子去解決。所以這時候怎樣條達發育情感便是必要的了。那提倡欲望，雖然也能使人往前動作，但我不贊成。不但危險，而且是錯誤。人的行為不能像作買賣一般去計算的，今天的追悼會如果用計算家的說法，那李女士已經死了，我們追悼他有什麼用處，卻破費許多錢財一天光陰，豈不失算！但人的情感他覺得定要這樣作，不能計賠賺的。雖然如此，今天大家能都到這裏來聚會，看見這情景，懸了許多輓辭，聽了這般的音樂，還有追悼的歌聲，卻能把大家的情感活動一活動，不致沉淪麻木。這是我們今天開會的本意，說起來卻也算很大的成功。

還有附帶的一句話，便是這富於情感是東方人的精神。大家一定生疑問：難道西方人便沒情感麼？這

話很長，非今日演說的圍範，不能講說，不過我定要附一句在此罷了。』（見民國八年冬間北京晨報）

陳先生雖然留意到情感的重要，但他不以我附帶的一句話爲然，我也聲明過別人不會就以我這話爲然的，除非等我把東西文化對他們細細說淸之後。西洋人和秉持西洋思想的人，同樣不自知的要從第一條路轉入第二條路，必待旁人替他點破，他才可以明白。

對世界未來文化的推測

以上我們分作事實，見解，態度三項，又附中國秉持西方思想的人的思想一項，來指證西方文化現在變遷的形勢已經可見；以下將試爲推測世界未來文化大約是什麼樣子。於此，我們自先去推測最近未來的文化，然後乃論及其後又將怎樣。在這裏，我們自又先去總攬着大體指定最近未來文化的根本態度，然後略分物質生活，社會生活，精神生活三方面去說一說。

說到最近未來所要持的態度，我們又不能不有個分別，就是：世界最近未來文化的根本態度是一個樣子；從此刻到最近未來文化的開幕其態度又是一個樣子。我們已經說過事實的變遷於文化變遷上最關重要，而現在的事實則在經濟（附注以後不在經濟）在經濟未得改正時，第二路態度是難容於其下的，而且必待社會大改造成功向前改造環境的路子始算是走到盡頭處，否則，就尙未走完。所以雖然現在西方態度的變端已見，然其變出的態度仍舊含有西方采色在內，並不能爲斬截的中國態度。（倭鏗似屬斬截）這就是說：他們雖然已經很要改過那種算帳逐物有所爲而爲的態度，但自己見不到事實又不容傾向所在，仍舊是含那采色，不能斬截改掉。大約他們現在態度的變化不過從單着眼個體而爲我的變轉到也着眼他人而爲社會；

從單着眼物質幸福的變轉到也着眼精神眞趣；從單着眼現在的變轉到也着眼未來，如頡德所說，如羅素所說，如陳仲甫先生在他最近代思想與近代思想對照表內所列，一致的都是這般模樣。這樣把目標拓展到大處遠處，自然比那只看個人現實福利的較爲合理而且安穩——照以前那樣最易致失望空虛之感，厭煩人生動搖潰裂。羅素在他論結婚問題時說的很好：

『兩個人的互相親愛未免太狹，未免太與社會無關，所以不能把愛情的自身當作人生的主要目的。祇靠愛他，不能獲得活動力的充實源泉，不能得有充分的先見之明，所以不能使人生成爲究竟滿足的人生。愛情有時很爲濃厚，不過不久就歸於淡薄，因爲淡薄所以不能令人滿足，他遲早必成爲反顧的，成爲死的歡樂之墓，而不能成爲新的生活之源泉。無論何種目的，祇要是單在一種感情中實現的，就免不了這種弊害。唯一的精當目的，祇是向着將來的目的，祇是永遠不能圓滿實現的目的，祇是時常繼長增高的目的，祇是依緣人類的無限勢力而成爲無限的目的，再且愛情必須與這種無限的目的給合起來，才有他所能有的眞摯意味。

我也贊成這爲社會爲未來的態度，可以使人生繼續有勇氣；但他實在只是過渡期間——從西洋舊路過渡到未來路上——的一種態度。西洋的路在此刻本沒走完，然卽如西洋舊路而不變，則亦不能開闢未來文化之新局，所以這樣變化變化眞是很恰好，很必要。卻是這全不出物我展轉相尋之私，而人生的重心始終傾欹在外。在未來文化中的人生態度，固無所謂爲個人，也無所謂爲社會；固無所謂爲現在，也無所謂爲未來；完全超

就生活三方面推說未來文化

脫了這些而無所為；固然不着眼在小處近處，也不着眼在大處遠處；無論什麼也不在他眼裏，而是全然不看的。——也就全然無所傾欹。有人以為這恐怕是理想；其實不然，這是趨勢所必至。

我記得胡適之先生本着他們實際主義的老話，說：旁人不是樂天主義便是厭世主義；我們既不樂天，也不厭世，乃是改良主義或淑世主義。其實這三種主義就分別代表了三方——中國，印度，西洋——的態度；西洋人自始就是淑世派——所謂改造環境的路子，並不待今日詹姆士杜威之出頭提倡。不過詹姆士杜威是圓成了西洋人這條路的，猶如佛家之於印度的路，孔家之於中國的路；這話並非特別恭維杜威他們，因為他們實在把那條路作到很深穩很圓滿很恰好的地步；卻是等他們出來把這條路講究到好處，這條路也就快完了。無論如何，他再也不是解救現在西洋人沉痾的藥；在未來世界完全是樂天派的天下，淑世主義過去不提。這情勢具在，你已不必辯，辯也無益。我並不是說，到那時什麼事從此不再改良，或從此人將不再作改造環境的事；我是說那時人將不復持那樣人生態度向外逐物，分別目的與手段，有所為而為，行為多受知識的支配，都與改造派態度不相離的；（試看詹姆士杜威書便知）然俱為今人所厭絕了。只有與此相反的新風氣如倭鏗，羅素，泰戈爾之所倡導，方興未艾，為樂天派第一高手的孔子開其先。樂天是那時人生的根本態度；在這根本態度之下依舊可以作改造環境的事，並不相妨；乃至去分別目的與手段有所為而為也都不相妨。

以下分就文化的物質生活，社會生活，精神生活三方面簡單着一為推說：

（一）物質生活一面　今日不合理的經濟根本改正是不須說的；此外則不敢隨便想設。我於這上也毫無研究，所以說不出什麼來只不過基爾特一派的主張好多惹我注意之處使我很傾向於他。大約那時人對於物質生活比今人（指西洋人）一定恬淡許多而且從容不迫很像中國人從來的樣子；因此那時社會上物質生活的事業也就退處於從屬地位，不同現在之成爲最主要的；那麼，便又是中國的模樣。在生產上，必想法增進工作的興趣，向着藝術的創造這一路上走；那麼，又與中國倘個人天才藝術的采色相合。（參看第二章）這些都是現在大家意向所同，似無甚疑問；還有基爾特派中一部人有恢復手工業的意思，這就不敢妄測，恐事實上很難的。假使當眞恢復手工業而廢置大機械，那麼，又太像中國從來不用機械用手工的樣子了。

（二）社會生活一面　在這一面，如今日不合理的辦法也不能不改變。不論是往時的專制獨裁或近世的共和立憲，雖然已很不同，而其內容有不合理之一點則無異。這就是說他們對大家所用統馭式的辦法，有似統馭動物一般。現在要問，人同人如何才能安安生生的共同過活？仗着什麼去維持？不用尋思，現前那一事不仗着法律。現在這種法律下的共同過活是很用一個力量統合大家督迫着去做的，還是要人算帳的，人的心中都還是計較利害的，法律之所憑藉而樹立的，全都是利用大家的計較心去統馭大家。關於社會組織制度等問題，因我於這一面的學術也毫無研究，絕不敢輕易有所主張；但我敢說，這樣統馭式的法律在未來文化中根本不能存在。如果這樣統馭式的法律沒有廢掉之可能，那改正經濟而爲協作共營的生活也就沒有成功之可能。因爲在統馭下的社會生活中人的心理，根本破壞了那個在協作共營生活之所須的心理。所以倘然沒有所理想的未來文化則已，如其有之，統馭式的法律就必定沒有了。彷彿記得陳仲甫先生在新青年某文中說那時偷嬾的人如何要責罰，汚穢的工作或卽令受罰人去作，或令汚穢工作的人就工作輕減些。其言大概如此，記不清楚，總之他還是藉刑賞來統馭大衆的老辦法。殊不知像這類偷嬾和嫌惡汚穢無人肯作等事，都出於分別人我而計較算帳的心理，假使這種心理不能根本祛除，則何待有這些事而後生問題，將觸處都是問題而協作共營成爲不可能；現在不從怎樣泯化改變這種心理處下手，卻反而走刑賞統馭的舊路，讓這種心理益發相引繼增，豈非荒謬糊塗之至。以後只有提高了人格，靠着人類之社會的本能，靠着情感，靠着不分別人我，不計較算帳的心理，去作如彼的生活，而後如彼的生活才有可能。近世的人是從理智的活動，認識了自己，走爲我向前的路而走到現在的，從現在再往下走，就變成好像要翻過來的樣子，從情感的活動，融合了人我，走尙情誼尙禮讓不計較的路——這便是從來的中國人之風。刑賞是根本摧殘人格的，是導誘惡劣心理的，在以前或不得不用，在以後則不得不廢；——這又合了從來的孔家之理想。從前儒家法家尙德尙刑久成爭論，我當初也以爲儒家太迂腐了，爲什麼不用法家那樣簡捷容易的辦法？瞎唱許多無補事實的濫調做什麼？到今日才曉得孔子是一意的要保持人格，一意的要莫破壞那好的心理，他所見的眞是與淺人不同。以後既不用統馭式的法律而靠着尙情無我的心理了，那麼，廢法之外更如何進一步去陶養性情自是很要緊的問題。近來談社會問題的人如陳仲甫俞頌華諸君忽然覺悟到宗教的必要。本來人的情志方面就是這宗教與美術兩樣東西，而從來宗教的力量大於美術，不着重這面則已，但着重這面總容易傾在宗教而覺美術不濟事。實亦從未有舍開宗教利用美術而作到非常偉大功效如一個大宗教者，有之，就是孔子的禮樂。以後世界是要以禮樂換過法律的，全符合了孔家宗旨而後已。因爲舍掉禮樂絕無第二個辦法，宗教初不相宜，尋常這些美術也不中用。宗教所培養的心理並不適合我們作這生活之所須，而況宗教在這期文化中將爲從來未有之衰微，其詳如後段講精神生活所說。脫開宗教氣息的美術較爲合宜，但如果沒有一整統的哲學來運用他而作成一套整的東西則不但不濟事，且也許就不合宜。這不是隨便藉着一種事物（宗教或美術）提起了感情，沉下去計較，可以行的；這樣也許很危險，都不一定。最微渺複雜難知的莫過於人的心理，沒有澈見人性的學問不能措置到好處。禮樂的制作恐怕是天下第一難事，只有孔子在這上邊用過一番心，是個先覺。世界上只有兩個先覺：佛是走逆着去解脫本能路的先覺；孔是走順着調理本能路的先覺。以後局面不能不走以理智調理本能的路，已經是鐵案如山，那就不得不請教這先覺的孔子。我雖不敢說以後就整盤的把孔子的禮樂搬出來用，卻大體旨趣就是那個樣子，你想避開也不成的。還有我們說過在這時期男女戀愛是頂大問題，並且是頂煩難沒法對付的，如果不是禮樂把心理調理到恰好，那直不得了；餘如後說。

（三）精神生活一面　我們已說過在這時，人類便從物質的不滿足時代轉到精神不安寧的時代，而尤其是男女戀愛問題容易引起情志的動搖，當然就很富於走入宗教的動機。在人類情感未得充達時節，精神的不寧也就不著在男女問題缺乏高等情意的時節也不致動搖到根本；但此際情感必得充達和男女問題必進於高等情意都是很明的，那麼予人生以勖慰的宗教便應興起。但是不能。這些動機和問題大半還不是非成功宗教不可的——另有非成功宗教不可的動機與問題；並且順成宗教的緣法不具，逆阻宗教的形勢絕重。

宗教就是人類的出世傾向之表現，從這種傾向要將求超絕與神祕，神祕是這時必很時尙的—我指那一種趣味，因爲是時尙直覺的時代。但超絕則絕對說不通，而且感情上也十分排距；因爲知識發展的步驟還不到，感情解放活動之初亦正違乎這種意向。宗教的根本要件全在超越現前之一點，是既經說過的，所以我敢斷言一切所有的宗教不論高低都要失勢，有甚於今；宗教這條路定然還走不通。但是宗教既走不通，將走那條路呢？這些動機將發展成什麼東西，或這些問題將由怎樣而得應付？這只有關出一條特殊的路來同宗教一般的具奠定人生勗慰情志的大力，卻無藉乎超絕觀念，而成功一種不含出世傾向的宗教；同哲學一般的解決疑難，卻不僅爲知的一邊事，而成功一種不單是予人以新觀念並實予人以新生命的哲學。這便是什麼路？這便是孔子的路，而倭鏗泰戈爾一流亦概屬之。這時藝術的盛興自爲一定之事，是我們可以推想的；禮樂的復興也是我們已經推定的；雖然這也都能安頓了大部分的人生，但喫緊的還仗着這一路的哲學作主腦。孔子那求仁的學問將爲大家所講究，中國的寶藏將於是宣露。而這一路哲學之興，收拾了一般人心，宗教將益寖微，要成了從來所未有的大衰歇。說到這裏，又恰與中國的舊樣子相合：世界上宗教最微弱的地方就是中國，最淡於宗教的人是中國人，而此時宗教最式微，此時人最淡於宗教；中國偶有宗教多出於低等動機，其高等動機不成功宗教而別走一路，而此時便是這樣別走一路，其路還即是中國走過的那路；中國的哲學幾以研究人生佔他的全部，而此時的哲學亦大有此形勢；諸如此類，不必細數。除了科學的研究此時不致衰替爲與中國不同外，以及哲學藝術當然以進化之久總有勝過中國之點外，那時這精神生活一面大致是中國從來派頭，必不容否認。

以上對於世界未來文化大致推定是那個樣子。以他對近世西洋文化而看，是確然截然爲根本的改換。所改換過的全然就是中國的路子，無論如何不能否認。

一般對未來文化的誤看

但是一般人的議論——其實是毫無準據的想像——異口同聲說世界未來文化必是融合了東西兩方文化而產生的；兩方文化各有所偏，而此則得其調和適中的。這全因爲他們心思裏有根本兩謬點，試爲剖說：

一、他們只去看文化的呆面目而不留意其活形勢——根本精神，不曉得一派文化之所以爲一派文化者固在此而不在彼；由有此謬誤，就想着未來文化的成分總於這兩方文化各有所取，所以說是二者融合產生的了。其實這一派根本精神和那一派根本精神何從融合起呢？未來文化只可斬截的改換，而照現在形勢推去，亦實將斬截的改換，所改換的又確爲獨屬於中國一派；這不但你不信，就如我在未加推勘時亦萬萬不信。

二、他們感於兩方文化各有各的弊害，都不很合用；就從他心裏的願望，想着得一個盡善恰好的，從此便可以長久適用他。不曉得一文化原是一態度或一方向；態度或方向沒有不偏的，就都有其好的地方，都有其不好地方；無所謂那個文化就是好的文化，合用的文化，那個文化就是不好的文化，不合用的文化。由有此謬誤，就想着未來文化總當要調和兩偏而得其適中，成一個新的好文化了。其實一態度其初都好，沿着走下來才見出弊害，或遇到他不合用的時際，就得變過一態度方行；而又沿着走下去，還得要再變一態度。想要這次把他調和適中，弄到恰好，那安得而有此事呢？未來文化只可明確的為一個態度，而從現在形勢推去，亦實將明確的換過一個態度，所換過的又確乎偏為從前中國人的那一個態度；此誠無論什麼人所想不到的。

世界文化三期重現說

質而言之，世界未來文化就是中國文化的復興，有似希臘文化在近世的復興那樣。人類生活只有三大根本態度，如我在第三章中所說由三大根本態度演為各別不同的三大系文化，世界的三大系文化實出於此。論起來，這三態度都因人類生活中的三大項問題而各有其必要與不適用，如我前面歷段所說，最妙是隨問題的轉移而變其態度——問題問到那裏，就持那種態度；卻人類自己在未嘗試經驗過時，無從看得這般清楚而警醒自己留心這個分際。於是古希臘人，古中國人，古印度人，各以其種種關係因緣湊合不覺就單自走上了一路，以其聰明才力成功三大派的文明——迥然不同的三樣成績。這自其成績論，無所謂誰家的好壞，都是對人類有很偉大的貢獻。卻自其態度論，則有個合宜不合宜；希臘人態度要對些，因為人類原處在第一項問題之下；中國人態度和印度人態度就嫌拿出的太早了些，因為問題還不到。不過希臘人也並非看清必要而為適當之應付，所以西洋中世紀折入第三路一千多年。到文藝復興乃始揀擇批評的重新去走第一路，把希臘人的態度又拿出來。他這一次當真來走這條路便逼直的走下去不放手，於是人類文化上所應有的成功如征服自然，科學，德莫克拉西，都由此成就出來，即所謂近世的西洋文化。西洋文化的勝利，只在其適應人類目前的問題，而中國文化印度文化在今日的失敗，也非其本身有什麼好壞可言，不過就在不合時宜罷了。人類文化之初，都不能不走第一路，中國人自也這樣；卻他不待把這條路走完，便中途拐灣到第二路上來；把以後方要走到的提前走了，成爲人類文化的早熟；但是明明還處在第一問題末了之下，第一路不能不走，那裏能容你順當去走第二路？所以就只能委委曲曲表出一種曖昧不明的文化—不如西洋化那樣鮮明；並且耽誤了第一路的路程，在第一問題之下的世界現出很大的失敗。不料雖然在以前爲不合時宜而此刻則機運到來。蓋第一路走到今日，病痛百出，今世人都想拋棄他而走這第二路，大有往者中世人要拋棄他所走的路而走第一路的神情；尤其是第一路走完，第二問題移進，不合時宜的中國態度遂達其眞必要之會，於是照樣也揀擇批評的重新把中國人態度拿出來。印度文化也是所謂人類文化的早熟；他是不待第一路第二路走完而徑直拐到第三路上去的；他的行徑過於奇怪，所以其文化之價值始終不能爲世人所認識；（無識的人之恭維不算數）既看不出有什麼好，卻又不敢菲薄。一種文化都沒有價值，除非到了他的必要時；卽有價值也不爲人所認識，除非曉得了他所以必要的問題。他的問題是第三問題，前曾略說；而最近未來文化之興，實足以引進了第三問題，所以中國化復興之後將繼之以印度化復興。於是古文明之希臘，中國，印度三派竟於三期間次第重現一遭。我並非有意把他們弄得這般整齊好玩，無奈人類生活中的問題實有這麼三層次，其文化的路徑就有這麼三轉折，而古人又恰好把這三路都已各別走過，所以事實上沒法要他不重現一遭。吾自有見而爲此說，今人或未必見諒，然吾亦豈求諒於今人者。

在最近未來第二態度復興；以後順着走下去，怎樣便引進了第三問題，這還要說一兩句。我們已經看清現在將以直覺的情趣解救理智的嚴酷，乃至處處可以見出理智與直覺的消長，都是不得不然的。這樣，就從理智的計慮移入直覺的眞情未來人心理上實在比現在人逼緊了一步；如果沒有問題則已，如有問題，那麼這個問題就對他壓迫的非常之緊。從孔家的路子更是引人到眞實的心理，那麼，就更緊轃。當初藉以解救痛苦的是他，後來貽人以痛苦的亦卽是他；前人之於理智，後人之於直覺，都是這樣。在人類是時時那裏自救，也果然得救，卻是皆適以自殺，第三問題是天天接觸令人的眼瞼而令人若無所見的，到那情感益臻眞實之後，就成了滿懷唯一問題。而這問題本是不得解決的，一邊非要求不可，一邊絕對不予滿足，弄得左右無絲毫迴旋餘地！此其痛苦爲何如？第三期的文化也就於是產生；所謂印度人的路是也。從孔子的路原是掃空一切問題的，因爲一切問題總皆私欲；卻是出乎眞情實感的則不能出乎這眞情實感的問題在今日也能掃空，卻是在那將來則不能像這類出乎眞情實感的第三問題在今日則隨感而應，過而不留，很可以不成爲問題；如果執着不舍必是私欲，絕非天理之自然。在將來那時別無可成爲問題的，不必你去認定一個問題而念念不忘，他早已自然而然的把這一個問題擺在你的眼前，所以就沒有法子掃空了。關於第三期文化的開發可說的話還很多；但我不必多說了，就此爲止。本來印度人的那種特別生活差不多是一種貴族的生活，非可遍及於平民，只能讓社會上少數居優越地位，生計有安頓的人，把他心思才力用在這個上邊。唯有在以後的世界大家的生計都有安頓，才得容人人來作。於自己於社會均沒妨礙。這也是印度化在人類以前文化中爲不自然的，而要在某文化步段以後纔順理之證。

我們現在應持的態度

我們推測的世界未來文化既如上說，那麼我們中國人現在應持的態度是怎樣才對呢？對於這三態度何取何舍呢？我可以說：

第一，要排斥印度的態度，絲毫不能容留；

第二，對於西方文化是全盤承受，而根本改過，就是對其態度要改一改；

第三，批評的把中國原來態度重新拿出來。

這三條是我這些年來研究這個問題之最後結論，幾經審慎而後決定，並非偶然的感想；必須把我以上一章一章通通看過，記清，然後聽我以下的說明，才得明白。或請大家試取前所錄李超女士追悼會演說詞，和民國八年出版的唯識述義序文裏一段，與現在這三條參照對看，也就可尋出我用意之深密而且決之於心者已久。唯識述義序文一段錄後：

『印度民族所以到印度民族那個地步的是印度化的結果，你曾留意嗎？如上海劉仁航先生同好多的佛學家，都說佛化大興可以救濟現在的人心，可以使中國太平不亂，我敢告訴大家，假使佛化大興，中國之亂便無已，且慢胡講者，且細細商量商量看！』

現在我們要去說明這結論，不外指點一向致誤所由和所受病痛，眼前需要，和四外情勢，並略批評旁人的意見，則我的用意也就都透出了。照我們歷次所說，我們東方文化其本身都沒有什麼是非好壞可說，或什麼不及西方之處；所有的不好不對，所有的不及人家之一點，就在步驟凌亂，成熟太早，不合時宜並非這態度不對，是這態度拿出太早不對，這是我們唯一致誤所由。我們不待抵抗得天行，就不去走征服自然的路，所以至今還每要見厄於自然。我們不待有我就去講無我，不待個性申展就去講屈己讓人，所以至今也未曾得從種種威權底下解放出來。我們不待理智條達，就去崇尚那非論理的精神，就專好用直覺，所以至今思想也不得清明，學術也都無眉目。並且從這種態度就根本停頓了進步，自其文化開發之初到他數千年之後，也沒有什麼兩樣。他再不能回頭補走第一路，也不能往下去走第三路；假使沒有外力進門，環境不變，他會要長此終古！譬如西洋人那樣，他可以沿着第一路走去，自然就轉入第二路；再走去，轉入第三路；即無中國文明或印度文明的輸入，他自己也能開闢他們出來。若中國則絕不能，因爲他態度殆無由生變動，別樣文化即無由發生也。從此簡直就沒有辦法；不痛不癢真是一個無可指名的大病。及至變局驟至，就大受其苦，劇痛起來。他處在第一問題之下的世界，而於第一路沒有走得幾步，凡所應成就者都沒有成就出來；一旦世界交通，和旁人接觸，那得不相形見絀？而況撞到的西洋人偏是個專走第一路大有成就的，自然更禁不起他的威稜，只有節節失敗，忍辱茹痛，聽其蹴踏，僅得不死。國際上受這種種欺凌已經痛苦不堪，而尤其危險的，西洋人從這條路上大獲成功的是物質的財，他若挾着他大資本和他經濟的手段，從經濟上永遠制服了中國人，爲他服役，不能翻身，都不一定。至於自己眼前身受的國內軍閥之蹂躪，生命財產無半點保障，遑論什麼自由；生計更窮得要死，試去一看下層社會簡直地獄不如，而水旱頻仍，天災一來，全沒對付，甘受其虐，這是頂慘切的三端，其餘種種太多不須細數。然試就所有這些病痛而推原其故，何莫非的的明明自己文化所貽害；只緣一步走錯，弄到這般天地！還有一般無識的人硬要抵賴不認，說不是自己文化不好，只被後人弄糟了，而歎惜致恨於古聖人的道理未得暢行其道。其實一民族之有今日結果的情景，全由他自己以往文化使然：西洋人之有今日全由於他的文化，印度人之有今日全由於他的文化，中國人之有今日，全由於我們自己的文化，而莫從抵賴；也正爲古聖人的道理行得幾分，所以才致這樣，倒不必恨惜。但我們絕不後悔絕無怨尤；以往的事不用回顧，我們只爽爽快快打主意現在怎樣再往下走就是了。

我們致誤之由和所受痛苦略如上說，現在應持何態度差不多已可推見；然還須把眼前我們之所需要和四外情勢說一說。我們需要的很多，用不着一樣一樣去數，但怎樣能讓個人權利穩固社會秩序安寧，是比無論什麼都急需的；這不但比無論什麼都可寶貴，並且一切我們所需的，假使能得到時，一定要從此而後可得。我們非如此不能鞏固國基在國際上成一個國家；我們非如此不能讓社會上一切事業得以順着進行。若此，那麼將從如何態度使我們可以作到，不既可想了嗎？再看外面情勢，西洋人也從他的文化而受莫大之痛苦，若近若遠，將有影響於世界的大變革而開闢了第二路文化。從前我們有亡國滅種的憂慮，此刻似乎情勢不是那樣，而舊時富強的思想也可不作。那麼，如何要鑒於西洋化弊害而知所戒，並預備促進世界第二路文化之實現，就是我們決定應持態度所宜加意的了。以下我們要略批評現在許多的人意向是否同我們現在所審度的相適合。

現在普通談話有所謂新派舊派之稱：新派差不多就是倡導西洋化的；舊派差不多就是反對這種倡導的

—因他很少積極有所倡導；但我想着現在社會上還有隱然成一勢力的佛化派。我們先看新派何如？新派所倡導的總不外乎陳仲甫先生所謂『塞恩斯』與『德莫克拉西』和胡適之先生所謂『批評的精神』（似見胡先生有此文，但記不清）這我們都贊成。但我覺得若只這樣都沒給人以根本人生態度；無根的水不能成河，枝節的作法，未免不切。所以蔣夢麐先生『改變人生態度』一文，極動我眼目；卻是我不敢無批評無條件的贊成。又新青年前幾卷原也有幾篇倡導一種人生的文章，陳仲甫先生並有其『人生眞義』一文又倡導塞恩斯，德莫克拉西，批評的精神之結果也會要隨着引出一種人生。但我對此都不敢無條件贊成。因爲那西洋人從來的人生態度到現在已經見出好多弊病，受了嚴重的批評，而他們還略不知揀擇的要原盤拿過來。雖然這種態度於今日的西洋人爲更益其痛苦，而於從來的中國人則適可以救其偏，卻是必要修正過纔好。况且爲預備及促進世界第二路文化之開闢，也要把從來的西洋態度變化變化纔行。這個修正的變化的西洋態度待我後面去說。

舊派只是新派的一種反動；他並沒有倡導舊化。陳仲甫先生是攻擊舊文化的領袖；他的文章，有好多人看了大怒大罵，有些人寫信和他爭論。但是怒罵的止於怒罵，爭論的止於爭論，他們只是心理有一種反感而不服，並沒有一種很高興去倡導舊化的積極衝動。尤其是他們自己思想的內容異常空乏，並不曾認識了舊化的根本精神所在，怎能禁得起陳先生那明晰的頭腦，銳利的筆鋒，而陳先生自然就橫掃直摧，所向無敵了。記得陳先生在每週評論上作『孔教研究』，曾一再發問：

既然承認孔教在法律上，政治上，經濟上，都和現代社會人心不合；不知道我們還要尊崇孔教的理由在那裏？

除了君臣親子夫婦之道及其他關於一般道德之說明，孔子的精神眞相眞意究竟是什麽？

他原文大意是說：孔子的話不外一種就當時社會打算而說的，和一種泛常講道德的話；前一種只適用於當時社會，不合於現代社會，既不必提；而後一種如教人信實教人仁愛教人勤儉之類，則無論那地方的道德家誰都會說，何必孔子？於此之外孔子的眞精神，特別價値究竟在那點？請你們替孔教抱不平的說給我聽聽。這樣鋒利逼問，祇問的舊派先生張口結舌—他實在說不上來。前年北京大學學生出版一種『新潮，』一種『國故，』彷彿代表新舊兩派；那新潮卻能表出一種西方精神而那『國故』只堆積一些陳舊骨董而已。其實眞的國故便是中國故化的那一種精神—故人生態度？那些死板板爛貨也配和人家對壘嗎？到現在談及中國舊化便羞於出口，孔子的道理成了不敢見人的東西，只爲舊派無人，何消說得！因爲舊派並沒有唱導舊化，我自無從表示贊成而他們的反對新化，我只能表示不贊成，他們的反對新化並不澈底：他們也覺得社會一面不能不改革，現在的制度也只好承認，學術一面太缺欠，西洋科學似乎是好的；卻總像是要德莫克拉西精神科學精神爲折半的通融。莫處處都一貫到底。其實這兩種精神完全是對的；只能爲無批評無條件的承認；即我所謂對西方化要『全盤承受。』怎樣引進這兩種精神實在是當今所急的；否則，我們將永此不配談人格，我們將永此不配談學術。你祇要細審從來所受病痛是怎樣，就知道我這話非激。所以我嘗歎這兩年杜威羅素先到中國來，而柏格森倭鏗不曾來，是我們學術思想界的大幸；如果杜威羅素不曾來，而柏格森倭鏗先來了，你試想於自己從來的痼疾對症否？

在今日歐化蒙罩的中國，中國式的思想雖寂無聲響，而印度產的思想卻居然可以出頭露面。現在除掉西洋化是一種風尚之外，佛化也是範圍較小的一種風尚；並且實際上好多人都已傾向於第三路的人生。所謂傾向第三路人生的就是指着不注意圖謀此世界的生活而意別有所注的人而說；如奉行喫齋，念佛，唪經，參禪，打坐等生活的人和扶乩，拜神，煉丹，修仙等樣人，不論他爲佛教徒，或佛教以外的信者，或類此者，都統括在內。十年來這樣態度的人日有增加，滔滔皆是：大約連年變亂和生計太促，人不能樂其生，是最有力的外緣，而數百年來固有人生思想久已空乏，何堪近年復爲西洋潮流之所殘破，舊基驟失，新基不立，惶惑煩悶，實爲其主因。至於眞正是發大心的佛教徒，確乎也很有其人，但百不得一。我對於這種態度——無論其爲佛教的發大心或萌乎其他鄙念——絕對不敢贊成；這是我全書推論到現在應有的結論。我先有幾句聲明，再申論我的意思。我要聲明，我現在所說的話是替大家設想，不是離開大家而爲單獨的某一個人設想。一個人可以有爲顧慮大家而犧牲他所願意的生活之好意，但他卻非負有此義務，他不管大家而從其自己所願是不能非議的。所以我爲某一個人打算也許贊成他作佛家的生活亦未可定。如果劃一定格而責人以必作這樣人生，無論如何是一個不應該。以下我略說如何替大家設想即絕對不贊成第三態度之幾個意思

一、第三態度的提出此刻還早的很，是極顯明的，而我們以前只爲一步走錯以致貽誤到那個天地，（

試回頭看上文）此刻難道還要一誤再誤不知鑑戒嗎？你一個人去走，我不能管；但如你以此倡導於社會，那我便不能不反對。

二、我們因未走第一路便走第二路而受的病痛，從第三態度將有所補救呢，還是要病上加病？我們沒有抵抗天行的能力，甘受水旱天災之虐，是將從學佛而得補救，還是將從學佛而益荒事功？我們學術思想的不清明，是將從學佛而得藥治，還是將從學佛而益沒有頭緒？國際所受的欺凌，國內武人的橫暴，以及生計的窮促等等，我都不必再數。一言總括，這都是因不像西洋那樣持向前圖謀此世界生活之態度而喫的虧，你若再倡導印度那樣不注意圖謀此世界生活之態度，豈非要更把這般人害到底？

三、我們眼前之所急需的是寧息國內的紛亂，讓我們的生命財產和其他個人權利穩固些；但這將從何種態度而得作到？有一般人——如劉仁航先生等——就以爲大家不要爭權奪利就平息了紛亂，而從佛教給人一服清涼散，就不復爭權奪利，可以太平。這實在是最錯誤的見解，與事理眞象適得其反。我們現在所用的政治制度是采自西洋，而西洋則自其人之向前爭求態度而得生產的；但我們大多數國民還依然是數千年來舊態度，對於政治不聞不問，對於個人權利絕不要求，與這種制度根本不適合；所以才爲少數人互競的掠取把持，政局就翻覆不已，變亂遂以相尋。故今日之所患，不是爭權奪利，而是大家太不爭權奪利；只有大多數國民羣起而與少數人相爭，而後可以奠定這種政治制度，可以寧息累年紛亂，可以護持個人生命財產一切權利，如果再低頭忍受，始終打着逃反避亂的主意，那麼，就永世不得安寧。

在此處只有趕緊參取西洋態度，那屈己讓人的態度方且不合用，何況一味教人息止向前爭求態度的佛教？我在唯識述義序文警告大家：『假使佛化大興中國之亂便無已』就是爲此而發。我希望倡導佛教的人可憐可憐湖南湖北遭兵亂的人民，莫再引大家到第三態度，延長了中國人這種水深火熱的況味！

四、怎樣促進世界最近未來文化的開闢，是看過四外情勢而知其必要的；但這是第一路文化後應有的文章，也是唯他所能有的文章；照中國原樣走去，無論如何所不能有的，何況走印度的第三路？第一路到現在並未走完，然單從他原路亦不能產出這只能從變化過的第一態度或適宜的第二態度而得闢創；其餘任何態度都不能。那麼，我們當然反對第三態度的倡導。

我並不以人類生活有什麼好，而一定要中國人去作；我並不以人類文化有什麼價值，而一定要中國人把他成就出來；我祇是看着中國現在這樣子的世界，而替中國人設想如此。我很曉得人類是無論如何不能得救的，除非他自己解破了根本二執——我執，法執，卻是我沒有法子教他從此而得救，除非我反對大家此刻的倡導。因爲你此刻拿這個去倡導，他絕不領受，人類總是往前奔的，你扯他也扯不回來，非讓他自己把生活的路走完，撞到第三問題的硬釘子上，他不死心的。並且他如果此刻領受，也一定什九是不很好的領受，——動機不很好。此刻社會上歸依佛教的人，其歸依的動機很少是無可批評的，其大多數全都是私劣念頭，藉着人心理之弱點而收羅信徒簡直成爲彰明的事。最普通的是乘着世界不好的機會，引逗人出世思想，因人救死不贍，求生不得而要他解脫生死；其下於此者且不必說。這便是社會上許多惡劣宗教團體的活動也跟着佛教而並盛的一個緣故。再則他此刻也絕不能領受；當此競食的時代，除非生計有安頓的人，一般都是忙他的工作，要用工夫到這個，是事實所不能。他既絕不領受，又絕不能領受，又不會爲好動機的領受，那麼幾個是從此而得救的呢？還有那許多人就是該死嗎？既不能把人渡到彼岸，却白白害得他這邊生活更糟亂，這是何苦不但禍害人而且蹧蹋佛教。佛教是要在生活美滿而後才有他的動機，像這樣求生不得，就來解脫生死，那麼求生可得，就用他不着了。然在此刻倡導佛教，其結果大都是此一路，只是把佛教弄到鄙劣糊塗爲止。我們非把人類送過這第二路生活的一關，不能使他從佛教而得救，不能使佛教得見其眞；這是我的本意。

孔與佛恰好相反：一個是專談現世生活，不談現世生活以外的事；一個是專談現世生活以外的事，不談現世生活。這樣，就致佛教在現代很沒有多大活動的可能，在想把佛教擡出來活動的人便不得不謀變更其原來面目。似乎記得太虛和尚在海潮音一文中要藉着『人天乘』的一句話爲題目替佛教擴張他的範圍到現世生活裏來。又彷彿劉仁航和其他幾位也都有類乎此的話頭。而梁任公先生則因未曾認清佛教原來怎麼一回事的緣故，就說出『禪宗可以稱得起爲世間的佛教應用的佛教』的話。（見歐遊想影錄）他並因此而總想着拿佛教到世間來應用；以如何可以把貴族氣味的佛教改造成平民化，讓大家人人都可以受用的問題，訪問於我。其實這個改造是作不到的事，如果作到也必非復佛教。今年我在上海見着章太炎先生，就以這個問題探他的意見。他說，這恐怕很難；或者不立語言文字的禪宗可以普及到不識字的粗人，但普及後，還是不是佛教，就不敢說罷了。他還有一些話，論佛教在現時的宜否，但只有以上兩句是可取的。總而言之，佛教是根本不能拉到現世來用的；若因為要拉他來用而改換他的本來面目，則又何苦如此蹧蹋佛教？我反對佛教的倡導，並反對佛教的改造。

於是我將說我要提出的態度。我要提出的態度便是孔子之所謂『剛』。剛之一義也可以統括了孔子全部哲學，原很難於短時間說得清。但我們可以就我們所需說之一點，而以極淺之話表達他。大約剛就是裏面力氣極充實的一種活動。孔子說：『吾未見剛者』，剛原是很難作到的。我們似乎不應當拿一個很難作到的態度提出給一般人，因為你要使這個態度普遍的為大家所循由，就只能非常粗淺，極其簡易，不須加持循之力而不覺由之者，才得成功。但我此處所說的剛，實在兼括了艱深與淺易兩極端而說。剛也是一路向，於此路向可以入的淺，可以入的深；所以他也可以是一非常粗淺極其簡易的。我們自然以粗淺簡易的示人，而導他於這方向，如他有高的可能，那麼也可自進於高。我今所要求的，不過是要大家往前動作，而此動作最好要發於直接的情感，而非出自慾望的計慮。孔子說：『棖也慾，焉得剛』。大約慾和剛都像是很勇的往前活動；却是一則內裏充實有力，而一則全是假的——不充實，假有力；一則其動為自內裏發出，一則其動為向外逐去。孔子說的『剛毅木訥近仁』，全露出一個人意志高強，情感充實的樣子，這樣人的動作，大約便都是直接發於情感的。我們此刻無論為眼前急需的護持生命財產個人權利的安全，而定亂入治，或促進未來世界文化之開闢，而得合理生活，都非參取第一態度，大家奮往向前不可；但又如果不根本的把他含融到第二態度的人生裏面，將不能防止他的危險，將不能避免他的錯誤，將不能適合於今世第一和第二路的過渡時代。我們最好是感覺着這局面的不可安而奮發；莫為要從前面有所取得而奔去。我在李超女士追悼會即已指給大家這個態度；說：『要求自由，不是計算自由有多大好處便宜而要求，是感覺着不自由的不可安而要求的。』但須如此，即合了我所說剛的態度；剛的動只是真實的感發而已。我意不過提倡一種奮往向前的風氣，而同時排斥那向外逐物的頹流。我在那篇裏又說：『那提倡欲望，雖然也能使人往前動作，但我不贊成；』現在還不外那一點意思。施今墨先生對我說的『祇要動就好，』現在有識的人多能見到此；但我們將如何使人動？前些年大家的倡導，似乎都偏欲望的動，現今稍稍變其方向到情感的動這面來，但這只不過隨着社會運動而來的風氣，和跟着羅素創造衝動佔有衝動而來的濫調；並沒有兩面看清而知所揀擇，所以雜亂紛歧，含糊不明，見不出一點方向，更不及在根本上知所從事。這兩年來種種運動，愈動而人愈疲頓，愈動而人愈厭苦，弄到此刻衰竭欲絕，誰也不高興再動，誰也沒有法子再動，都祇為胡亂由外面引逗欲望，激勵情感，為一時的興奮，而內裏實際人人所有只欲望派的人生念頭，根本原就不弄得衰竭煩惱不止。動不是容易的，適宜的動更不是容易的。現在只有先根本啟發一種人生，全超脫了個人的為我，物質的歆慕，處處的算帳，有所為的而為，直從裏面發出來活氣——羅素所謂創造衝動——含融了向前的態度，隨感而應，方有所謂情感的動作，情感的動作只能於此得之。只有這樣向前的動作才真有力量，才繼續有活氣，不會沮喪，不生厭苦，並且從他自己的活動上得了他的樂趣。只有這樣向前的動作可以彌補了中國人夙來缺短，解救了中國人現在痛苦，又避免了西洋的弊

今日應再創講學之風

害，應付了世界的需要，完全適合我們從上以來研究三文化之所審度這就是我所謂剛的態度，我所謂適宜的第二路人生本來中國人從前就是走這條路，却是一向總偏陰柔坤靜一邊，近於老子而不是孔子陽剛乾動的態度；若如孔子之剛的態度便爲適宜的第二路人生。

明白的說，照我意思是要如宋明人那樣再創講學之風，以孔顏的人生爲現在的青年解決他煩悶的人生問題，一個個替他開出一條路來去走。一個人必確定了他的人生纔得往前走動，多數人也是這樣；只有昭蘇了中國人的人生態度，纔能把生機剝盡死氣沉沉的中國人復活過來，從裏面發出動作，才是眞動。中國不復活則已，中國而復活，只能於此得之；這是唯一無二的路。有人以淸代學術比作中國的文藝復興，其實文藝復興的眞意義在其人生態度的復興，淸學有什麼中國人生態度復興的可說？有人以五四而來的新文化運動爲中國的文藝復興；其實這新運動只是西洋化在中國的興起，怎能算得中國的文藝復興？若眞中國的文藝復興，應當是中國自己人生態度的復興；那只有如我現在所說可以當得起。

蔣百里先生對我說，他覺得新思潮新風氣並不難開，中國數十年來已經是一開再開，一個新的去，一個新的又來，來了很快的便已到處傳播，卻總是在筆頭口頭轉來轉去，一些名詞變換變換，總沒有什麼實際干涉，眞的影響出來；如果始終這樣子，將永無辦法；他的意思似乎須要一種似宗教非宗教像倭鏗所倡的那種東西，把人引入眞實生活上來才行。這話自是不錯，其實用不着他求，只就再創講學之風而已。現在只有踏實的奠定一種人生，才可以眞吸收融取了科學和德莫克拉西兩精神下的種種學術種種思潮而有個結果；否則，我敢說新文化是沒有結果的。至於我心目中所謂講學，自也有好多與從前不同處；最好不要成爲少數人的高深學業，應當多致力於普及而不力求提高。我們可以把孔子的路放得極寬泛，極通常，簡直去容納不合孔子之點都不要緊。孔子有一句『極高明而道中庸』的話，我想拿來替我自己解釋。我們祇去領導大家走一種相當的態度而已；雖然遇到天分高的人不是淺薄東西所應付得了，然可以『極高明』而不可以『道高明。』我是先自己有一套思想再來看孔家諸經的；看了孔經，先有自己意見再來看宋明人書的；始終拿自己思想作主。由我看去，泰州王氏一路獨可注意；黃黎洲所謂『其人多能赤手以搏龍蛇』而東崖之門有許多樵夫，陶匠，田夫，似亦能化及平民者。但孔子的東西不是一種思想，而是一種生活；我於這種生活還隔膜，容我嘗試得少分，再來說話。

其實我提出的這態度並不新鮮特別，巧妙希罕，不過就是現在世界上人當此世界文化過渡時代所要持的態度。我所謂情感的動，不但於中國人爲恰好，於世界上人也恰好，因爲我本是就着大家將轉上去的路指說出而已。

世界的態度

補遺（照陳政所紀稿本錄出）

有點意思要在此補說。這便是我常以勸年老的先生們對於舊的很有感情，對於舊的將要崩壞很感不安，所說的話。

我相信凡是人都是會自己去走對的路的，所有的不對都在『我一定要怎麼樣怎麼樣』這就是說，有些人想借某種權力去壓下別的意思，推行自己意見；只信任自己，不信任大家。我以為我們有什麼意思儘管可以陳述，但不應該強衆從我。因為大家本來都是自己能走對的路，如果眞要靠我一人去糾正大家，即是已足表明此事之無甚希望。不信任人是最不對的；人在直覺上都自然會找到對上去。所以知識上人格上的錯處壞處，都是一時的，結果是終久要對的。用強力干涉，固然錯誤。憂愁這世界要愈弄愈壞，也是錯誤。我信人都是好的，沒有壞的；最好是任聽大家自己去走，自然走對。因此我全無悲觀，總覺得無論如何都對。我從來未曾反對過誰的說話。同我極不對的話，都任憑去說，說了有好處的，因為經過了這一步便可以順次去走下一步。人都是要求善求眞的，並且他都有求得到善和眞的可能。這話看似平常，實甚重要。許多老先生們看着現在的局面覺很可悲，就是不信人類是這樣的，實在也就是不信自己了。佛學家多說，任人去走他的路，一定不對；應該教人走佛的路。我覺得人是自然會走到佛的路上去的，不必教他；如其不然，寧願舍佛就人。還有許多宗教家也都如他們那樣說；又有些所謂道德家要講禁惡禁慾等等都是不對的。北大已故教授楊昌濟引過斯賓塞的話，說社會較好於箇人，亦即此意。這是因東西文化問題附說的話。

還有翻過來批評自己的話。我覺得我所說的只不過是一篇話罷了。如果眞要討論孔子，印度那些東西，還需要幾種基礎的科學，我們這所說的，在學術界上還算是拿不出去。心理學我希望大家很要注意；因爲最好是什麼話都要有來路。

東西民族根本思想之差異（新青年第一卷第四號）

陳獨秀

五方風土不同而思想遂因各異。世界民族多矣、以人種言略分黃白、以地理言分東西兩洋。東西洋民族不同而根本思想亦各成一系、若南北之不相並水火之不相容也。請言其大者。

（一）西洋民族以戰爭爲本位、東洋民族以安息爲本位。　儒者不尙力爭、何況於戰。老氏之教不尙賢，使民不爭、以佳兵爲不祥之器。故中土自西漢以來黷武窮兵國之大戒、佛徒去殺益墮健鬬之風。世或稱中國民族安息於地上、猶太民族安息於天國、印度民族安息於涅槃。安息爲諸民族一貫之精神。斯說也，吾無以易之。若西洋諸民族好戰健鬬根諸天性、成爲風俗。自古宗教之戰、政治之戰、商業之戰，歐羅巴之全部文明史無一字非鮮血所書。英吉利人以鮮血取得世界之霸權、德意志人以鮮血造成今日之榮譽。若比利時若塞爾維亞以小抗大以鮮血爭自由。吾料其人之國終不淪亡、其力抗艱難之氣骨東洋民族或目爲狂易。但能肖其萬一、愛平和尙安息雍容文雅之劣等東洋民族何至處於今日之被征服地位。西洋民族性惡侮辱寧鬬死。東洋民族性惡鬬死寧忍辱。民族而具如斯卑劣無恥之根性、尙有何等面顏高談禮教文明而不羞愧。

（二）西洋民族以個人爲本位、東洋民族以家族爲本位。　西洋民族自古訖今、徹頭徹尾個人主義之民族也。英美如此、法德亦何獨不然。尼采如此、康德亦何獨不然。舉一切倫理道德政治法律社會之所嚮往、國家之祈求擁護、個人之自由權利與幸福而已。思想言論之自由、謀個性之發展也。法律之前、個人平等也。個人之自由權利載諸憲章國法不得而剝奪之、所謂人權是也。人權者成人以往、自非奴隸悉享此權、無有差別。此純粹個人主義之大精神也。自唯心論言之人間者性靈之主體也。自由者性靈之活動力也。自心理學言之人間者意思之主體、自由者意思之實現力也。自法律言之人間者權利之主體、自由者權利之實行力也。所謂性靈所謂意思所謂權利皆非個人以外之物。國家利益社會利益名與個人主義相衝突、實以鞏固個人利益爲本因也。東洋民族自游牧社會進而爲宗法社會至今無以異焉。自酋長政治進而爲封建政治至今亦無以異焉。宗法社會以家族爲本位、而個人無權利。一家之人聽命家長、詩曰君之宗之禮曰有餘則歸之宗不足則資之宗。宗法社會尊家長重階級故教孝。宗法社會之政治郊廟典禮國之大經國家組織一如家族、尊元首重階級故教忠。忠孝者宗法社會封建時代之道德、半開化東洋民族一貫之精神也。自古忠孝美談未嘗無可泣可歌之事。然律以今日文明社會之組織、宗法制度之惡果蓋有四焉。一曰損壞個人獨立自尊之人格、一曰窒礙個人意思之自由、一曰剝奪個人法律上平等之權利、如尊長卑幼同罪異罰之類 一曰養成依賴性、戕賊個人之生產力。東洋民族社會中種種卑劣不法慘酷衰微之象、皆以此四者爲之因。欲轉善因是在以個人本位主義易家族本位主義。

(三)西洋民族以法治爲本位、以實利爲本位、東洋民族以感情爲本位、以虛文爲本位。　西洋民之重視法治不獨國政爲然、社會家庭無不如是。商業往還對法信用者多、對人信用者寡。些微授受恆依法立據、淺見者每譏其俗薄而不憚煩也。父子昆季之間稱貸責償錙銖必較、違之者不惜訴諸法律。親戚交遊更無以感情違法損利之事。或謂西俗夫婦非以愛情結合豔稱於世者乎？是非深知西洋民族社會之眞相者也。西俗愛情爲一事、夫婦又爲一事。戀愛爲一切男女之共性、及至夫婦關係乃法律關係權利關係非純然愛情關係也。約婚之初各要求其財產而不以爲貪。既婚之後各保有其財產而不以爲吝。即上流社會之夫婦一旦反目直訟之法庭而無所愧怍。社會亦絕不以此非之。蓋其國爲法治國、其家庭亦不得不爲法治家庭。既爲法治家庭則親子昆季夫婦同爲受治於法之一人。權利義務之間自不得以感情之故而有所損益。親不責子以權利、遂亦不重視育子之義務。避姙之法風行、歐洲夫婦生活之外無有餘貲者、咸以生子爲莫大之厄運。不徒中下社會如斯也、英國貴婦人乃以愛犬不愛小兒見稱於世。以重視個人自身之利益而絕無血統家族之觀念、故夫婦問題與產子問題不啻風馬牛相去萬里也。若夫東洋民族夫婦問題恆由產子問題而生。不孝有三、無後爲大。舊律無子得以出妻。重家族輕個人而家庭經濟遂蹈危機矣。蓄妾養子之風初亦緣此而起。親之養子、子之養親爲畢生之義務。不孝不慈、皆以爲刻薄非人情也。西俗成家之子、恆離親而別居、斷絕經濟之關係。所謂吾之家庭 My family 者必其獨立生活也。否則、必曰吾父之家庭 My father's family 用語嚴別、誤必遺譏。東俗則不然、親養其子、復育其孫、以五遞進、又各納婦、一門之內人口近百矣。況夫累代同居傳爲佳話。虛文炫世其害滋多。男婦羣居內多詬誶、依賴成性生產日微。貌爲家庭和樂、實則黑幕潛張、而生機日促耳。昆季之間率爲共產、倘不相養必爲世譏。事蓄之外兼及昆季、至簡之家恆有八口、一人之力曷以肩茲。因此被養之昆季習爲遊惰、遺害於家庭社會者亦復不少。交游稱貸視爲當然。其償也無期、其質也無物。惟以感情爲條件而已。仰食豪門、名流不免以此富者每輕去其鄉里、視戚友若盜賊，社會經濟因此大亂。凡此種種惡風皆以僞飾虛文任用感情之故。淺見者自表面論之每稱以虛文感情爲重者爲風俗淳厚之徵。其實施之者多外飾厚情、內恆憤忌。以君子始、以小人終。受之者習爲貪惰、自促其生、以弱其羣耳。以此爲俗、何厚之有。以法治實利爲重者、未嘗無刻薄寡恩之嫌。然其結果社會各人不相依賴。人自爲戰、以獨立之生計成獨立之人格。各守分際不相侵漁。以小人始、以君子終。社會經濟亦因以釐然有序。以此爲俗、吾則以爲淳厚之徵也。即非淳厚也何傷。

東西文明根本之異點（七年七月言治季刊）

李大釗

東西文明有根本不同之點、即東洋文明主靜、西洋文明主動是也。溯諸人類生活史而求其原因，殆可謂爲基於自然之影響。蓋人類生活之演奏、實以歐羅細亞爲舞臺。歐羅細亞者歐亞兩大陸之總稱也。歐羅細亞大陸之中央有一凸地曰「棹地」Table Land 此與東西文明之分派至有關係。因其地之山脈不延於南北、而亙乎西東、足以障阻南北之交通。人類祖先之分布移動乃以成二大系統、一爲南道文明、一爲北道文明。中國本部日本印度支那馬來半島諸國、俾路麻印度阿富汗尼斯坦俾爾齊斯坦波斯土爾基埃及等爲南道文明之要路。蒙古滿洲西比利亞俄羅斯德意志荷蘭比利時丹麥士坎的拿威亞英吉利法蘭西瑞西西班牙葡萄牙意大利奧士大利亞巴爾幹半島等爲北道文明之要路。南道文明者東洋文明也。北道文明者西洋文明也。南道得太陽之恩惠多、受自然之賜予厚、故其文明爲與自然和解與同類和解之文明。北道得太陽之恩惠少、受自然之賜予嗇、故其文明爲與自然奮鬭與與同類奮鬭之文明。一爲自然的、一爲人爲的、一爲安息的、一爲戰爭的、一爲消極的，一爲積極的、一爲依賴的、一爲獨立的、一爲苟安的、一爲突進的、一爲因襲的、一爲創造的、一爲保守的、一爲進步的、一爲直覺的、一爲理智的、一爲空想的、一爲體驗的、一爲藝術的、一爲科學的、一爲精神的、一爲物質的、一爲靈的、一爲肉的、一爲向天的、一爲立地的、一爲自然支配人間的、一爲人間征服自然的。南道之民族因自然之富、物產之豐、故其生計以農業爲主。其民族爲定住的。北道之民族因自然之賜予甚乏、不能不轉徙移動、故其生計以工商爲主。其民族爲移住的。惟其定住於一所也、故其家族繁衍；惟其移住各處也、故其家族簡單。家族繁衍故行家族主義；家族簡單故行個人主義。前者女子恆視男子爲多、故有一夫多妻之風、而成賤女尊男之習。後者女子恆視男子爲缺、故行一夫一妻之制、而嚴尊重女性之德。農業爲主之民族好培種植物、商業爲主之民族好畜養動物。故東人食物以米蔬爲主、以肉爲輔；西人食物以肉爲主、以米蔬爲輔；此飲食嗜好之不同也。東人衣則廣幅博袖、履則緞鞋木履；西人衣則短幅窄袖、履則革履。東方舟則帆船、車則騾車、人力車、西方舟則輪船、車則馬車、足踏車、火車、電車、摩托車。東人寫字則用毛筆硯池、直行工楷於柔紙；西人寫字則用鉛筆或鋼筆橫行草書於硬紙。東人講衛生則在斗室靜坐；西人講體育則在曠野運動。東人之日常生活以靜爲本位、以動爲例外；西人之日常生活以動爲本位、以靜爲例外。試觀東人西人同時在驛候車、東人必覓坐靜息、西人必來往梭行、此又起居什器之不同也。更以觀於思想、東人持厭世主義 Pessimism。以爲無論何物皆無競爭之價値、個性之生存不甚重要。西人持樂天主義 Optimism 凡事皆依此精神以求益爲向上進化發展、確認人道能有進步；不問其究竟目的爲何、但信前事惟前進奮鬭爲首務。東人既以個性之生存爲不甚重要則事事一聽之天命是謂定命主義 Fotalism。西人既信人道能有進步則事事一本自力以爲創造是謂創化主義 Creative Progressionism 東人之哲學爲求涼哲學、西人之哲學爲求溫哲學。求涼者必靜、求溫者必動。東方之聖人是由生活中逃出、是由人間以向實在、而欲化人間爲實在者也。西方之聖人是向生活裏殺來、是由實在以向人間、而欲化實在爲人間者也。更以觀於宗教、東方之宗教是解脫之宗教、西方之宗教是生活之宗教。東方教主告戒衆生以由生活解脫之事實、其教義以清靜寂滅爲人生之究竟。寺院中之偶像、龕前之柳、池中之水、沉沉無聲、皆足爲寂滅之象徵。西方教主於生活中尋出活潑潑地之生命、自位於衆生之中央、示人以發見新生命、創造新生命之理、其教義以永生在天、靈魂不滅爲人生之究竟。教堂中之福音與祈禱、皆足以助人生之奮鬬。更以觀於倫理、東方親子間之愛厚、西方親子間之愛薄。東人以犧牲自己爲人生之本務、西人以滿足自己爲人生之本務。故東方之道德在個性滅却之維持、西方之道德在個性解放之運動。更以觀於政治、東方想望英雄、其結果爲專制政治、有世襲之天子、有忠順之百姓。政治現象毫無生機、幾於死體、依一人之意思遏制衆人之願望、使之順從。西方依重國民、其結果爲民主政治、有數年更迭之元首之代議士、有隨民意以爲進退之內閣、政治現象刻刻流轉、刻刻運行。隨各個人之意向與要求、聚集各個勢力以爲發展。東人求治在使政象靜止、維持現狀、形成一種死秩序；稍呈活動之觀則詆之以搗亂。西人求治在使政象活潑、打破現狀、演成一種活秩序、稍有沈滯之機則摧之以革命。東方制定憲法多取剛性、賦以偶像之權威、期於一成不變；致日新之眞理無緣以入於法。西方制定憲法多取柔性、畀以調和之餘地、期於與時俱化、俾已定之法度隨時可合於理。此東西文明差異之大較也。

東西民族因文明之不同、往往挾種族之僻見以自高而卑人。近世政家學者頗引為莫大之遺憾。平情論之東西文明互有長短、不宜妄為軒輊於其間。就東洋文明而論、其所短約有數端：(一)厭世的人生觀不適於宇宙進化之理法、(二)惰性太重、(三)不尊重個性之權威與勢力、(四)階級的精神視個人僅為一較大單位中不完全之部分、部分之生存價值全為單位所吞沒、(五)對於婦人之輕侮、(六)同情心之缺乏、(七)神權之偏重、(八)專制主義之盛行。而其所長則在使彼西人依是得有深透之觀察、以窺見生活之神秘的原子、益覺沈靜與安泰。因而起一反省、自問日在物質的機械的生活之中紛忙競爭、創作發明、孜孜不倦、延人生於無限爭奪之域、從而不暇思及人類靈魂之最深問題者究竟為何。東西文明之互爭雄長歷史上之遺蹟已數見不鮮、將來二種文明果常在衝突軋轢之中、抑有融會調和之日、或一種文明竟為其他所征服、此皆未決之問題。以余言之宇宙大化之進行全賴有二種之世界觀鼓馭而前、即靜的與動的、保守與進步是也。東洋文明與西洋文明實為世界進步之二大機軸。正如車之兩輪鳥之雙翼缺一不可。而此二大精神之自身又必須時時調和、時時融會、以創造新生命而演進於無疆。由今言之東洋文明既衰頹於靜止之中、而西洋文明又疲命於物質之下、為救世界之危機非有第三新文明崛起不足以渡此危崖。俄羅斯之文明誠足以當媒介東西之任、而東西文明真正之調和則終非二種文明本身之覺醒萬不為功。所謂本身之覺醒者即在東洋文明宜竭力打破其靜的世界觀、以容納西洋之動的世界觀；在西洋文明宜斟酌抑止其物質的生活、以容納東洋之精神的生活而已。

印度開放而後西洋思想已漸蒙東洋之影響。如叔本華 Schopenhaur 之厭世哲學尼采 Nitzsche 之天才個性主義皆幾分染東洋思想之顏色。惟印度之交通不便、西人居印者少、而印人之視英人祇認爲嫻於政治藝術之巧練蠻人、以爲論及修養彼輩尙屬幼稚。彼輩所汲汲以求者東方人決之於心中也久矣。故東西文明之間在印度不生密切之接觸。逮於海通、西人航海來華者日衆、東西思想之接觸始漸密切。良以吾國氣候之溫和、海路之利捷、遠非印度可比也。由是言之對於東西文明之調和吾人實負有至重之責任。當虛懷若谷以迎受彼動的文明、使之變形易質於靜的文明之中、而別創一生面。一九一六年九月八日美德加父教授 Professor Maynard W. Metcalf 曾在奧柏林 Oberlin 爲中國留美學生會演說「科學與現代文明」論及中國之將來有曰：「設有一民族於世界最終之民族中能占一大部者其惟中國人乎。其數量之衆。忍苦之強、衍殖之繁、愛重和平之切、人格品性之堅、智力之優、與夫應其最高道德觀念之能力、皆足以證其民族至少亦爲最終民族中之要素。但彼等究與啓發未來最終民族生息於其下之文明型式以若何之影響乎?中國其將於智於德有所貢獻於世界、亦如其於數量乎?此殆全視彼善導其發育於今方環接之新境遇下之成功何如耳。中國於人類進步已嘗有偉大之貢獻、其古代文明擴延及於高麗乃至日本、影響於人類者甚大。今猶能捲土重來以爲第二次之大貢獻於世界之進步乎?世間固尙未有一國民能於世界之進步爲第二次偉大之貢獻者,埃及阿西利亞佛呢西亞希臘羅馬亞拉比亞波斯皆曾達於極盛之域而遂衰亡不復振。獨意大利之文藝復興爲顯著之例外。然亦非舊羅馬之復活、逮其純爲新民族之日固不知有幾多異族之血混入古意大利人之族系也。猶憶三十年前加潘特 Edward Carpenter 曾爲文以論「文明之起原及其救濟」甚有趣味。文中指陳曾經極盛時代民族中文明疾病之徑路、謂此等文明之疾病大抵皆有其相同之預兆時期、寖假而達於炎熱最高之度、寖假而貽其民族以永世削弱之運焉。世界史中尚未見有回春復活之民族重爲世界之強國也。

中國文明之疾病已達炎熱最高之度、中國民族之運命已臻奄奄垂死之期。此實無容諱言。中國民族今後之問題實爲復活與否之問題亦爲吾人所肯認。顧吾人深信吾民族可以復活、可以於世界文明爲第二次之大貢獻。然知吾人苟欲有所努力以達此志的者其事非他、卽在竭力以受西洋文明之特長、以濟吾靜止文明之窮、而立東西文明調和之基礎。

今日立於東洋文明之地位觀之吾人之靜的文明精神的生活已處於屈敗之勢。彼西洋之動的文明物質的生活雖就其自身之重累而言不無趨於自殺之傾向、而以臨於吾儕則實居優越之域。吾儕日常生活中之一舉一動幾莫能逃其範圍、而實際上亦深感其需要、願享其利便。例如火車輪船之不能不乘、電燈電話之不能不用、個性自由之不能不要求、代議政治之不能不採行、凡此種種要足以證吾人生活之領域確爲動的文明物質的生活之潮流所延注、其勢滔滔殆不可遏。而一察其現象則又呈扞格矛盾之觀、到眼都是。最近所發生之社會現象如飛虹、普濟、江寬等輪之衝沈也、某處火車之遇險也、某處電燈之失愼也、此類事實若一一叩其原因固各不一致、而且甚複雜；就生活現象以爲大量之批評則皆足引爲吾人不適於動的文明物質的生活之證據。其他大至政制、微至衣履、西人用之則精神煥發、利便甚溥、而一入於吾人之手、著於吾人之身、則怪象百出、局促弗安、總呈不相配稱之觀。蓋嘗推原其故、以爲以靜的精神享用動的物質制度器械等等、此種現象必不能免。苟不將靜止的精神根本掃蕩、或將物質的生活一切屏絕、長此沈延、在此矛盾現象中以爲生活、其結果必蹈於自殺。蓋以半死帶活之人駕飛行艇、使發昏帶醉之徒御摩托車、人固死於艇車之下、艇車亦毀於其人之手。以英雄政治賢人政治之理想施行民主政治、以肅靜無譁唯諾一致之心理希望代議政治、以萬世一系一成不變之觀念運用自由憲法、其國之政治固以杌隉不寧、此種政制之妙用亦必毀於若而國中。總之守靜的態度持靜的觀念以臨動的生活、必至人身與器物、國家與制度都歸粉碎、世間最可恐怖之事莫過於斯矣。

余旣言之、物質的生活今日萬不能屏絕勿用、則吾人之所以除此矛盾者亦惟以澈底之覺悟將從來之靜止的觀念怠惰的態度根本掃蕩、期與彼西洋之動的世界觀相接近、與物質的生活相適應。然在動的生活中欲改易一新觀念創造一新生活其事較易、在靜的生活中欲根本改變其世界觀、使適於動的生活其事乃至難。從而所需之努力亦至大、吾人不可不以強毅之氣力赴之。

奇普陵 Kipling 之詩曰：

"Oh, East is East and West is West.

"And never the Twain shall meet,
Till Earth and sky stand presently
At God's great judgment seat;
But there is neither East nor West,
Bord, nor Breed nor Birth,
When two strong men stand face to face
Tho' they come from the end of the Earth."

譯其大旨、卽謂除非天與地立於上帝最高裁判之席前、東終是東、西終是西、絕無相遇之期。但有二偉人焉、雖來自地球之兩極、相對而立、則無東西畛域之見、種族血系之分也。吾靑年乎其各以 Two strongmen 中之一人自命、竭力劃除種族根性之偏執、啓發科學的精神、以索眞理。奮其勇氣以從事於動性之技藝與產業。此種技藝與產業足致吾人之日常生活與實驗之科學相接近。如斯行之不息、科學之演試必能日臻於純熟、科學之精神必能淪浹於靈智。此種精神卽動的精神、卽進步的精神、一切事物無論其於遺襲之習慣若何神聖、不憚加以驗察而尋其眞、彼能自示其優良者卽直取之以施於用、時時創造、時時擴張、以期盡吾民族對於改造世界文明之第二次貢獻。

愚文既已付印、偶於東方第十五卷第六號見有「中西文明之評判」譯自日本東亞之光其首段曰：

有中國人胡某者於開戰前後在德國刊行德文之著作二種一名中國對於歐洲思想之辯護爲開戰前所刊；一名中國國民之精神與戰爭之血路爲開戰後所刊者。

歐美人對於民族多以爲劣等國民偶或見其長處則直驚以爲黃禍、其眞傾耳於東洋人之言論者極少。有時對於東洋人之言論呈贊詞者多出於一時之好奇心、或屬外交辭令而已。

然此次戰爭使歐洲文明之權威大生疑念。歐人自己亦對於其文明之眞價不得不加以反省、因而對於他人之批評虛心坦懷以傾聽之者亦較多。胡某之著作在平時未必有人過問、而此時却引起相當之反響爲贊否種種議論之的。……次乃介紹德人對於辜氏著作之意見贊成之者則有台里烏司氏及普魯克陀爾福女士；反對之者則有弗蘭士氏。其中所論頗足供愚文之參證爲幅帙所限未能迻錄讀者可取「東方」閱之。往者愚在日京曾於秋桐先生「說憲」(一)文中得悉辜鴻銘氏有春秋大義(二)之作嗣以激於一種好奇之心理嘗取辜氏之書略爲披閱。雖讀之未暇終篇、但就其卷頭之綱目導言之大旨觀之已足窺其概要。彼謂「西洋之教人爲善不畏之以上帝、則畏之以法律、離斯二者雖兄弟比隣不能安處也。逮夫僧侶日多、食之者衆、民不堪其重負、遂因三十年之戰傾覆僧侶之勢力而以法律代上帝之權威。於是繼僧侶而興者則爲軍警焉。軍警之坐食累民其害且過於僧侶、結果又以釀成今日之戰。經此大戰之後、歐人必謀所以棄此軍警、亦如昔之屏棄僧侶者然。顧屏棄軍警之後其所賴以維持人間之平和秩序者將復迎前曾屏棄之僧侶乎？抑將更事他求乎？爲歐人計惟有歡迎吾中國人之精神、惟有歡迎孔子之道」。是篇所舉胡氏之說與辜氏之說若合符節。胡氏疑卽辜氏之誤。辜字譯音頗與胡近。其書旣以英文出版於北京、復以德文出版於柏林。日人展轉迻譯致訛爲胡、國人不察亦以胡棻受之愚以爲中國二千五百餘年文化所鍾出一辜鴻銘先生已足以揚眉吐氣於二十世紀之世界。一之爲奇、寧復有偶、必爲辜氏之訛無疑。

愚讀歐人對於辜說之評判不禁起數種感想：第一國人對於現代西洋最有價值之學說恆扞格不相入、詆排之惟恐不及。而我以最無價值之夢話一入彼歐人之耳彼皆以誠懇之意迎之。或則以促其自反、或則以堅其自信、雖見仁見智各不相同、要皆能虛心坦懷資爲他人之助。以視膠執己見夜郞自大之吾人度量相越之遠有非可以道里計者。故吾人對於歐人之注意辜說惟當引以自愧、切不可視爲「驚動歐人之名論」以自榮。第二西洋文明之是否偏於物質主義、宜否取東洋之理想主義以相調劑、此屬別一問題。至今日吾人所當努力者惟在如何以吸收西洋文明之長以濟吾東洋文明之窮、斷不許以義和團思想欲以吾陳死寂滅之氣象腐化世界。（例如以不潔淨之癖爲中國人重精神不重物質之證則吸食鴉片之癖亦何不可數爲相同之例、是非欲腐化世界而何？）斷不許舍己芸人但指摘西洋物質文明之疲窮不自反東洋精神文明之頹廢。第三希望吾青年學者出全力以研究西洋之文明以迎受西洋之學說、同時將吾東洋文明之較與近世精神接近者介紹之於歐人期於東西文明之調和有所裨助、以盡對於世界文明二次之貢獻、勿令歐人認此陳腐固陋之談爲中國人之代表。第四台里烏司氏謂「人雖有採用新稅制新服制者而無輕易採用新世界觀者」斯言誠不盡妄。但愚以爲於吾東方靜的世界觀若不加以最大之努力使之與動的世界觀接近、則其採用種種動的新制度新服器必至怪氣百出不見其利祇見其害。然此非可輕易能奏功效者亦屬事實。當於日常生活中習練薰陶之始能漸漬濡染易靜的生活爲動的生活。取法乎上僅得乎中，吾人卽於日常生活中常懸一動的精神爲準則、其結果尤不能完全變易其執性之靜止。倘復偏執而保守之則活動之氣質將永不見於吾人之身心、久且必歸於腐亡。

（一）見甲寅第八期

（二）The Spirit of Chinese

愚頃又見早稻田大學教授北聆吉氏曾作論東西文化之融合文載於東方時論第三卷第六號中、多透闢之語。玆節譯數段供參證焉。

……西洋之文化爲求精神之自由、先傾其全力以利用自然、征服自然。歐人對於自然不能漠不關心純取觀望之態度。不能融合其自我於自然之中以與自然共相遊樂。其視自然爲自我發展之憑基、非自我產生之嬌母。自然者可以克服之障礙也。非西的謂對象卽抵抗、實足爲歐人自然觀之綱領。彼等所以不卽其本然之體以觀察自然而必分析之以求發見其構成之要素與軌範要素結合之法則者、乃欲如斯以爲人類再建自然。其科學的文明皆因其要求主張自我克服自然而產出。倍根嘗謂爲「知識之力」蓋歐人之科學卽使彼等制御自然之力也。

然東洋諸民族關於此點其努力則與歐美人異。同是東洋民族其間固亦有相異之點、而自大體言之則凡東洋諸民族皆有一共同與西洋民族不同之所、即其不欲制御自然、征服自然、而欲與自然融合、與自然遊樂是也。彼等不言人則與天則對立、寧依天則以演繹人則。東洋人一般之宿命觀以從天命爲道德之能事、足爲彼等如何視自然爲强權之實證。東洋人與其欲制御自然以獲精神之自由、寧欲使精神之要求服從自然、於此覓一安心之境地。故彼等對於自然不加解剖、不加分析、但即其本然之體觀察之而已。

東西文化之差別可云一爲積極的、一爲消極的。此殆基於二者使現實生活澈底之意力之强弱。歐美人使現實生活澈底之欲望盛、故向利用或征服於其生活必要之自然之途以進。東洋人之於現實生活不視爲絕對、故使之澈底之努力缺乏。東西對於自然之差異無論其基於何種理由、究於二者之間生出思想與生活種種之不同。西洋人在與自然奮戰之間養成一種猛烈之生活意志。初哉首基即利用此種生活之意志以使其他劣弱之民族爲之屬隸。更爲此目的利用其獨占之科學知識。東洋人常以求得最大之滿足於其被與之境遇爲能事。故於本民族中認不法階級之存在、即認異族爲政治統治者亦甘受之而帖服。西洋人在與自然奮戰中所養成之自我觀念與人間中心之思想、構成一種價值哲學設便於自己之標準評量一切價值。不僅於現世以自己爲中心、即於來世亦主張個性價值之保存。

希臘人受地理之影響本爲極端個人主義之信者。以智慧、勇氣、正義、節制爲四德；而慈悲仁愛在東洋思想認爲一切道德之首者則反屏之於道德範疇之外。今日之西洋人合此希臘人之個人主義與希臘教靈魂不滅之教義而成個性價值保存之哲學。從而西洋人缺眞實大我之哲學。顧在東洋儒教則求修義最終之標的於天、佛教則求之於涅槃以成大我無我之哲學。寧以打破個人主義與人間本位之價値哲學、始足認爲備哲人之風格、老莊荆楚之學於此點最爲澈底。……

自然之制服、境遇之改造爲西洋人努力所向之方向。與自然融合對於所與境遇之滿足爲東洋人優遊之境地。此二者皆爲人間文化意志所向之標的。吾人於斯二者均不可蔑視。若徒埋頭於自然之制服境遇之改造、而忘却吾人對於內的生活之反省、則吾人之生活必歸於空虛。故今世大哲若柏格森則謂今日普魯士人之生活幾全埋頭於生產之事。於軍事與產業方占勝利之際、詩與哲學益趨退化以爲警告矣。若倭鏗則以內的文明與外的文明、詩與產業之兩立爲理想。昌言今日人本主義的文明一面征服自然一面有使自己靈性歸於空虛之恐矣。

彼歐美人今既於征服自然之中漸喪其自己之靈性、而東洋人則何如者？彼等既不求若何以征服自然利用自然。故其與自然融和一致之精神不過僅爲少數人所能知、自餘之大多數殆爲自然所征服。東洋聖哲自覺「破於此處成於彼處」之大自在。故現實生活之成敗多不足以惱其心神。其大多數對於人生眞義毫不理解、爲自然所征服、又爲利用自然者所驅使、以度量悲慘之生活。故於產生老莊解脫哲學之支那造成多數如豚之苦力。於產生釋迦宗教之印度、其生民不苦於疾疫、則厄於饑饉、今且被傭爲兵、在西部戰場爲英國人效死。然則無征服自然之能力、甘居於被與之境遇之東洋民族將有莫大之危險、從其生活以俱至。此爲吾人所不可不記取者。

於是乃生歐羅巴的文化與亞細亞的文化之補救乃至融合之必要矣。吾人為自己精神的自由一面努力於境遇之制服與改造、一面亦須注意於境遇之制服與改造。不可無一定之限制而努力於自己精神之修養。單向前者以為努力、則人類將成為一勞動機械。僅以後者為能事、則亦不能自立於生存競爭之場中。必兼斯二者眞正人間的生活始放其光輝。而欲為此非能將一切反對之要素攝取而統一之之民族不可。自間固有之文化大抵因其民族之特質與其被置之境遇多少皆有所偏局。必有民族焉必於是等文化不認其中之一為絕對、悉攝容之而與以一定之位置與關係始有產出將來新文化之資格。若而民族於歐則有德意志於亞則有日本。德人之天才不在能別創新文化之要素、而在能綜合從來之一切文化的要素。日本人之天才亦正在此處。……梅烈鳩闊佛士基論歐羅巴的精神與亞細亞的精神曰：「漸向下沉之西方之光、地之眞人之眞也。漸向高昇之東方之光、天之眞神之眞也。西方之光非必較東方之光為小、唯此二種之光二種之眞相結合、始與眞晝之光始與神人之光。」今且引述其言以終吾文矣。

按此篇所論頗多特見。而其主張東西文明之須相調劑亦與愚論無違。惟其謂具調和東西文明之資格者於歐則有德國、於亞則有日本此則全為日人「我田引水」之談、與其崇拜德國文明過度之過。固執文明特質之民族固不易與反對之文明言調和、而能綜合異派文明兼容並收之民族、固於異派文明之調和易與介紹疏通之助、愚亦非敢概為否認。但愚確信東西文明調和之大業必至二種文明本身各有澈底之覺悟、而以異派之所長補本身之所短、世界新文明始有煥揚光采發育完成之一日。卽介紹疏通之責亦斷斷非一二專事模做之民族所能盡。愚惟希望爲亞洲文化中心之吾民族對於此等世界的責任有所覺悟、有所努力而已。

東西文明之比較（學藝雜志第三號）

早稻田大學教授金子馬治先生講演　武進屠孝實筆記并譯

就東西二字觀之似甚簡單，實則其間諸國駢立，事情至爲複雜。欲於立談之間執兩者而細較之殊屬不可能之事。故予今茲所述者特其一部分之比較、非全體詳密之比較也。頃吉野君講演歐洲戰亂之現狀、俄國社會黨聲勢之盛大、及歐洲未來之形勢、立說頗饒興趣；予則有異於是。目前之事且置不論、願得遠溯既往、從歷史上求歐戰之遠因焉。

諸君背離鄉井、遠適異邦、而後於本國之眞相始漸能了解。予在十年前有歐洲之行、其時亦得有興味之經驗。歐遊以前予足跡未嘗出國門一步、至是登程西航、漸離祖國。途中小泊香港登陸游覽、乃大驚駭。蓋所見之物幾無不與在祖國所習者異也。據在座之貴國某君言香港本一磽确之小島、貴國人以廢物視之、及入英人之手辛苦經營遂成良港。予至香港時所見者已非所謂濯濯之石山而爲人力所成之良港。予所驚駭不置者蓋在於是。日本諸港大都因天然之形勢略施人工所成、香港則異是、觀其全體幾於絕出人工、非復自然之原物。此予所不得不嘆服者。試觀某市街所謂石山者已草木叢生、欣欣向榮、皆英人所種植初雖屢次失敗、然英人以不屈不撓之毅力、利用科學之方法、竭力經營卒成今日青青之觀。予在國內時所馴習之自然此處杳不可見、所接於目者獨有人力之跡。始知東西洋人信有區別。此感入予甚深、至今腦中猶歷歷憶之也。既別香港以次航經印度埃及等處。予抵印度時又大驚怪。惟此次所駭詫者與在香港時不同、印度氣候炎暑較香港尤甚爲習居日本者所難堪。竊自思念此邦大非樂土、及稍入內地乃知不然。蓋其地氣候雖炎暑不適作工而天產極豐可不勞而活。於是始知所謂自然之力有如此者。予昔在求學時代誦習歐人之說於東洋事情頗多不滿意處。歐人之言曰「歐洲之人以人力征服自然而利用之、東方人則反是、遊手好閒爲自然所制。」予覽其說當時卽信其中之一部分頗中事理。及後來徵諸在香港所得區區之經驗益知所謂歐人支配自然而東洋人放任自然之說果不妄也。

雖然僅僅據此尙不足以明東西文明之比較、頗曾悉心研考、今日得於諸君之前爲關於此問題之講演洵屬難得之機會。以予觀之、據現在之狀況以觀察東西之文明自爲一種方法；若能遠溯古昔、就東西二文明之本源比較之、似覺更饒興趣。歐洲之文明淵源於希臘在座諸君當無不知之。東方文明本源甚多；今請言貴國之周代及古時之希臘比較之。希臘國土褊隘、貴國則幅員甚廣、然希臘人實爲一種不可思議之民族、距今三千年前學者詩人發明家等崛起者甚多。若謂今日歐洲之文明爲征服自然之文明、而征服自然所用之武器爲自然科學者、當知此自然科學之淵源實在於希臘。嘗試考之自然科學獨成於歐洲人之手者何故？何以不與於東方？何以不創於貴國？何以智力卓絕之印度人亦未發明之？其間應有理由存在。若謂祇須有知識便能產生自然科學、則貴國之周代學者輩出應早已發明矣。據予所見希臘人雖爲天才之民族、其發明自然科學應尙別有原因。蓋希臘國小多山土地磽瘠、食物不豐、故多行商於小亞細亞以勤勞爲生活、歐式文明之源實肇於此。歐式之文明爲分析的、自然科學的其知識以細密明晰爲特徵。東方文明則其綜合的、情緒的、本能的、順自然的。此兩文明最顯之不同點也。予嘗以貴國人不能發明自然科學之故詢之先進久米博士。博士言貴國地大物博不必藉勞働獲衣食國家之本質爲貴族的、初無發明自然科學之必要。貴國先祖之學問爲貴族的學問、以勞働者奴隸之事非大人所當務、故貴國之先祖雖有高尙之學識、卒不能產生自然科學云。此說予深然之、歐人之事情與貴國不同、初無肥沃之土地、故決不能放任自然。雖南方之伊太利西班牙等國稍有風景、物產亦較豐然至北方之俄羅斯德意志諸威瑞典等則概屬瘠土，勢不能袖手而食。據歐洲學者言歐洲人性質各殊。歐人之先祖本居南方溫暖之地、漸以人口日繁、物資不足以遍給、弱者遂爲強者所逐、遷徙北方。今日之日耳曼及斯拉夫人卽被逐者之苗裔也。北方氣候嚴寒土地瘠薄、非勤勞無所得食、卒產生今日之文明。而伊西等國則爲貴族的有徒手遊惰之傾向矣云云。其說之信否不可知、然爲今日歐洲文明中心之日耳曼文明固以勤勞致之。彼英人化石山爲良港、應用各種科學以爲利用厚生之資、卽今日歐洲文明之一例也。然則歐洲之文明直稱之爲勢能 Power 之文明亦無不可。此次歐戰卽勢能之表現戰爭固非表現勢能之善法、然條頓人之文明自得藉此次戰爭窺知之也。以言東洋文明欲求其與勢能對待之特質則亦曰順自然愛平和而已。通觀日本之歷史、日本人實優遊笑嘻於自然之中者。貴國歷史卷帙浩瀚未暇細繹。就予所知而言大抵貴國之文明爲愛和平之文明、與歐洲之努力的、奮鬬的、軍國的文明性趣適不相同。仁愛之精神實東洋文明之中心也。印度民族爲英國所征服、今物質上已陷於滅亡之悲運。然自精神上言之固仍存在無疑。印度人之精神在慈悲、慈悲即仁愛也。世人往往誤認日本爲軍國的國家、其實不然。蓋日本受貴國文化之影響頗知尊重正義。理直氣壯之時日本之軍隊固強。反之用於不義之舉將不任戰鬭。總之東洋文明之本在平和自然之精神而不在勢能。其所長在是、其缺點亦在是。印度之見抑於勢能以至於亡即其例也。故東洋人今日之急務一方面在振作固有之精神、一方面非採取歐洲文明之美點如征服自然勤勉努力等精神不可。果能合東西之長創造一種新文明、則眞成日本俗諺所云授鬼以金棒。（猶華諺如虎生翼之意）日益鼎盛矣否則蹉跎復蹉跎、或爲印度之續受制於勢能、陷於亡國之慘亦未可知。此吾人所應警惕者。

本篇因恐失講演者原意、故述語口調概就當場筆記者直譯、不文之誚尚祈閱者諒之。　譯者附識

戰後東西文明之調和（東方雜志第十四卷第四號）

傖父

托爾斯泰之言曰：「方今之世爲改革時代、人類生活當起一大變化。中國爲東方諸國首領、有當實行之一大問題。蓋中國印度波斯土耳其俄羅斯日本等東洋國民之天職不獨獲得歐洲文化之精彩、必當表示眞正自由之模範於人類也。」此近世大哲人之所以詔吾國人者如斯。吾人思之、重思之、則戰後之人類生活必大起變化已無疑義。改革時代實近在眉睫之前、吾代表東洋之中國人果有若何之天職乎？對於世界能有若何之表示乎？願吾國人自審之。

此次大戰使西洋文明露顯著之破綻、此非吾人偏見之言、凡研究現代文明者殆無不有如是之感想。蓋文明之價値不能不就其影響於人類生活者評定之、西洋人對於東洋文明之批評亦常以東洋文明發源地之中

國日即於貧弱爲東洋文明劣點之標準。此不特西洋人之眼光如是、即在吾國人亦不免自疑其固有之文明而生崇拜西洋文明之傾向。然自受大戰之戟刺以後、使吾人憬然於西洋諸國所以獲得富強之原因與夫因富強而生之結果無一非人類間最悲慘最痛苦之生活。吾人至此縱不敢謂吾國人之貧弱可以脫離悲慘與痛苦爲吾固有文明之所賜與。然信賴西洋文明欲藉之以免除悲慘與痛苦之謬想不能不爲之消滅。平情而論、則東西洋之現代生活皆不能認爲圓滿的生活。即東西洋之現代文明皆不能許爲模範的文明、而新文明之發生亦因人心之覺悟有迫不及待之勢。但文明之發生常由於因襲、而不由於創作。故戰後之新文明自必就現代文明取其所長棄其所短而以適於人類生活者爲歸。此固吾人所深信不疑者也。

於人類生活有最重要之關係者一曰經濟二曰道德。蓋人類所需之衣食住及其他生活資料苟有所缺乏則生活不能維持、經濟關係之重要固無待言。然使經濟充裕而無道德以維繫之、則身心無所拘束、秩序不可安寧、生活仍不免於危險。故既富加教、實爲人類保持生活之大綱。文明之定義本爲生活之總稱、即合社會之經濟狀態與道德狀態而言之。經濟道德俱發達者爲文明、經濟道德均低劣者爲不文明。經濟道德雖已發達而現時有衰頽腐敗之象、或有破壞危險之憂者皆爲文明之病變。文明有時而病、如小兒之有痲疹百日欬、爲人類所不能不經過者。今日東西洋文明皆現一種病的狀態、而缺點之補足病處之治療乃人類協同之事業。不問人種與國民之同異常有一致之覺悟者也。

西洋社會之經濟因機械之利用、事物之發明而日益發達、此固科學之產物、爲東洋社會所望塵勿及者也。然科學僅爲發達經濟之手段、苟目的已誤則手段愈高危險亦愈甚。西洋社會之經濟目的與東洋社會截然不同。吾人之經濟目的在生活所需之資料充足而無缺乏而已。孟子曰：「聖人之治天下使猶粟菽如水火」又曰：「黎民不饑不寒」「使民養生喪死無憾」是皆說明吾人經濟目的之所在。故淫巧有禁、逐末有征、凡足以耗費生活之資料或減殺其生產者皆加以裁制。雖坐是而科學不興、發達經濟之手段數千年無甚進步、誠不能謂其全無流弊。然目的固未嘗誤也。西洋之社會經濟目的則不在充足其生活所需之資料、而在滿足其生活所具之欲望、以科學爲前驅無限之欲望隨之而昂進。其結果則產出精巧之工藝品。此等工藝品既非自己生活所必須、生產過剩於生活且有大害、乃不得不銷售之世界。而生活所須之資料則又爲工藝品所攘奪、生產不足、常仰給於他人。經濟上既失其獨立之地位。其影響於社會者則生活之程度愈高、維持愈難、競爭愈烈。於是各個人、各階級、各國家、各民族之間各築牆壁、定煩細之法律、設重大之軍備、以擁護其經濟的地位。故東洋社會之經濟目的爲平置的、向平面擴張。西洋社會之經濟目的爲直立的、向上方進取。東洋社會之經濟目的爲周遍的、圖全體之平均。西洋社會之經濟目的爲特殊的、謀局部之發達。然社會之經濟事情具流通之性質與水無異、四散旁流、以平佈周遍爲其自然狀態。壅之激之使之過顙使之在山則必至潰決而後已。今日之大戰卽爲國家民族間經濟的衝突而起也。吾東洋社會僅僅抱一不饑不寒養生喪死無憾之目的、惜無手段以達之。西洋社會之經濟苟不耗之於奢侈、擲之於軍備、破壞之於戰爭、則雖粟菽水火亦可庶幾、而又爲欲望之所誤。故就經濟狀態而言、東洋社會爲全體的貧血症、西洋社會則局處的充血症也。

至西洋社會之道德、其優勝於東洋社會者在於具力行之精神、慈善團體之發達、協同事業之進步、固吾人之所羨慕者也。

然重力行而蔑視理性、與吾人之講理性而不能力行者又適成反對之現象。吾人之道德根本於理性、發於本心之明以求本心之安、由內出而不由外入。西洋古代希臘羅馬之哲學家雖亦研究理性、所謂希臘思想者略與吾人之道德觀念相近。然不能普及於社會、當時民衆之所信仰者則多神教而已。自羅馬末造改宗基督教後道德之本源悉歸於神、意以人類之智能爲不足恃。關於宗教之事項不適用普通論理上之法則決定其正否、惟依神之啓示與默佑、勇往直前以行其神之使命。是爲希伯來思想與希臘思想正相反對。其極端者至惡智巧、杜學藝。以桎梏理性之故至起中世紀後半期之反動。文藝復興希臘思想大占勢力於社會。中世紀以後二大思想幾經衝突、融會各有幾分之變質仍成對峙之形勢。至十九世紀科學勃興物質主義大熾、更由達爾文之生存競爭說與叔本華（鏬本哈衞）之意志論推而演之、爲強權主義、活動主義、精力主義。張而大之、爲帝國主義、軍國主義。其尤甚者則有托拉邱克及般哈提之戰爭萬能主義。不但宗教本位之希伯來思想被其破壞、即理性本位之希臘思想亦蔑棄無遺矣。現代之道德觀念爲權力本位、意志本位。道德不道德之判決在力不在理。弱者劣者爲人類罪惡之魁。戰爭之責任不歸咎於強國之憑陵、而諉罪於弱國之存在。如此觀念幾爲吾人所不能理解。以吾人之見地推測之則西洋之道德觀念因屢起反動疊受摧殘基本已毀。乃各自發揮其能力逞快其意志、正如航海之船羅盤已失、而爐火正熾、汽壓大張、鼓浪前行。惟特機力以衝越障礙、自成航路。

雖舵折桅摧而不顧。今日之戰日殺六千人猶未已止即此故也。吾人之道德觀念除與現時新輸入之科學思想稍有鑿枘外、在歷史上未見如何之反動、不受何等之摧殘、至於今日猶能統攝人心。惜乎誦其言者不能服其服而行其行、有理性而無意志以表現之。故就道德狀態而言、在東洋社會爲精神薄弱、爲痲痹狀態。西洋社會爲精神錯亂、爲狂躁狀態。

大戰以後、西洋社會之經濟將有如何之變動乎？由吾人之臆測則經濟之變動必趨向於社會主義。蓋此次戰爭雖由國家民族間之經濟競爭而起。然歐洲社會自科學勃興以後、經濟界中已造成一種階級。經濟上勢力全操縱於少數階級之手、國家民族間之經濟競爭實不過少數階級間之經濟競爭。多數民衆爲少數階級所驅策投身於礮火兵刃之地、創鉅痛深則必有所警覺。事定以後當有一種超國家超民族之運動、觀於戰前各國社會黨之態度、及近日俄德與諸國之事變（草此論時德與事變僅有電傳尙未證實）已顯露端倪。在少數階級既因戰爭而生莫大之創痍、亦必有所悔悟。與其投鉅資以戰爭、求國家民族之繁榮、而得則盡民窮之結果。何如移其資以施行社會政策、擴充社會事業、互相迎合以馴致於社會主義之實行。西洋之社會主義雖有種種差別、其和平中正者實與吾人之經濟目的無大異。孔子謂不患寡而患不均。社會主義所謂「各取所須」亦即均之意義。吾東洋社會無國家民族對抗之形勢、故經濟嘗注目於社會、孔孟之書凡關於經濟者無不從社會全體着想。西人有謂王安石爲發明社會主義者、實則社會主義乃吾國所固有、傳自先民、王安石特襲取其偏端而欲實行之耳。西洋經濟界若實行社會主義則吾人懷抱數千年之目的無手段以達之者、或將於此實現矣。

至西洋社會之道德方面、在戰爭以後希伯來思想必更占勢力、與希臘思想結合以形成新時代之道德。蓋希伯來思想崇靈魂、敬上帝、務克己、持博愛主義。希臘思想重現實、喜自然、尙智術、持愛國主義。其互相衝突之點大率在是。今日之科學思想由希臘思想發生發達已極、遂釀戰禍。證諸歷史羅馬時代希臘思想旣盛由率眞而變爲任性、遂流於放僻邪侈。希伯來思想代之而興。以今之時勢考之、此歷史殆將重演矣。大凡人類於自然界獲得勝利之時、則宗教思想必因之薄弱。若至趨於極端陷於窮境之時、則宗教思想必因之喚起。故今後當爲希伯來思想復興時代、與歷史文藝復興時代遙遙相對。但人類之思想經一次之變更、必有一次之更新、當此科學昌明之時、豈能以神權時代之舊宗教強爲維繫。况近時文藝家對於希臘思想傾向益著、其勢力亦殊不可侮。則新時代之希伯來思想必與希臘思想調和、而帶現時的色彩。於敬天畏命之中求窮理盡性之實、合神與人爲一致、即合肉與靈爲一致、殆非不可能之業也。吾國道德思想雖與希臘爲近、然理性之本出於天、理性之用致乎人、體天意以施諸人事、修人事以合乎天意。其戒謹恐懼之心與修身事帝之念則又與希伯來思想若合符節。故西洋之道德於希伯來思想與希臘思想調和以後、與吾東洋社會之道德思想必大有接近之觀、此吾人所拭目而俟者也。

吾代表東洋社會之中國當此世界潮流逆轉之時、不可不有所自覺與自信。近年中以輸入科學思想之結果、往往眩其利而忘其害、齊其末而舍其本。受物質上之激刺、慾日盛而望日奢。少數之上流社會享用旣十百倍於往日、乃不得不多所取求、厚自封殖。觀於國會議員及文武官吏俸給之激增可知吾國之經濟上已棄其平布周遍之目的、而爲直立特殊之傾向。吾國經濟力之豐厚、本不如西洋。勉強效尤則破產而已。吾人平日當維持其簡樸之素風、無爲西洋之物質文明所眩惑。西洋事物輸入吾國者必審其於生活上之價值如何、科學上之智識技能當利用之以生產日常須要之物。使其產生多而價值廉、以應下層社會之用而救其缺乏。若奇巧高貴之品、便安享樂之法、僅爲上層社會發達肉慾計者、及奢侈品、裝飾品、消耗品、以誘惑普通社會而害其生計者、必力屏之。經濟之配布當漸使平均、勿任貪黠之徒利用科學以施其兼併侵略之技。至科學上之學說如競爭論意志論等雖各有證據各成系統。但皆理性中之一端、而非全體、當視之與諸子百家相等、不可奉爲信條。吾人當確信吾社會中固有之道德觀念爲最純粹最中正者。但吾人雖不可無如是之確信、卻不可以此自封其囿。世界各國之賢哲所闡發之名理、所留遺之言論、精深透闢、足以使吾人固有之觀念益明益確者吾人皆當研究之。近日美國衞西琴博士在北京教育會聯合會演說謂中國須「將固有之經史藉西國最新之學理及最新之心理學重新講譯」蓋深得我心者也。且吾人之所取資於西洋者不但在輸入其學說以明確吾人固有之道德觀念而已。讀西洋道德史不論何學派何宗教皆有無數之偉人傑士大冒險大奮鬬以排除異論貫澈主張、或脫棄功名富貴、數十年忍耐刻苦以傳宣義理感化庸衆。雖其宗派之間盛衰興替更起迭乘而獻身之精神亙上世中世近世而如出一轍。其中誠不無過於偏激者、然以彼之長補我之短、對於此點吾人固宜效法也。是故吾人之天職在在實現吾人之理想生活。卽以科學的手段實現吾人經濟的目的、以力行的精神實現吾人理性的道德。以主觀言爲理想生活之實現、以客觀言卽自由模範之表示也。

中西文明之評判

（譯日本雜誌「東亞之光」）（東方雜志第十五卷第六號）平佚

有中國人胡某者於開戰前後在德國刊行德文之著作二種：一名「中國對於歐洲思想之辯護」爲開戰前所刊；一名「中國國民之精神與戰爭之血路」爲開戰後所刊者。

歐美人對於東洋民族多以爲劣等國民、偶或見其長處則直驚呼以爲黃禍。其眞傾耳於東洋人之言論者極少、有時對於東洋人之言論呈贊詞者。多出於一時之好奇心、或屬於外交辭令而已。然此次戰爭使歐洲文明之權威大生疑念。歐人自己亦對於其文明之眞價不得不加以反省、因而對於他人之批評虛心坦懷以傾聽之者亦較多。胡某之著作在平時未必有人過問、而此時却引起相當之反響、爲贊否種種議論之的。今紹介其贊成者反對者與中立者之代表的意見、俾讀者得知其概略焉。

台里烏司氏者對於此二書頗表同情、其批評之大意如下：

胡君者保守者也、彼以古中國之文化爲完全、較之歐洲文化著爲優良。彼謂：「諸君歐人於精神上之問題、卽唯一之重大問題、非學於我等中國人不可。否則、諸君之全文化不日必將瓦解。諸君之文化不合於用、蓋諸君之文化基於物質主義及恐怖與貪欲者也。至醇至聖之孔夫子倘有支配全世界之時。彼示人以達於高潔深玄禮讓幸福之唯一可能之道。故諸君當棄其錯誤之世界觀而採用中國之世界觀、此諸君唯一之救濟法也。」云云。

胡君之忠告原不免稚氣、蓋人雖有採用新稅制新制服者、而無輕易採用新世界觀者也。又中國之文化於蒙古人種依其特殊之種性而尚有差別。在全異之人種未必可以移殖、況我等歐人自身之世界觀自有完成之期、故吾人對於胡君之忠告惟有謝絕之而已。

然謂歐洲之文化不合倫理之用、此胡君之主張亦殊正當。胡君著作之主旨實在於此。彼其二千五百年以來之倫理的國民的經驗視吾歐人殆如小兒。吾人傾聽彼之言論使吾人對於世界觀之大問題悵然有憾矣。

夫歐洲人之世界觀與中國人之世界觀原無可比較。歐洲人在今日尙無所謂義者保守主義者之言而一概排斥之。彼又有如下之言亦未可以惡意解釋。彼謂：「中國之思想在歐洲諸君必不以爲新。然諸君之大思想家如休披那塞哥的者與支配中國二千五百年以來之思想何嘗不同乎？」此言也對於歐洲之教養未免過於重視、在歐洲固未學休披那塞哥的之精神亦未嘗有一息之氣吹入於一般生活。此眞相實爲胡君所未注意也。

吾人必不欲一變此之情態則已、否則吾人雖不能於中國直接學得何物、而胡君之兩書實激刺吾人之廉恥心與奮發心最爲有力也。

又弗蘭士氏者謂歐洲目下之現態使東洋人視爲歐洲文明之破產亦不無理由。於胡君之態度亦大概承認。惟其所說之內容則大表反對之意、而爲基督教文明辯護、尤於德意志文明辯護更力。其言如下：

胡君謂「現在戰局結束之方法、當與交戰國當局者以絕對之權力、使彼等提倡和平、無論何人不得反抗。此爲永免歐洲文化上所附帶戰禍之道、去英國風之崇尚民衆、德國風之崇拜英雄之病、而奉孔子之教。」此胡君對於民主的英國寧對於德國之同情較少。但彼尙視吾人爲全然物質主義者殊可驚也。彼謂科學與器械、軍艦與鐵道、知識與實地的成功、對之均不感服。而重要者在人物之問題、敎吾人以內面的生活與精神的文化。

向以內面性之國民、詩人及思想家之國民自誇之吾人、豈甘如斯之言乎?豈竟聽胡君之言行於中國、學於孔子以求內面性乎?否、否、我國人之多數以我可尊之國民的傳統將瀕危險者是爲事實、又有多數之人雖在己國已經閑都之理想遠自異方來則反起多大之注意焉。胡君之誤解德國精神可爲世界誤解德國精神之實例。此誤解旣自歐洲諸國始、吾人不可不搥胸自責其怠慢之罪。蓋我詩人思想家之思想不傳布於外國民族故也。德國之商業擴於世界、而德國之精神生活與德國之基督教不出國境。吾人當爲精神的文化起見、對於世界尤對於爲將來疆域之東亞大行布教。土爾其在戰前我敵人所設之學校一千有餘。德人所經營之學校不過四十至六十而自己之世界觀者。歐洲人擁其實地上之成功、高視一切。然其文化之殿堂中最神聖者彼實無造之之能力。英國固無英國之世界觀、法國亦然、德國亦然。是等諸國僅有自猶太小亞細亞希臘之襤褸上剝落而雜布之世界觀。雖歐洲之思想家亦有本於近代精神所產生之科學、以新造國民的特有之世界觀者。而是等之思想家對於從來國民之見解與公認的世界觀之形成無有何等之影響。我偉大德意志思想家之思想、學校中未嘗體會之、通國之民不能知之。

此實爲全問題之要點。胡君對於此點、譏評深切。彼謂：「我等中國人固不能深知歐洲人、歐洲人亦不能深知中國人。兩者之間固有重大之區別、然中國人尚能知自己之文化。歐人對於自己之文化大都盲目」。胡君此言誠切中歐洲之弱點、勒薩爾（德意志社會民權黨之創立者）亦曾發此感嘆。謂：「德意志之諸大思想家如羣鶴高翔天際、地上之人不得聞其羽搏之微音。」

中國人三歲之兒童在學校中學中國大思想家之思想、洞澈其精神。德國人在學校於自國文化之高頂絕不得聞見。埃開哈爾得培梅蘭普尼休披那塞康德費息德休林克哥的黑知爾等偉大思想家學校中不能受其影響。對於國民之感化故意隔絕之。

今世人頗議學校之改革。彼等晏坐案頭編新教案之事項、歷史須增二三時間、地理之二三時間中須致以某項某項。如是議論雖屢有所聞、而主要重大之問題卻不敢着手。主要問題者何？卽德意志偉大思想家之精神可使之活動於學校否乎？德意志人於思想上任至何時可不建自己之家屋乎？德意志精神之內不須產出眞實自由之新世界觀乎？凡此種種皆重大問題而世人竟不注意。德人所自矜之廉恥心、豈不受其戟刺乎？德人之勇氣果在何處乎？此怯懦因循安於半解甘於卑下之病根也。

胡君既看破此歐洲之大弱點故雖目睹歐洲之鐵道電信及其他研究精確之事業不起特別尊敬之念。以歐人於其最切要者何故反缺焉不講。胡君之眼光正射於此也。此其故由於精神的興味之缺乏、與精神的熱烈擁護之缺乏也。歐洲人之倫理要素被實地的功利要素所壓倒、優雅與微妙之情緒屈而不能伸。卽宗教方面亦帶物質主義之特徵。

茲舉例以實之、則自西亞細亞入歐洲之道義之主旨全屬於物質的、其所謂善含有法律的命令之意、不從者降之以罰;從者酬之以賞。倫理之方面卽以如斯賞罰之概念爲主。是非甚低級粗野之倫理觀之顯著特徵乎?中國在紀元前五百年既有大心理學者從精神之根本動機說明善爲自成與自樂、非依酬報而動者。是以中國人有健全純潔高貴完全之國民的倫理觀、且極爲人間的而非抽象的。歐洲人從來缺乏造成如斯之倫理觀之能力、而尤可惜者則我大思想家之思想成績雖已有造成如是特獨之世界觀之基礎與端緒、而不以與之於國民、使此事業乃倍覺困難焉、

歐洲人於精神上無何等之根據點。彼等初入學校所學者爲猶太與後期希臘之世界觀。此原不能常保其統一、無何卽以正反對之自對科學及有形知識入據彼等之心。由宗教傳說而起之倫理的感情與全然冷酷之物質主義互相反撥、無一處能純一明瞭。其於倫理觀也、先以不可不然之訓誡注入、此種訓誡壓制的固定的且極幼稚的無何等心理上襯托。未幾卽以精密之科學所產出與前之訓誡正相反對之進化論生存競爭與本能之法則提示彼等。肉迫彼等、實現與理想絕不調和。由如是混亂矛盾中教育而來之歐洲人、於出學校之後更從各處聽受哲學體系上之斷片、而於哲學之眞相則又無考求之時間。遂使歐洲作成一眞相不明、無依無據之迷的人間。在歐洲無論何人、其所得以爲準據者不過刑法而已。

中國人之倫理出於明晰之思索、且爲國民的心理的。其世界觀亦極簡古。胡君對於此東西之差別指摘如下

曰：「歐洲人在學校所學者一則曰知識、再則曰知識、三則曰知識、中國人在學校所學者爲君子之道。」胡君曰：「善者爲我中國人之所發見、歐人當學之於我。」此胡君稚氣之忠告。但我不可視此爲中國貴族主已。在東亞地方盎格撒遜人之傳道者五千六百人、德國傳道者僅二百三十四人。吾人在日本稍稍活動。故此國之親德派較親英派爲優勢。今吾人欲對於外國民主張吾人爲理想主義的國民、必如之何而可乎？則當以吾人之理想介紹於外國是已。

台里烏司氏嘆我國大思想之思想不應用於學校、而羨中國之三歲小兒得聞聖人之道、此二事均不免誇張。惟余對於學校中當大輸入我思想家之思想此事予極贊成。

台里烏司氏承認孔子倫理之優越、而視歐西之倫理爲全然物質主義。其主旨從西亞細亞輸入不過以賞罰之概念爲動機、此言實爲可驚。豈氏於我基督教並無何等之知識乎？我思想家之重此教者非曾對於此以賞罰爲動機之主旨根本上加以芟除乎？路德所謂唯一之美的宗教、康德所謂可愛之宗教。雖亦指此宗教、然豈指此賞罰的動機乎？台里烏司氏所謂「新又自由又眞之世界觀」卽基督教之自由而必迂折以取道於中國不過一好奇之心而已。夫欲崇拜孔子固可隨意。今日之官能世界較比可學之人尙多。至台里烏司氏推賞胡君之著作謂微妙銳利無逾於此書。余則謂將中國之事物任意美化亦無過於此書。中國婦人之屈辱地位、著者一部分否認之、一部分美化之。其尤可驚者中國人不潔之癖著者亦引以爲中國人重精神而不注意於物質之一佐證。

如是無價値之書能使吾人知我之精神界映於如是自說自話之男子之眼中者乃如是、則亦不得謂爲全無價値。吾人當謝出版者之勞。

吾人又因此書而知橫隔東西思想間之溝渠乃如是之大。雖偶見有兩者通共之處、又仔細檢之亦皆似是而非。及其最後則吾人覺吾自身所有之可貴、依比較而意識愈明。我文化之基礎與我德意志國民性須臾不可離之基督教、今因黨爭與因襲之災難漸不明瞭。一與東洋比較則吾人始得明瞭自覺吾人之強大的根本思想。卽東洋人所難於理會之獨立個性與個人責任之根本思想實爲吾人之特長。倫理與政治之關係固爲我等不知孔教之困難而於此處促生權力意志與活動性。或使糾紛之外的文化與德意志之內面性相合在目下之戰爭爲艱辛之試驗、以示其決不崩壞之力。

又有普魯克陀爾福女士者全與胡君之書同聲相應。以弗蘭士氏之言爲不識東洋人之皮相者、頗贊美東洋之理想主義而悲西洋人之過傾於物質主義。謂歐人當學於東洋、其言過於褒美東洋、偏於感情、爲婦女之本色。然此女子全然醉心東洋者凡己國民之特徵根本於歷史與民族性者尤熱心維持、惟彼謂如此之覺悟實爲東洋宗教家之所賜也。

彼初欲皈依佛教以安心立命、見印度之一喇嘛僧問改宗佛教之可否、喇嘛僧正襟言曰女士莫如學基督教。宗教如言語、棄國語者妄、棄己國之宗教者亦妄。速歸於允受基督教之救。彼雖依此語而得受基督教、爾來彼崇奉己國之文明自覺其價値而對於東洋欽慕之念亦綦切云。

新歐洲文明思潮之歸趨及基礎

（東方雜誌第十六卷第五號） 節譯日本「新公論」雜誌

君實

一

世界平和會議今已在巴黎開幕矣。當此之時、吾人之所痛感而渴望者實惟世界新文化之黎明蓋自大戰開始以來、歐洲之文明幾於完全崩壞，爲暗黑與混沌之色彩所掩。今也新文明之太陽既自朦朧之東方漸漸而升。平和在望、萬姓臚歡、而創造世界新文明之重大責任亦自此而生。此由吾人所最熱誠希望者也。

所謂創造世界之新文明者歐美之政治家學者思想家等蓋已幾經考慮。以其事本爲古所未有、自不得不大費討究思索之功。而重要之一點則究當以何者爲新文明之基礎是也。無基礎則無組織、基礎一誤卽使勉強構成新組織、亦終不免於謬誤。然今人之注目於新文明者常多舍本逐末之傾向。如國際同盟其爲必要、固人人所公認。然於有力之思想的基礎上多不之問。此誠可謂極大之缺陷。他若民主主義自由主義諸問題亦皆未嘗檢核其思想的基礎。而貿然爲之附和、其缺點莫不相同。若如此而言、新文明之創造其結果或終於失敗。或以若有若無了之。欲其有所收穫難已。此余所以於世界黎明已近之樂觀不能無疑慮也。

二

歐洲新文明之歸趨及基礎實此次根本的問題之一。夫歐洲文明在一世紀前已經卻爾斯霍爾博士之指摘。及法蘭西革命始由中產階級及勞動階級以迅雷疾風之勢打破其缺陷。然其毀除者亦僅政治的社會的缺陷之一部分嚴格言之僅就政治的革命之半而已。雖有一部分之思想家哲人大聲疾呼指摘現世紀所留之社會的缺陷、打破機械的商工的文明之害、提倡創造的活潑的之文明，然其呼聲不能徹於倨傲自恣熱中於富之征服者之耳底。多以一種之空言夢想視之、蓋此等衆人四居於經濟的軍國主義、沈醉於資本的侵略主義、迷惘於皮相的民主主義、彷徨於病的文明之桎梏中。雖聲嘶力竭未足以醒其酣夢也。洎夫大戰勃發、而若輩蘧蘧之美睡始爲之打破。歐洲文明之大缺陷遂曝露於人人之眼前、自根柢而崩壞矣。

三

法蘭西革命以後、近世歐洲文明之缺陷莫如其文明之背景與思想的根柢之基督教勢力衰弱是也。蓋自近代文藝表示異教主義之勝利、遂使對彼求現世樂慾望眼前天國之歐美人而言來世之天國、遏制其樂慾之基督教漸次失其勢力。迄於今日僅能以其舊日之惰勢保持其存在而已。

歐洲之人人既與基督教背離、而毀棄其文化之思想的基礎、而可爲正義人道之背景與支柱之熱力因之消失。則所奔赴者當然惟物質的慾望、與隨此慾望而起之侵略、卽所有之努力與意志咸集中於富之征服。無論爲國家爲個人皆不能脫此色彩、英吉利之經濟的帝國主義、德意志之經濟的軍國主義由此胚胎而生育者也。卽人人最驚詫之德意志之社會的革命亦急激醞釀於此空氣中者也。歐洲異教之思潮既告勝利、遂於所謂自我之尊重、個性之發揮上示人間勢力偉大之伸張、於科學藝術軍備富力之上亦呈急激之膨脹。而其半面復中毒於工業制度、國與國之間生經濟的侵略主義之葛藤、人與人之間多階級的鬭爭之事端。社會的血肉成爲機械的硬化。無論國家或個人皆浮沈於臬兀動搖醜惡策略之間此現代歐洲文明在社會上政治上最顯著之事實也。要而言之、近代歐洲文明其外形雖蔽以燦爛之光華、其內部實滿貯腐爛廢頽之空氣也。今也歐洲之學者哲人政治家詩人皆絞腦汁瀝心血以求去此等文明的弱點、而從事於新文明之創造。然其創造若僅以國際同盟海上自由諸問題之成立便謂大功告竣、則不免過於早計。又若俄羅斯德意志之社會的革命假令圓滿終結或仍留有未能滿意之缺點皆不可不察。蓋此等之事尙未得謂爲新文明之基礎也。況欲使國際聯盟成立如主權之問題軍備制限國際軍備編成等之問題皆橫亙於各國講和委員之前。其成立上不免有種種之困難、而反對方面亦復勢不相下。假令國際同盟果告成立究足爲世界永久平和完全之基礎與否尙屬疑問。況俄羅斯德意志之社會的革命若停滯於現狀而未得完全正當適切之解決、則新文明之創造前途仍不免於沈晦也。

四

然則歐洲新文明之歸趨及基礎究爲如何之問題卽發生於是矣。向來之歐洲其於本國之文明尊重自誇未免過甚。實則文明並非歐洲人之專有物如鐵礮印刷術天文學等中國實先歐洲發明、世界最大最高之宗教（大乘佛教）亦最早在印度成立。歐人驚異之繪畫亦夙經生育於印度然東洋人對於歐洲文化咸肯熱心研究於其中發見暗示與方向、而加以比較。若歐洲人則對於有光輝之東方文化概漠然視之、常下在東洋無可學之獨斷也。

雖然邇來西洋學者之中如蘇奠葆如叔本華皆已味及佛教而得其片鱗。最近如英吉利哲人高秉德氏亦嘆美東洋文明、而尤渴仰中華文明。居恆指摘歐洲文明之弊害、於多數歐洲人向所冷視輕蔑之中國文明則極力提倡、以爲最宜學步。高氏之言雖係過飽於機械的歐洲文明之反動、致有此醉心中國文明之傾向。顧欲使歐洲人將中國文明之全部以無條件受入、其爲難能固無待言。然而今日將創造新文明之歐洲與夫因歐洲新文明崩壞而有志創建本國特有之新文化之日本、對於此端將得如何之暗示乎？

高秉德氏於其新著「產業上之自由」一書極賞贊中國文明之一特長、卽爲東洋社會的生活特殊現象（日本至維新前後尙遵行之）之士農工商之生活。高氏謂歐洲於此四者之順序適相顚倒、而成商工農士之生活的位置、實爲文明之一病源。商之生活位於第一、在今日商工中心之時代固屬求富強之善策。然因此而使社會成爲機械的唯物的爲經濟萬能主義爲少數資本家之跋扈。遂使貧富之差別愈深、終至激生階級鬬爭、且因絕對尊重經濟的擴張主義於是內則釀成同胞之自戰、外則釀成國與國之激爭。時有播蒔挑撥之種子之恐。此等傾向威爾遜總統亦嘗於其「新自由主義」中竭力攻擊之。如英吉利如德意志如亞美利加如法蘭西皆罹此病者也。（惟程度有深淺耳）雖然歐洲列強莫不皆反復於此種形勢、甘陷於劇烈之國際競爭之漩渦中、爲資本的擴張主義經濟的軍國主義之奴隸、而以「商」之階級位於社會之首位此其第一之缺陷也。十八世紀以來英吉利繼續實行其資本的擴張主義乃有德意志之經濟的軍國主義起而與之對抗。莫不皆實現國家之強大欲以經濟的克復世界而新興之美利堅與日本亦加入其中。使爭鬬之空氣益增濃厚、其結果當然使各國家皆傾向於商工立國主義更不得不尊重商工階級中之有力者使之參與國政。於是一切皆受商工中心資本家勢力之壓迫、舉世悉成爲機械的物質的無味的之狀。其間無創造、亦無生命、有心者莫不苦之。歐洲文明之弱點實在於此。此國與國之相爭人與人之相殘所以永無已時而高秉德氏之所早經痛斥者也。

五

依高氏之見解商之階級雖於富之所有與征服大有勢力、然僅足爲富豪政治之病源。一方於文化之創造上殊無若何之貢獻、夫社會文明之進化一本於各方面精神的創造之開展。其能於此精神的創造貢獻最多者不得不推「士」之階級。所謂「士」之階級者以屬於平民階級之學者思想家爲主。卽藝術的創造科學的發明哲學的開展等皆自所謂「士」之階級者之頭腦而出。倘無此創造則農工商皆塞其進步之源流、不得不停滯而沈落。至於商之階級雖以中等階級爲主一面殊有勢力、然必待「士」之階級之創造、「農」之階級由勞動而生之生產原料、與用此種生產原料作成各種物品之「工」之努力、而後始得沐其餘惠、以從事於買賣。由此觀之、則創造者生於「士」之階級之手、而「農」與「工」之勞作亦生於其創造之力之下。若「商」者則僅利用此等結果以營功利的生活而已。中國及日本於其社會的位置之上以士爲第一、以農工商列居其次。驟觀之、似極固陋而實可謂最確當之組織。卽自眞正文化的開展上觀之蓋最有意義者也。(日本現在亦以「商」爲第一位)

然在歐洲固未嘗思及此等之意義也。其在社會的位置上置「商」於第一位。其次爲工、爲農、爲士。因而壓抑人人文化創造之本能、使社會成機械化。有功於文化的進展之士咸受輕視、而妨害其自由。其結果遂僅爲所有的衝動所被動。而種種之文明的弊害卽因此而生。外則有起於經濟戰之國家侵略主義如凱撒主義之勃興、帝國主義腕力主義之高唱、「力」(以武力爲主)之囂張、軍國主義之讚美等皆起於此。而爲國際上危險與禍亂之大動因。內則因拜金主義商工主義之跋扈、生物價之非常暴騰、與貧富之不自然的差別、而可悲之階級鬬爭爲國家脊髓之中流階級之滅亡、下流社會之生活難、富豪政治之跋扈、等亦一時並起。於是險惡之社會的風潮如社會主義無政府主義等遂大爲熾盛。

此等病源既縈繞於歐洲文明而代表商工階級之少數者大得勢力。其弊達於極點、因而有世界大戰之破裂。由此觀之、欲從事於新文明之建造則首當尊重者實爲士之階級、依此士之階級中諸人之創造的衝動而成之新文明、始得謂之創造與再建。廣義言之、文學家詩人科學家哲人思想家等皆屬於「士」之階級、而哲人思想家科學家等尤爲其中之精粹。救世界人類之不幸、與不安開平和幸福之道、導農工商於正軌、皆哲人思想家科學家之力也。

歐洲列強不可不於此節深致考察、一改歷來所執之國策與方針、以「士」之階級置於社會的位置之第一位、而以他階級位於其次、藉尊重創造之精神。此事必當實行、且宜以中國對於士之階級之厚遇與尊重爲模範。

高氏此外於中國之卑軍國主義而尊文化主義亦大加賞讚。今日德意志之軍國主義爲禍及全世界之動因卒致舉其本國而沈諸深淵。中國素來尊重學術文學、根本的抑制軍閥之跋扈、此尤其特質之可爲法者也。要之高秉德氏之主旨在賞讚中國文明、並欲使今後之歐洲取中國文明所有精神的特質之優越部分、以施行之、今大戰告終、歐洲列強正當創造新文明之日、自高氏觀之似不能不接受其素所輕視之東洋文明之光。此端將來必爲戰後思想界重大之問題、素有偏質的文明之目之歐洲待此問題解決之後其新文明之光必能自東洋吸收一半而入於新時期矣。

著者述此非謂今後日本不必就學於歐洲也。余等之當學於歐洲者不僅科學的方面與物質的方面、即藝術哲學諸方面其可學者固甚多。特深信今後之趨勢、歐洲亦將爲東方文明之光所照被、而得其暗示與啟發。東西兩洋互取其固有文明之所長、渾融而調和之、以造成創造的新文明、是則吾人之所期望者也。

改變人生的態度（新教育第五號）

蔣夢麟

我生在這個世界、對於我的生活、必有一個態度；我的能力就從那方面用。人類有自覺心後、就生這個態度。這個態度變遷、人類用力的方向也就變遷。

希臘時代那半島的人民、抱美感生活的態度。『美是希臘人做人的中心點。』Dickson Greek View of Life P. 187『無論宗教、倫理、體育、和種種人生活的動、都不能和美感分離。』『希臘的神以世間最美麗的東西代表他』Makims of Tyie 希臘人對於生活抱這美的態度、所以產生許多美術品和美的哲學、希臘文明就成了近世西洋文明的基礎。羅馬時代人民對於生活抱造成偉業的態度、所以建雄偉的國家、統一的法律、宏壯的建築、廣闊的道路。凡讀史的人那一個不仰慕羅馬人的偉業呢？羅馬帝國滅亡、中古世起一千年中、歐洲在黑暗裏邊。那時候人民對於生活的態度是在空中求天國、這個世界是忘卻了。所以這千年中這世界毫無進步。十五世紀初文運復興。這態度大變、中古世人的態度是神學的、是他世界的、文運復興時代人的態度是這世界的、是承認這活潑潑底個人的、丹麥哲學家霍夫丁氏 Höffding著近世哲學史對於文運復興說道：

文運復興是一個時代、在這時代內中古世狹窄生活的觀念、是打破了。新天新地生出來、新能力發展起來。凡新時代必含兩時期、(一)從舊勢力裏面解放出來、(二)新生活發展起來。…… Vol. I, P. 3.

文運復興的起始是要求人類本性的權利、後來引到發展自然界的新觀念和研究的新方法。P. 9.

這個人類的新態度、把做人的方向、從基本上改變了、成一個新人生觀。這新人生觀生出一個新宇宙觀；有這新人生觀所以這許多美術哲學文學蓬蓬勃勃的開放出來。有這新宇宙觀所以自然科學就講究起來。人類生活的態度因爲生了基本的變遷所以釀成文運復興時代。

西洋人民自文運復興時代改變生活的態度以後、一向從那方面走—從發展人類的本性和自然科學的方面走—愈演愈大、釀成十六世紀的大改革十八世紀的大光明十九世紀的科學時代二十世紀的平民主義。大改革是什麼呢？宗教裏邊闢出了一個發展人類的本性問題。大光明是什麼呢？政治裏邊闢出了一個發展人類的本性問題。科學時代是什麼呢？要打勝天然使地上的天產爲人類豐富生活的應用。

當人類以舊習慣舊思想舊生活爲滿足的時候、其態度不過保守舊有的文物制度。把一切感情都束縛住；這活潑潑的人、一旦從繩束上跳出來、好像一頭牛跑到瓷器店裏把那高閣的盆碗都撞破了。所以人的感情一旦解放就把那舊有的文物制度都打破。

文運復興大改革大光明科學時代都是限於中等社會以上的。文運復興不過限於幾個文學家、美術家、哲學家的活動。大改革大光明也不到中等社會以下的平民。科學的應用也不過限於有財資的少數人。所以世界進化要產出二十世紀的平民主義來。托爾斯泰說：

近世的醫學新發明、醫院、摩托車和種種科學上的發明、都是爲富人應用的、平民那得受享這些權利？故我以爲眞科學不是這些物質科學。眞科學是孔子耶穌佛的科學。(按此指尊重人道而言) Tolstoi, What is to be done ? Life

從文運復興人類生活抱新態度爲起點、這六百年中歐洲演出了多少事。請問我國於元明清三朝內做些什麽？朝代轉移、生活的態度不變、跑來跑去終跑不出個小生活的範圍。

我要問一句、活潑潑的人到那裏去了？你有感情爲何不解放？你有思想爲何不解放？你所具的人類本性的權利放棄了爲何不要求？

這回五四運動就是這解放的起點、改變你做人的態度、造成中國的文運復興；解放感情、解放思想、要求人類本性的權利。這樣做去我心目中見那活潑潑的青年、具豐富的紅血輪、優美和樂的感情、敏捷鋒利的思想、勇往直前把中國委靡不振的社會、糊糊塗塗的思想、畏畏縮縮的感情、都一一掃除。凡此等等若非從基本上改變生活的態度做起、東補爛壁、西糊破窗、愈補愈爛、愈糊愈破、怎樣得了？

讀了上文後於人生態度改變的必要大概明白了。我現在把這個意思收束起簡單提兩個問題：

人生的態度從那一個方向改變呢？

▲從小人生觀到大人生觀——從狹窄的生活到廣闊的生活；從薄弱的生活到豐富的生活；從簡單的生活到複雜的生活。

▲從家族的生活到社會的生活。

▲從單獨的生活到團體的生活。

▲從模仿的生活到創造的生活。

▲從古訓的生活到自由思想的生活。

▲從樸陋的生活到感美的生活。

人生的態度用什麼方法來改變呢？

▲推翻舊習慣舊思想。

▲研究西洋文學、哲學、科學、和美術。

▲把自己認作活潑潑的底一個人。

舊已譬如昨日死、新已譬如今日生、要文運復興、先要把自己復生。

（註）這篇文章意中所用『人生』『生活』『人類生活』等名詞都是指個『生』字英語 Life

歐遊心影錄（九年三月上海時事新報）

梁啓超

第一篇　一般觀及一般感想

上半篇　大戰前後之歐洲

七　科學萬能之夢

大凡一個人若使有個安心立命的所在、雖然外界種種困苦、也容易抵抗過去。近來歐洲人卻把這件沒有了為什麼沒有了呢？最大的原因就是過信「科學萬能」。原來歐洲近世的文明有三個來源：第一是封建制度、第二是希臘哲學、第三是耶穌教。封建制度規定各人和社會的關係、形成一種道德的條件和習慣；哲學是從智的方面研究宇宙最高原理及人類精神作用求出個至善的道德標準；宗教是從情的意的兩方面給人類一個「超世界」的信仰、那現世的道德自然也跟着得個標準。十八世紀前的歐洲就是靠這個過活。自法國大革命後封建制度完全崩壞、古來道德的條件和習慣大半不適於用。歐洲人的內部生活漸漸動搖了。社會組織變更原是歷史上常態。生活就跟着他慢慢蛻變、本來沒有什麼難處。但這百年來的變更卻與前不同。因科學發達結果產業組織從根底翻新起來變既太驟、其力又太猛、其範圍又太廣。他們要把他的內部生活湊上來和外部生活相應、卻處處措手不及。最顯著的就是現在都會的生活和從前堡聚的村落的生活截然兩途、聚了無數素不相識的人在一個市場或一個工廠內共同生活、除了物質的利害關係外絕無情感之可言、此其一。大多數人無恆產、恃工爲活、生活根據飄颻無着、好像枯蓬斷梗、此其二。社會情形太複雜、應接不暇、到處受刺戟、神經疲勞、此其三。勞作完了、想去耍樂、耍樂未完又要工作、晝夜忙碌無休養之餘裕、此其四。慾望日日加高、百物日日加貴、生活日日加難、競爭日日加烈、此其五。以上所說不過隨手拈來幾條要而言之、近代人因科學發達生出工業革命、外部生活變遷急劇、內部生活隨而動搖、還是很容易看得出的。內部生活本來可以憑宗教哲學等等力量、離去了外部生活依然存立、近代人卻怎樣呢?科學昌明以後第一個致命傷的就是宗教。人類本從下等動物蛻化而來、那裏有什麼有上帝創造;還配說人爲萬物之靈嗎;宇宙一切現象不過物質和他的運動、那裏有什麼靈魂;更那裏有什麼天國?講到哲學、從前康德和黑格爾時代在思想界儼然有一種權威、像是一統天下。自科學漸昌、這派唯心論的哲學便四分五裂、後來岡狄的實證哲學和達爾文的種源論同年出版、舊哲學更是根本動搖。老實說一句、哲學家簡直是投降到科學家的旗下了、依著科學家的新心理學所謂人類心靈這件東西就不過物質運動現象之一種、精神和物質的對待就根本不成立。所謂宇宙大原則是要用科學的方法試驗得來、不是用哲學的方法冥想得來的。這些唯物派的質學派、托庇科學宇下建立一種純物質的純機械的人生觀。把一切內部生活外部生活都歸到物質運動的「必要法則」之下。這種法則其實可以叫作一種變相的運命前定說。不過舊派的前定說說運命是由八字裏帶來或是由上帝注定。這新派的前定說說運命是由科學的法則完全支配。所憑據藉的論據雖然不同、結論卻是一樣。不惟如此、他們把心理和精神看成一物。根據實驗心理學硬說人類精神也不過一種物質、一樣受「必然法則」所支配。於是人類的自由意志不得不否認了。意志既不能自由、還有什麼善惡的責任。我爲善不過那「必然法則」的輪子推着我動、我爲惡也不過那「必然法則」的輪子推着我動、和我什麼相干？這不是道德標準應如何變遷的問題、直是道德這件東西能否存在的問題了！現在思想最大的危機就在這一點。宗教和舊哲學既已被科學打得個旗靡轍亂、這位「科學先生」便自當仁不讓起來、要憑他的試驗發明個宇宙新大原理。卻是那大原理且不消說、就是各科各科的小原理也是日新月異。今日認爲眞理、明日已成謬見。新權威到底樹立不來、舊權威卻是不可恢復了。所以令社會人心都陷入懷疑沈悶畏懼之中。好像失了羅針的海船、遇着風遇着霧不知怎生是好。既然如此、所以那些什麼樂利主義強權主義越發得勢。死後既沒有天堂、只好儘這幾十年盡地快活。善惡既沒有責任、何妨盡我的手段來充滿我個人慾望。然而享用的物質增加速率、總不能和慾望的騰升同一比例。而且沒有法子令他均衡。怎麼好呢？只好憑自己的力量自由競爭起來。質而言之、就是弱肉強食。近年來甚麼軍國、甚麼富閥、都是從這條路產生出來。這回大戰爭便是一個報應。諸君又須知我們若是終久立在這種唯物的機械的人生觀上頭、豈獨軍閥富閥的專橫可憎可恨。就是工團的同盟抵抗、乃至社會革命還不同是一種強權作用？不過從前強權在一般少數人手裏、往後的強權移在這一般多數人手裏罷了。總之在這種人生觀底下、那麼千千萬萬人前腳接後腳的來這世界走一趟、住幾十年、幹甚麼呢？獨一無二的目的就是搶麪包喫。不然就是怕那宇宙間物質運動的大輪子缺了發動力、特自來供給他燃料。果眞這樣人生還有一毫意味！人類還有一毫價值嗎？無奈當科學全盛時代那主要的思潮卻自偏在這方面。當時謳歌科學萬能的人滿望着科學成功黃金世界便指日出現。如今功總算成了、一百年物質的進步比從前三千年所得還加幾倍。我們人類不惟沒有得着幸福，倒反帶來許多災難。好像沙漠中失路的旅人、遠遠望見個大黑影、拚命往前趕、以爲可以靠他嚮導。那知趕上幾程、影子卻不見了。因此無限悽惶失望。影子是誰、就是這位「科學先生」。歐洲人做了一場科學萬能的大夢、到如今卻叫起科學破產來。這便是最近思潮變遷一個大關鍵了。

(自註)讀者切勿誤會以爲我菲薄科學、我絕不承認科學破產、不過也不承認科學萬能罷了。從此拋棄科學的誤用、便可爲科學立一個再生的紀元。

九　思想之矛盾與悲觀

凡一個人若是有兩種矛盾的思想在胸中交戰、最是苦痛難忍的事。社會思潮何獨不然、近代的歐洲新思想和舊思想矛盾不消說了。就專以新思想而論、因爲解放的結果、種種思想同時從各方面迸發出來、都帶幾分矛盾性。如個人主義和社會主義矛盾；社會主義和國家主義矛盾；國家主義和個人主義也矛盾；世界主義和國家主義又矛盾。從本原上說來。自由平等兩大主義總算得近代思潮總綱領了。卻是絕對的自由和絕對的平等便是大大一個矛盾。分析起來、哲學上唯物和唯心的矛盾；社會上競存和博愛的矛盾；政治上放任和干涉的矛盾；生計上自由和保護的矛盾。種種學說都是言之有故、持之成理、從兩極端分頭發展、愈發展得速、愈衝突得愈劇。消滅是消滅不了、調和是調和不來。種種懷疑、種種失望、都是爲此、他們有句話叫做「世紀末」這句話的意味從狹義解釋就像將近除夕、大小帳務逼着要清算、卻是頭緒紛繁、不知從何算起。從廣義解釋就是世界末日、文明滅絕的時候快到了。我們自到歐洲以來、這種悲觀的論調著實聽得洋洋盈耳。記得一位美國有名的新聞記者賽蒙氏和我閑談。（他做的戰史公認爲第一部好的）他問我：「你回到中國幹什麼事？是否要把西洋文明帶些回去。」我說：「這個自然。」他嘆一口氣說：「唉！可憐西洋文明已經破產了！」我問他：「你回到美國卻幹什麼？」他說：「我回去就關起大門老等、等你們把中國文明輸進來救拔我們。」我初聽見這種話、還當他有心奚落我。後來到處聽慣了、纔知道他們許多先覺之士着實懷抱無限憂危。總覺得他們那些物質文明是製造社會險象的種子。倒不如這世外桃源的中國還有辦法。這就是歐洲多數人心理的一斑了。

十　新文明再造之前途

諸君、我想諸君聽了我這番話當下就要起一個疑問、說道、依你說來歐洲不是整個完了嗎？物質界的枯窘既已如彼、精神界的混亂又復如此、還有什麼呢？從前埃及、中亞細亞、乃至希臘羅馬都曾經過極燦爛的文明、後來都是滅絕了、或中斷了。不要這回歐洲又亂這齣戲罷。我對這個疑問敢毅然決然答應道：不然！不然！大大不然！歐洲百年來物質上精神上的變化都是由個性發展來的。現在還日日往這條路上去做、他和古代、中世乃至十八世紀前的文明根本上有不同的一點。從前是貴族的文明、受動的文明。如今卻是羣衆的文明、自發的文明。從前的文明是靠少數特別地位特別天才的人來維持的、自然逃不了人亡政息的公例。今世的文明是靠全社會一般人個個自覺、日日創造出來的、所以他的質雖有時比前不如、他的量卻比從前來得豐富、他的力卻比從前來得連續。現在的歐洲一言以蔽之、萬事萬物都是羣衆化。這種現象連我們有時也看得討厭。有人說這不是叫社會向上、倒是叫社會向下了。其實不然、一面固是叫舊日在上的人向下、一面仍是叫舊日在下的人向上。然而舊日在下的人總是大多數、所以扯算起來社會竟是向上了。這種步驟、美國人所經過的最爲明白。英國從前種種權利都是很少數的貴族專有、漸漸拿出來給中級的人共享、漸漸拿出來給次中級、又次中級、乃至最低級的人一齊共享。不獨物質上的權利如此。就是學問上、藝術上乃至思想上他那由上而下、由集而散的情形也復如此。英國固然是最好的模範、其他各國也都是同一趨勢。所以他的文明總建設在大多數人心理上。好像蓋房子從地腳修起、打了很結實的樁兒任憑暴風疾雨是不會搖動的。講到他的思潮當法國大革命後、唯心派的哲學浪漫派文學全盛之時、二十來歲一個活潑青年、思想新解放、生氣橫溢、視天下事像是幾著可了。而且不免馳騖於空華幻想、離人生的實際卻遠了。然而他這種自由研究的精神、和尊重個性的尊仰、自然會引出第二個時代來就是所謂科學萬能、自然派文學全盛時代。這個時代由理想入到實際、一到實際覺得從前善哵美哵都是我們夢裏虛構的境界。社會現象卻和他正相反、醜穢慘惡萬方同慨。一面從前的理想和信條已經破壞得七零八落、於是全社會都陷入懷疑的源淵、現出一種驚惶沈悶悽慘的景象。就象三十前後的人出了學校入了社會初爲人夫初爲人婦覺得前途滿目荊棘從前的理想和希望去掉了一大半。十九世紀末葉歐洲的人心就是這樣。雖然、他們卻並沒有入到衰老時期。怎見得呢？凡老年人的心理總是固定的、沈滯的、單會留戀過去不想開拓將來。他那精神的生活、他和他的肉體一樣、新陳代謝的機能全然沒了。破壞性反抗性是絕不會發動了。現代歐洲人卻不是那樣。他們還是日日求自我的發展、對於外界的壓迫百折不回的在那裏反抗。日日努力精進正像三四十來歲在社會上奮鬬的人、總想從荊天棘地中建立一番事業。如今卻不比從前在學校裏發空議論了。他們人情世態甜酸苦辣都經過來、事事倒覺得親切有味。於是就要從這裏頭找出一個眞正的安身立命所在、如今卻被他找着了。在社會學方面就有俄國科爾伯特勤一派的互助說、與達爾文的生存競爭說相代興。他是主張自我要發展的、但是人類總不能遺世獨立、大事小事沒有一件不靠別人扶助。所以互相扶助就是發展自己的唯一手段。他的論據也是從科學上歸納出來、所以在思想界一天一天的占勢力。在哲學方面就有人格的唯心論直覺的創化論種種新學派出來把從前機械的唯物的人生觀撥開幾重雲霧。人格的唯心論由美國占晤士首倡近來英美學者愈加發揮。從前唯心派哲學家將心靈認作絕對的一個實體、和他對像的世界相對待、分爲兩槪。占晤士一派用科學研究法證明人類心的性能實適應於外界而漸次發達、意力和環境互相提攜、便成進化。人類的生活根本義自然是保全自己、發展自己。但人人各有個自己、用自己這個字稱呼通換不過來。所以給他一個通名就叫人格。這人格離了各個的自己是無所附麗。但專靠各個的自己也不能完成、假如世界上沒有別人我的人格從何表現；假如全社會都是罪惡、我的人格受了他的傳染和壓迫如何能健全。由此可知人格是個共通的不是孤另的。想自己的人格向上、唯一的方法是要社會的人格向上。然而社會的人格本是各個自己化合而成、想社會的人格向上、唯一的方法又是要自己的人格向上。這就是意力和環境提攜便成進化的道理。明白這個道理、那麼所謂個人主義社會主義國家主義世界主義種種矛盾都可以調和過來了。直覺的創化論由法國柏格森首倡德國倭鏗所說也大同小異。柏格森拿科學上進化原則做個立腳點、說宇宙一切現象都是意識流轉所構成、方生已滅、方滅已生、生滅相銜、便成進化。這些生滅都是人種自由意志發動的結果。所以人類日日創造、日日進化。這意識流轉就喚作精神生活、是要從反省直覺得來的。我們既知道變化流轉就是世界實相、又知道變化流轉的權操之在我。自然可以得個大無畏、一味努力前進便了。這些見地能够把種種懷疑失望一掃而空。給人類一服丈夫再造散。就學問上價值而論不獨唯心唯物兩派哲學有調和餘地。連科學和宗教也漸漸有調和餘地了。以上所述幾種學派都是當本世紀初期早已茁出萌達。但未能完成。未能普及、便碰着這回大戰、當戰爭中人人都忙着應戰思想界的著述實在寂寥。所以至今沒見甚麼進步將來能否大成和康德黑格爾達爾文諸先輩的學說有同等權威、轉移一代人心也不敢必。但是歐人經過這回創鉅痛深之後、多數人的人生觀因刺激而生變化。將來一定從這條路上開一個新局面來、這是我敢斷言的哩。

十三　中國人對於世界文明之大責任

以上十二段我都是信手拈來沒有什麼排列組織；但我覺得我們因此反省自己從前的缺點、振奮自己往後的精神、循着這條大路把國家挽救建設起來、決非難事。我們的責任這樣就算盡了嗎？我以爲還不止此、人生最大的目的是要向人類全體有所貢獻。爲什麼呢？因爲人類全體纔是「自我」的極量、我要發展「自我」就須向這條路努力前進。爲什麼要有國家？因爲有個國家、纔容易把這國家以內一羣人的文化力聚攏起來、繼續起來、增長起來、好加入人類全體中助他發展。所以建設國家是人類全體進化的一種手段。就像市府鄉村的自治結合是國家成立的一個手段。就此說來、一個人不是把自己的國家弄到富強便了、卻是要叫自己國家有功於人類全體。不然那國家便算白設了。明白這道理自然知道我們的國家有個絕大責任橫在前途。什麼責任呢？是拿西洋的文明來擴充我的文明、又拿我的文明去補助西洋的文明、叫他化合起來成一種新文明。

我在巴黎曾會着大哲學家蒲陀羅 Boutrenx（柏格森之師）他告訴我說：「一個國民最要緊的是把本國文化發揮光大。好像子孫襲了祖父遺產、就要保住他而且叫他發生功用。就算很淺薄的文化發揮出來都是好的。因為他總有他的特質、把他的特質和別人的特質化合自然會產出第三種更好的特質來。你們中國着實可愛可敬、我們祖宗裏塊鹿皮拿石刀在野林裏打獵的時候、你們不知已出了幾多哲人了。我近來讀些譯本的中國哲學書、總覺得他精深博大。可惜老了不能學中國文、我望中國人總不要失掉這分家當纔好。」我聽着他這番話覺得登時有幾百斤重的擔子加在我肩上。又有一回和幾位社會黨名士閑談、我說起孔子的「四海之內皆兄弟」「不患寡而患不均」。跟着又講到井田制度、又講些墨子的「兼愛」「寢兵」。他們都跳起說道：「你們家裏有這些寶貝、卻藏起來不分點給我們、眞是對不起人啊！」我想我們還彀不上說對不起外人。先自對不起祖宗罷了。近來西洋學者許多都想輸入些東方文明令他們得些調劑。我仔細想來我們實在有這個資格。何以故呢？從前西洋文明總不免將理想實際分為兩橛。唯心唯物各走極端。宗教家偏重來生、唯心派哲學高談玄妙、離人生問題都是很遠。科學一個反動、唯物派席捲天下、把高的理想又丟掉了。所以我從前說道：「頂時髦的社會主義結果也不過搶麪包喫。」這莫得人類最高目的嗎？所以最近提倡的實用哲學創化哲學都是要把理想納到實際裏頭、圖個心物調和。我們先秦學術正是從這條路上發展出來。孔老墨三位大聖雖然學派各殊、「求理想與實用一致」卻是他們共同的歸着點。如孔子的「盡性贊化、」「自強不息。」老子的「各歸其根、」墨子的「上同於天」都是看出有個「大的自我、」「靈的自我、」和這「小的自我、」「肉的自我」同體。想要因小通大、推肉合靈。我們若是跟着三聖所走的路、求「現代的理想與實用一致、」我想不知有多少境界可以闢得出來哩！又佛教雖創自印度、而實盛於中國。現在大乘各派五印全絕。正法一脈、全在支那。歐人研究佛學日盛一日、梵文所有經典差不多都繙出來。但向梵文裏頭求大乘能得多少？我們自創的宗派更不必論了。像我們的禪宗眞可以算得應用的佛教、世間的佛教。的確是要印度以外纔能發生、的確是表現中國人特質、叫出世法和世法並行不悖。現在柏格森倭鏗等輩就是想走這條路還沒走通。我常想他們若能讀唯識宗的書、他的成就一定不止一樣。他們若能理解禪宗成就更不止這樣。你想先秦諸哲隋唐諸師豈不都是我們仁慈聖善的祖宗積得好幾大宗遺產給我們嗎？我們不肖不會享用、如今倒要鬧學問飢荒了！就是文學、美術各方面我們又何嘗讓人、一部譯本的李太白集、開他們無限理想、一幅王石谷到倫敦畫苑新派風景畫就開拓出來了。國中那些老輩故見自封、說什麼西學都是中國所固有誠然可笑。那沈醉西風的把中國什麼東西都說得一錢不值、好像我們幾千年來就像土蠻部落一無所有；豈不更可笑嗎？須知凡一種思想總是拿他的時代來做背景、我們要學的是學那思想的根本精神、不是學他派生的條件。因為一落到條件就沒有不受時代支配的。譬如孔子說了許多貴族性的倫理在今日誠然不適用、卻不能因此菲薄了孔子。柏拉圖說奴隸制度要保存難道因此就把柏拉圖抹殺嗎？明白這一點那麼研究中國舊學就可以得公平的判斷、去取不至謬誤了。卻還有很要緊的一件事、要發揮我們的文化非借他們的文化做途徑不可。因爲他們研究的方法實在精密、所謂「欲善其事必先利其器。」不然、從前的中國人那一個不讀孔夫子那一個不讀李太白爲什麼沒有人得着他的好處呢？所以我希望我們可愛的青年：第一步要人人存一個尊重愛護本國文化的誠意。第二步要用那西洋人研究學問的方法去研究他、得他的眞相。第三步把自己的文化綜合起來、還拿別人的來補助他、叫他起一種化合作用、成了一個新文化系統。第四步把這新系統往外國擴充、叫人類全體都得着他好處。我們人數居全世界人口四分之一、我們對於人類全體的幸福該負四分之一的責任。不盡這責任就是對不起祖宗、對不起同時的人類、其實是對不起自己。我們可愛的青年啊！—立正！—開步走！—大海對岸那邊有好幾萬萬人愁着物質文明破產、哀哀欲絕的喊救命、等着你來超拔他哩！我們在天的祖宗三大聖、和許多前輩、眼巴巴盼望你完成他的事業、正在拿他的精神來加佑你哩！

屠正叔先生答論希伯來思想書

希伯來思想對於歐化之影響，日昨怱怱未獲暢譚，甚以爲歉。再辱

下詢，心滋愧悚。惟念

先生雅量，既不以愚陋見棄，敢不貢其芻蕘，以答

盛意。誠知膚淺之談，不值識者一笑，然拋甎引玉，世所恆有，倘荷

指其譌謬，

惠而教之，固實所求之不得者也。茲謹就鄙見所及，爲

先生約略陳之。從來言歐化者其著目之點常在物質方面，以爲歐洲近代之文明，完全得力於戰勝自然之思想，證之事實，此說誠不爲無見。顧物質文明不過歐化中之一端，若以此概其全相，未免有疏陋之病。鄙意以爲觀察歐化應從道德社會知識三方面入手，庶幾全相瞭然，本質可覩。試就歐化發達之歷史觀之，約可分爲四期：（從來歷史家皆採三期之說，即分爲上古中古近代三期茲因敘述之便區爲四期，是否有當，尙希明教）第一期希臘文明，第二期拉丁文明，第三期教會文明即希伯來文明，第四期日耳曼文明即條頓民族之文明。前三期之文明各有特長，其能調和三者蔚爲近代之歐化者，則條頓民族之功也。希臘文明富於自由活潑之精神，視宇宙全體爲優美之調和，注重現世界具體之事物，歐洲近代關於哲學科學美術之思想大抵以得益於希臘文明者爲多。拉丁民族夙以沉雄闊大著稱，雖想像推理之力不若希臘人之敏捷精細，然於政治法律方面頗有特長，故能統轄諸國，地兼三洲，歐美諸國近代國家制度之設施及社會事業之組織，蓋皆師羅馬之遺法而爲之者也。至於陶養人性以赴事功，而與歐洲人以道德上之內生活者，厥惟希伯來文明，說者云歐化之興興於反抗希伯來思想，固亦事實。然此不過歐化發達之一動機，而非其中樞要素也。耶教流行歐土約千餘年，在史家所稱之中古期中，教權極盛，除神學及經典之研究外，其餘學科幾無人過問，即偶有聰哲

之士，獨舒機軸，創立新說，亦往往以不容於教會之故，橫罹禍害。思想言論之自由剝奪殆盡。故教權時代不論其爲哲學爲文學爲美術舉無足觀，至於自然科學尤無論矣。及土耳其攻克君士坦丁，掩有東羅馬帝國之地，希臘學者多抱其古哲之殘缺，避難於伊大利，伊之人士始知教典以外，尙有種種學說，足資研究者，而文藝復興之運動於是起焉。其後北歐諸國，亦受其影響，漸知脫離教會之束縛，從事於獨立之思考，各種學術乃始有再蘇之意。是固反抗希伯來思想之明效也。雖然，試考歐化發達之本末及其精神之所在，乃知希伯來之思想。不獨不爲學術進步之阻礙，且實有助長之大功焉。何以言之？曰希臘文化極於丕里克黎時代，自亞黎斯朶德爾氏以後，其風漸衰，迄於今不能復振。蓋土狹而民寡，適逢際會戰勝強鄰，人心發皇，遂臻極盛，及時移運遷國勢寖弱，而人民之獨創能力亦不覺隨之銷沉矣。希臘既衰，羅馬代興，其勢力亦頗能震耀一時，及屬地既多，物質饒益，人習偷惰，流於奢淫，往時勤儉豪邁之風蕩焉無存。道德墮落，達於極點。基督教適以此時興於東方，漸及西土，挽狂瀾於既倒，救人心於已靡。古代文明賴其保障，得以不墜。蓋北方野蠻民族乘羅馬之衰，屢次南侵，所過城郭殘夷，人民塗炭，當時羅馬之政權武力既不足以控御遠近，若無教會以承其乏，集離散之人民，爲精神之結合，蒐遺書於煨燼，戢北族之凶威，則羅馬希臘必先後入於野人之手，其不爲渤海茵卡者幾希矣。尙安能休養生息整理殘編以待文藝復興之盛運耶。且條頓民族居北方苦寒之地，往來森林中，恃漁獵剽刦爲生，雖有果敢強毅之風，而凶殘嗜殺，性情粗暴，初非適於文明之生活者。及受基督教之薰陶，氣質始因之稍變，於武健剛毅之中兼寓謙和之德，觀中古騎士之風，卽基督教感化北族之確證也。又敎士所之，學校隨興，於講習經典之外，兼教讀書識字。雖其初旨原不過欲人了解經義，正其信心，然神學家言往往借重哲學爲說明之具，哲學之思想遂於不知不識之間流傳北方條頓民族。至是始知運思求學之方法，漸能以精密之思維，研究事物，近代自然科學之勃興，未始非教士之繁瑣哲學有以植其基也。說者或以爲自然科學之發達由於歐人之愛重知識，科學主於理性，宗教主於信仰，信仰以安心立命爲歸，而理性以窮理致知爲務，兩者之間本無若何關係；或且以信仰過強之故，致生蔑視理性之傾向，而礙科學之發達者。反之吾人解決一切問題，若含模糊影響之談，而專用理性，則宗教應無存立之餘地。故基督教與近代之歐美文明實難相容。此說在今日之思想界中頗占勢力，評論歐化者常採用之，顧亦一偏之見，實未足以說明歐化之眞相也。蓋爲知求知之主義，雖嘗風行歐土，而不久即就衰歇。何者，一切知識若以其本身爲唯一之目的，與吾人生活毫不相涉，則無論其若何精妙若何透闢，亦將失其價值，不復有眞實之意義。縱能動人於一時，必難持之於久遠。蓋人事日繁，已不暇給，自非至愚肯以有用之光陰擲之無益之虛牝者。此理至明無待深辯。故知近代歐化決非專尙理性之結果。此實所敢斷言者也。且理性信仰二者用之過偏，誠足相妨，若適當其分，亦未始不足以相成。蓋信仰所向爲絕對無限之境界，而理性之效不出有窮現象之範圍。以理正信，以信輔理，而後所謂生活者乃始眞實之意義，進取之精神，明瞭之內容，具體之表現。歐化之精髓實在於此。證之歐美近代之哲學文學可以概見。至於西土之倫理則所受希伯來思想之影響尤重且巨。彼中學者講論道德，自少數之唯物論者及實證論者外，（即創實證哲學之孔德亦未能完全脫卻基督之影響，觀其晚年主張人道教時，亟稱基督之模倣一詩可以知之）輒以神爲最後之根據。故博愛及正義二概念在歐美之倫理學中常占主要之位置。是固基督教之精旨，而歐美道德思想之中樞也。基督論萬物之主宰，稱爲正義之神，以爲神之本質與罪惡絕對不相容，而世間萬有皆神所造，本非甚惡，故神之天國初不在遠，但舉世間一不道德不合理之部分摧陷而廓清之，則此五濁世界立可變爲神聖莊嚴之清潔樂土。彼羅馬教會卽承此旨創立者也。又其所謂正義者並非嚴冷之律法，而爲溫和之愛情，以爲雖爲惡之人，上帝仍憫念之，故人當愛其親友，兼當愛其仇敵。其說不獨能起人希望之念，促其進取力行，並能使人忘諸嗔恨，樂善不疲。故歐洲近代之物質文明雖極發達，人生之享用較之羅馬盛時殆尤過之，而其人能免極端之淫佚，進步不已者，卽此基督教所涵養之道德心有以維持之耳。又基督之說，以爲凡屬生民，莫不以背神之故負有罪戾，非敬天行善力求自贖，決不足以超出泥塗，上承天休，此種思想與博愛之概念相合，實開近代社會運動之端。（托爾斯泰卽其最著之代表也）蓋以博愛爲旨，廣植善行，誠莫如獻身爲人力謀社會大多數之福利也。以上所論，僅就感想所得，拉雜書之，聊應尊囑。（下略）

與印度泰谷爾談話（新潮第三卷第一號）

馮友蘭

（一）東西文明之比較觀

我自從到美國以來，看見一個外國事物，總好拿他來同中國的比較一下。起頭不過是拿具體的，個體的，事物比較，後來漸及於抽象的，普遍的事物；最後這些比較結晶爲一大問題，就是東西洋文明的比較。這個大問題。現在世上也不知有能解答他的人沒有。前兩天到的北京大學日刊上面，登有梁漱溟先生的『東西洋文明及其哲學』的講演；可惜只登出緒論，尚未見正文。幸喜印度泰谷爾先生到紐約來了；他在現在總算是東方的一個第一流人物，對於這個問題，總有可以代表一大部分東方人的意見。所以我於十一月三十日到棧房裏去見他，問他這個問題。現在將當日問答情形，寫在下面；頂格寫的是他的話，低一點寫的是我的話。

中國是幾千年的文明國家，爲我素所敬愛。我從前到日本，沒到中國，至今以爲遺憾。後有一日本朋友，請我再到日本；我想我要再到日本，可要往中國去，而不幸那位朋友現在死了；然而我終究必要到中國去一次的。我自到紐約，還沒有看見一個中國人；你前天來信，說要來見我，我很覺得喜歡。

現在中國人民的知識欲望，非常發達；你要能到中國，一行自然要大受歡迎。中國古代文明，固然很有可觀；但現在很不適時。自近年以來，我們有一種新運動，想把中國的舊東西，哲學，文學，美術，以及一切社會組織，都從新改造，以適應現在的世界………。

適應麽？那自然是不可緩的。我現在先說我這次來美國的用意。我們亞洲文明，可分兩派：東亞洲中國，印度，日本爲一派，西亞洲波斯，亞拉伯等爲一派；今但說東亞洲。中國印度的哲學，雖不無小異，而大同之處很多。西洋文明所以盛者，因爲他的勢力，是集中的。試到倫敦巴黎一看，西洋文明全體，可以一目了然；卽美國哈佛大學，也有此氣象。我們東方諸國，卻如一盤散沙，不互相研究，不互相團結；所以東方文明，一天衰敗一天了。我此次來美就是想慕款，建一大學；把東方文明，聚在一處來研究什麼該存，什麼該廢，我們要用我們自己的眼光來研究，來決定；不可聽西人模糊影響的話。我們的文明也許錯了；但是不研究怎麼知道呢？

我近來心中常有一問題，就是東西洋文明的差異，是等級的差異(Difference of degree)，是種類的差異(Difference of Kind)？

此問題我能答之；他是種類的差異。西方的人生目的是『活動』(Activity)，東方的人生目的是『實現』(Realization)。西方講活動進步而其前無一定目標，所以活動漸漸失其均衡。現只講增加富力，各事但求『量』之增進；所以各國自私自利，互相衝突。依東方之說，人人都已自己有眞理了，不過現有所蔽；去其蔽而眞自實現。

中國老子有句話是：『為學日益，為道日損』。西方文明是『日益』，東方文明是『日損』，是不是？

是。

但是東方人生，失於太靜 (Passive)。是喫「日損」的虧不是？

太靜固然。但是也是眞理(Truth)。眞理有動(Active)。靜 (Passive) 兩方面；譬如聲音是靜，歌唱是動；足力是靜，走路是動。動常變而靜不變；譬如我自小孩以至現在，變的很多，而我泰谷爾仍是泰谷爾；這是不變的。東方文明，譬如聲音；西方文明，譬如歌唱；兩樣都不能偏廢。有靜無動，則成為『惰性』(Inertia)；有動無靜，則如建樓閣於沙上。現在東方所能濟西方的是『知慧』(Wisdom)，西方所能濟東方的是『活動』(Activity)。

是。

那麼靜就是所謂體(Capacity)，動就是所謂用(Action)了。

如你所說，吾人仍應於現在之世界上討生活。何以佛說現在世界，是無明所現，所以不要現在世界？

這是你誤信西洋人所講的佛教了。西人不懂佛教，即英之達維思夫人(Mrs. Rys Davids)，尚須到印度學幾年纔行。佛說不要現在世界者，是說人爲物質的身體所束縛，所以一切不眞；若要一切皆眞，則須先消極的將內慾去盡，然後眞心現其大用，而眞正完全之愛出，愛就是眞。佛教有二派：一小乘(Hna-yana)專從消極一方面說；一大乘(Maha-yana)專從積極一方面說。佛教以愛爲主，試問若不積極，怎樣能施其愛？古來許多僧徒，犧牲一切以傳教，試問他們不積極能如此麼？沒有愛能如此麼？

依你所說，東方以爲眞正完全之愛，非俟人欲淨盡不能出；所以先『日損』而後『日益』。西方卻想於人欲中求愛，起首就『日益』了。是不是？

是。

然則現在之世界，是好是壞？

也好也壞。我說他好者，因爲他能助心創造(Creation)；我說他壞者，因爲他能爲心之阻礙(Obstruction)。如一塊頑石，足爲人之阻礙；若製成器具，則足爲人用。又如學一語言，未學會時，見許多生字，足爲阻礙；而一學會時，就可利用之以做文章了。

依你所說，則物為心創造之材料，是不是？心物二者，缺一不能創造。

我尚有一疑問，佛教既不棄現世，則廢除男女關係，是何用意？

此點我未研究，不能答。或者是一種學者習氣，亦未可知。

依你所說，則東西文明，將來固可調和；但現在兩相衝突之際，我們東方，應該怎樣改變，以求適應？從前中國初變法之時，托爾斯泰曾給我們一信，勸我們不可變法。現在你怎樣指教我們？

現在西方對我們是取攻勢(Aggressive)，我們也該取攻勢。我只有一句話勸中國，就是：「快學科學！」東方所缺而急需的，就是科學。現在中國派許多留學生到西洋，應該好好的學科學。這事並不甚難。中國歷來出過許多發明家，這種偉大民族，我十分相信，他能學科學，並且發明科學的。東方民族，決不會滅亡。不必害怕。只看日本，他只學了幾十年的科學，也就強了；不過他太自私，行侵略主義，把東方的好處失了；這是他的錯處。

你所籌辦的大學，現在我們能怎樣幫忙？

這層我不能說，這要人人各盡其力的。中國隨便什麼事，——捐款，捐書，送教員，送學生，——都可幫助這個大學的。現在我們最要緊的，是大家聯絡起來，互相友愛；要知道我們大家都是兄弟！

談到這裏，已經是一個鐘頭過去；我就起身告辭了。泰谷爾先生的意見對不對，是另一問題；不過現在東方第一流人物對於東西文明的見解是如此，這是我們應該知道的。我還要預先警告大家一句，就是：泰谷爾的話，初看似乎同從前中國中學爲體，西學爲用之說，有點相像；而其實不同。中國舊說，是把中學當個桌子，西學當個椅子；要想以桌子爲體，椅子爲用。這自然是不但行不通，而且說不通了。泰谷爾先生的意思，是說：眞理只有一個，不過他有兩方面，東方講靜的方面多一點，西方講動的方面多一點，就是了。換句話說：泰谷爾講的是一元論，中國舊說是二元論。

我現在覺得東方文明，無論怎樣，總該研究；爲甚麼？因爲他是事實。無論什麼科學，只能根據事實，不能變更事實。我們把事實研究之後，用系統的方法去記述他，想道理去解說他，這記述和解說，就是科學。記述和解說自然事實的，就是自然科學；記述和解說社會事實的，就是社會科學。我們的記述解說會錯，事實不會錯。譬如孔學，要把他當成一種道理看，他會錯會不錯；要把他當成事實看，——中國從前看這個道理，並且得大數人的信仰，這是個事實，——他也不會錯，也不會不錯。他只是『是』如此，誰也沒法子想去年同劉叔和談，他問我：中國對於世界的貢獻是甚麼？我說：別的我不敢說，但是我們四千年的歷史，——哲學，文學，美術，制度，……都在內——無論怎樣，總可做社會科學，社會哲學的研究資料。所以東方文明，不但東方人要研究，西方人也要研究；因爲他是宇宙間的事實的一部分。說個譬喻；假使中國要有一塊石頭，不受地的吸力，紐頓的吸力律，就會打破，紐頓會錯，中國的石頭不會錯！本誌二卷四號所載熊子眞先生的信上面的話，我都很佩服；但是不許所謂新人物研究舊學問，我卻不敢贊成。因爲空談理論，不管事實，正是東方的病根，爲科學精神所不許的。中國現在空講些西方道理，德摩克拉西，布爾色維克，說的天花亂墜；至於怎樣叫中國變成那兩樣東西，卻談的人很少。這和八股策論，有何區別？我們要研究事實而發明道理去控制他，這正是西洋的近代精神！　民國九年十二月六日作於紐約。

這篇文章做成之後就寄給志希看，志希來信說：『研究舊東西一段，可否說明以新方法來研究舊東西？……泰氏說的（Realization）一段，我不懂……既然是一件事的兩面，就無所謂體，無所爲用；與他自己所說的也有出入。』

我答應說：要是把中國的舊東西當事實來研究，所用的方法，自然是科學方法了。中國的舊方法，據我所知，很少把東西放在一個純粹客觀的地位來研究的；沒有把道理當作事實研究的。中國人只知道道理是道理，不知他一方面也是事實。現在要把歷史上的東西，一律看作事實，把他們放在純粹客觀的地位，來供我們研究；只此就是一條新方法。不過要免誤會起見，多說一兩句，自然更清楚。

泰谷爾所謂『實現』一段，據我的意見，是說：西洋人生，沒有一定目的，只是往前走；東方卻以爲人人本已有其眞理，只把他『實現』出來就是。如宋儒之所謂去人欲，復天理，就是這個意思。

志希說：『既是一件事的兩面，就無所謂體，無所謂用，……』我說：惟其有所謂體，有所謂用，所以纔是一件事的兩面。體用二字在中國很濫了，但實在他們是有確切意思的。宋儒的書，自然還沒人翻；印度的書，他們翻的時候『體』『用』翻成英文的那兩個字，我還不知道。那天晚上只是隨便抓了一兩個英文字就是。此外如心理學上所謂 Organ function；倫理學上所謂 Character, Action；都可舉爲體用之例。

體與用是相對的字眼，如以 Organ 爲體，則 Function 便是用；如以 Function 爲體，則 Action 便是用。沒有 Organ，就沒有 Function；沒有 Function，Organ 也就死了。所以兩個只一個東西的兩面。宋儒講體用一源，就是爲此。　九年十二月十日再記

漱溟按以上各篇當以屠先生答書爲最妥當幸讀者注意並謹聲謝屠先生　漱溟謹志

東西文化及其哲學勘誤表

頁	行	字	誤	正
二	一三	三四	但是這種	但又像是這種
三	五	二六	很急迫	很急迫的
一五	一二	二九		去字衍
二四	六	一六		們字衍
四一	一一	三五	相衝起來	相衝突起來
五〇	一	三一	用在的我	用現在的我
五二	五	三	而本是	而卻本是
五二	一三	二四	絕對不可的	絕對不可能的
五二	一四	九	三條不同	三條都不同
六五	六	二〇		的字衍
六七	四	二七	印度的人生	印度出世的人生
七六	一一	一四	總要用想去	總要想去
九四	一	九	特此一事	亦特此一事
一一三	八	二		着字衍
一二九	一	三一	可爲美乎	可以爲美乎
一三〇	一三	末	講仁的話內	脫話字
一四三	一〇	二三	孔不甚談	孔子不甚談
一四七	一	三八	謂孔家的	謂爲孔家的
一四八	一一	二八	又得得先天	又得先天
一八七	八	二四	職等主義	職業等主義

CIVILIZATION AND PHILOSOPHY OF THE ORIENT AND THE OCCIDENT

A Lecture Delivered by

LIANG SOU MING

Compiled by

CH'ÊN CHÊNG AND LO CH'ANG P'EI

1st ed., Jan., 1922 7th ed., March, 1926

Price: $0.80, postage extra

THE COMMERCIAL PRESS, LIMITED

SHANGHAI, CHINA

中華民國十一年一月初版
十五年三月七版

(東西文化及其哲學一冊)

(每冊定價大洋捌角)

(外埠酌加運費匯費)

講演者 梁漱溟

編錄者 陳政 羅常培

發行者 商務印書館

印刷所 商務印書館 上海北河南路北首寶山路

總發行所 商務印書館 上海棋盤街中市

分售處 商務印書分館 北京 天津 保定 奉天 吉林 龍江 濟南 太原 開封 西安 南京 杭州 蘭谿 安慶 蕪湖 南昌 九江 漢口 長沙 常德 衡州 成都 重慶 廈門 福州 廣州 潮州 香港 梧州 雲南 貴陽 張家口 新嘉坡

民国首版学术经典丛书第一辑

留欧外史（第一辑上编）/ 黎锦晖
清代学术概论 / 梁启超
中国目录学史 / 姚名达
理学纲要 / 吕思勉
中国殖民史 / 李长傅
白话本国史（四册）/ 吕思勉
近代中国留学史 / 舒新城
五十年来中国之文学、论文杂记 / 胡适、刘师培
历史研究法与中国文字变迁考 / 吕思勉
苏曼殊年谱及其他 / 柳亚子
中国商业史 / 王孝通
妙峰山 / 顾颉刚
中国文字学史（上下）/ 胡朴安

民国首版文学经典丛书第一辑

新月诗选 / 陈梦家
火灾 / 邱东平
我们的六月 / 朱自清
红的天使 / 叶灵凤
红雾 / 张资平
未完的忏悔录 / 叶灵凤
生死场 / 萧红
云游、志摩的诗 / 徐志摩
徐志摩选集 / 徐志摩
休息、给予者 / 王实味、欧阳山
迷羊 / 郁达夫
第七连 / 邱东平
弘一大师永怀录 / 弘一大师纪念会
石门集 / 朱湘
飞絮 / 张资平
鲁迅杰作选 / 鲁迅
胡适留学日记（四册）/ 胡适